MANFRED MEINZ

SCHÖNES ALTES SILBER

KEYSERS HANDBUCH FÜR SAMMLER UND LIEBHABER

PRISMA VERLAG

FARBTAFEL 1 (neben der Titelseite)

DECKELKANNE. *Chinesisches K'ang Hsi-Porzellan (1662–1722) Fassung Vermeil, Paris 1729/30, Porzellandeckel wahrscheinlich französisch.* — Der mit einem Glaseinsatz versehene durchbrochene Porzellanmantel diente ursprünglich als Pinselbehälter. Fußrand und Wulst der Fassung sind mit Flechtband und Eierstab geschmückt, der breite Streifen unter dem Lippenrand zeigt ziselierte Chinoiserien. Die Ausgußschnauze und der vollplastische Henkel sind in Gestalt von Drachen und Delphinen geformt. Auf der Mitte des Deckels sitzt die getriebene und emaillierte Figur eines Frosches.

Sonderausgabe für Prisma Verlag GmbH, Gütersloh, 1987
mit freundlicher Genehmigung der Keyserschen Verlagsbuchhandlung GmbH., München
© Copyright 1964 by Keysersche Verlagsbuchhandlung GmbH., München.
Alle Rechte vorbehalten
Illustrationen: Heinke Missfeldt, Hamburg und Roger Seitz, München

Gedruckt und gebunden bei
Printer Portuguesa, Lda. - Sintra / Portugal

ISBN 3-570-09918-0

INHALTSVERZEICHNIS

Das private Sammeln all jener Dinge, die unter dem Begriff Antiquitäten zusammengefaßt werden, entwickelte sich erst in den letzten hundert Jahren. Es gehört zu den Äußerungen menschlicher Geistestätigkeit, die einem ständigen Wechsel hinsichtlich ihrer Zielsetzungen durch allgemeine Modeströmungen unterworfen sind. Zu bestimmten Zeiten erfreuen sich Erzeugnisse bestimmter Epochen besonderer Beliebtheit und erzielen höchste Preise. Es ist müßig, Betrachtungen über die Ursachen des Geschmackswechsels anzustellen, aber es lohnt, nach eigenen Sammelgebieten abseits der großen Modeströmungen zu suchen.

Das vorliegende Buch, in der Hauptsache für Liebhaber, Sammler und Händler bestimmt, will eine Übersicht über das profane Silber in Europa seit etwa 1600 bis zur Gegenwart geben. Trotz der zeitlichen und sachlichen Begrenzung kann die ganze Fülle von Typen und Formen in einer Veröffentlichung von handlichem Umfang auch nicht annähernd erfaßt werden. Daß bei der Auswahl deshalb immer wieder der persönliche Geschmack des Autors darüber entscheiden mußte, was aufgenommen werden konnte, wird einzusehen sein. Es wurde versucht, außer bedeutenden Objekten aus Museen für das 18. und 19. Jahrhundert in der Mehrzahl Stücke aus privaten Sammlungen oder dem Kunsthandel abzubilden, die bisher nicht publiziert wurden. An dieser Stelle möchte ich allen Museen, Sammlern und Händlern danken für die liebenswürdige Bereitschaft, mir bei der Beschaffung von Abbildungsmaterial zu helfen.

Zu den ältesten Handwerken gehört das des Goldschmiedes. Schon 4000 Jahre vor Christi Geburt wurden die wesentlichen Techniken der Bearbeitung: Gießen, Treiben und Ziselieren im Bereich der vorderasiatischen Hochkulturen entwickelt, später kamen das Tauschieren, die Granulation und die Filigranarbeit hinzu, daneben traten die Verwendung edler Steine und die verschiedenen Emailtechniken. Schmuck und kultische Geräte standen durch Jahrhunderte im Vordergrund der Produktion. Schönheit, Seltenheit und Unvergänglichkeit der Edelmetalle ließen in ihnen göttliche Eigenschaften sehen. Schon in früher Zeit wurden das Gold der Sonne und das Silber dem Mond zugeordnet. Die ersten Horte von Goldschmiedearbeiten waren Tempelschätze oder Grabbeigaben von Gottkönigen und hatten eine mythisch-kultische Bedeutung, die den Edelmetallen bis in die christliche Zeit erhalten blieb: für die Kultgeräte sollten nur Gold oder Silber verwendet werden.

Seit der Bronzezeit gab es auch im ganzen Norden Europas vereinzelt Geräte — fast ausschließlich Becher — und Schmuck aus Gold, aber die Herstellung wurde von den Bronzearbeitern mit übernommen und beschränkte sich auf die bei diesem Material gebräuchlichen Techniken und Formen.

Größere Mengen silbernen Tafelgerätes kannte erst die römische Kaiserzeit; außer Trink-, Schenk- und Mischgefäßen gab es auch Platten, Teller und Schüsseln. Von den bedeutendsten Schatzfunden aus dieser Epoche seien die von Boscoreale und Hildesheim erwähnt.

Im 5. bis 7. Jahrhundert verbreitete sich bei den germanischen Völkern an den Grenzen des zerfallenden römischen Reiches die Goldschmiedekunst in zunehmendem Maße. Eine Verwilderung des Formgefühls und eine Vergröberung der handwerklichen Ausführung traten hierbei ein. Treiben und Ziselieren wurden immer mehr vernachlässigt, Granulation und Filigran-Technik dagegen häufiger gebraucht, jene beiden Mittel, bei denen nur die Oberflächen der Objekte behandelt werden. Neben die Formen, die aus Rom und Byzanz übernommen wurden, traten Elemente einer von der Technik der Holzbearbeitung bestimmten Ornamentsprache, phantastisch verschlungene Tierleiber und Ranken. Vom reich differenzierten Tafelgerät der antiken Welt blieben nur Becher als Typ im Gebrauch. Der Hauptteil der überlieferten Arbeiten besteht aus Gewand- und Körperschmuck und Waffenzierat. Für eine Gesellschaft von primitiver Zivilisationsstufe bedeutete Kunst in erster Linie eine Möglichkeit, Reichtum und die damit verbundene Macht zur Schau zu stellen. In der Zeit der „Karolingischen Renaissance" erfolgte dann ein bewußter Rückgriff auf die antiken Traditionen. Die Handwerke, und dabei an erster Stelle das Handwerk der Goldschmiede, in Kloster- und Hofwerkstätten ausgeübt, brachten in großer Zahl für den christlichen Kult und den Schmuck der Kirchen bestimmte Gegenstände von höchster künstlerischer Vollendung hervor, die alle Möglichkeiten der Techniken, die in der Hochzeit der antiken Kultur erreicht worden waren, wieder in voller Blüte zeigten. Nicht zuletzt war diese Entwicklung, die sich in den folgenden Jahrhunderten fortsetzte, den intensiven Beziehungen zum byzantinischen Reich zu danken, in das sich die hochentwickelten Künste und Handwerke vor den Wirren der Völkerwanderungszeit geflüchtet hatten, in dem aber auch Anregungen aus dem Orientalischen aufgenommen und zu einer Synthese geführt wurden.

Von der Zeit Karls des Großen bis ins hohe Mittelalter war eine Trennung der Goldschmiedekunst von anderen Kunstzweigen nicht möglich. Engste Verbindungen bestanden zur zeitgenössischen Plastik und Malerei, aber auch zur Architektur und den anderen Handwerkskünsten. Manche Werkstätten — erwähnt sei hier nur die des Bischofs Bernward von Hildesheim — brachten Erzeugnisse höchsten künstlerischen Ranges auf all diesen Gebieten hervor. Der Umstand, daß die Herstellungs-

und Bearbeitungstechniken bei keinem anderen Handwerk so mannigfaltig und differenziert waren wie bei dem der Goldschmiede, bewirkte es, daß gerade aus seinen Reihen immer wieder Meister hervorgingen, die auf andere Kunstzweige befruchtend wirkten und die sich selbst in anderen Künsten übten. Benvenuto Cellini war nicht nur der bedeutendste Goldschmied seiner Zeit, sondern auch einer der bedeutendsten Bildhauer. Die Entstehung des Kupferstichs ist aufs engste verbunden mit der Technik des Gravierens. Eine ganze Anzahl von Malern und Graphikern von Dürer bis Hogarth wurde zunächst im Goldschmiedehandwerk ausgebildet.

In der Zeit des Übergangs von der romanischen zur gotischen Kunst geht eine tiefgreifende Wandlung der soziologischen Struktur vor sich. Das Schwergewicht der Handwerkskunst verlagert sich von den Kloster- und Hofwerkstätten in die Städte. Das in dieser Zeit entstehende Bürgertum wird die treibende Kraft bei der Produktion aller materiellen Güter. Es schuf sich eigene Organisationen – Bruderschaften, Gilden, Zünfte – deren Gebräuche neue Typen von Geräten forderten.

Die Entwicklung allen profanen Edelmetallgerätes ist unlösbar verbunden mit der Entwicklung der Eß- und Trinkgewohnheiten und der Tafelkultur. Den Typen, die auf solche Weise entstanden waren, wurde eine besondere Ausprägung durch den jeweils herrschenden Zeitstil zuteil, der nicht nur eine ständige Veränderung der Dekoration mit sich brachte, sondern vor allem einen Wandel im grundsätzlichen Aufbau.

Obwohl seit dem Ausgang des Mittelalters die Produktion von Goldschmiedearbeiten so gut wie ausschließlich in den Händen städtischer Handwerker lag, haben in der Zeit des Absolutismus, die dem Niedergang der Feudalgesellschaft folgte, engste Wechselbeziehungen zwischen bürgerlicher und höfischer Kultur an der Fortentwicklung der Goldschmiedekunst gewirkt.

Das Zeitalter der industriellen Revolution entwickelte auch für die Goldschmiede mechanische Verfahren zur Vereinfachung vieler Produktionsvorgänge, die z. T. begierig aufgenommen wurden, weil sie erhebliche Kostenersparnis brachten. Zu diesen Verfahren gehörten vor allem das Guillochieren, das maschinelle Prägen von Blechstreifen und das Einpressen von Mustern. Man war sich der Gefahren, die dem Handwerk daraus erwuchsen, nicht bewußt. Schon bald war nicht nur ein Niedergang der handwerklichen Fertigkeit zu verspüren, sondern auch eine Verarmung der Formensprache. Der Klassizismus, der seit etwa 1770 in Frankreich und England den Rokoko-Stil abgelöst hatte, wurde bis zur Mitte des 19. Jahrhunderts durch endlose Wiederholungen völlig blutleer. Danach folgte ein Stil-Eklektizismus, der Anleihen bei allen vergangenen Kunstepochen Europas machte. Sicherlich ist der Niedergang nicht nur allein der Veränderung der Produktionsverfahren zuzuschreiben, sondern auch einer gesellschaftlichen Umschichtung, die mit der Französischen Revolution ihren Anfang nahm. Die Kriege, die Europa für

Jahrzehnte ungeheure materielle Opfer abverlangten, brachten das Verschwinden traditioneller Käuferschichten mit sich. Das Bürgertum, das allmählich in weiten Teilen Europas nach den ökonomischen auch die politischen Spitzenpositionen eroberte, konnte als Verbraucher nicht sogleich die Rolle des Adels übernehmen.

Um die Mitte des 19. Jahrhunderts bemühte man sich, Sammlungen vorbildlicher Handwerkserzeugnisse aus allen Epochen anzulegen. Das erste Museum dieser Art war das Victoria & Albert Museum in London, von den bedeutenderen Sammlungen, die auf dem Kontinent folgten, seien die von Berlin und Hamburg genannt. In der gleichen Zeit, da diese Museen entstanden, erschien eine Fülle prächtiger Vorlagensammlungen, teils mit Abbildungen historischer Geräte, teils mit historisierenden Entwürfen. Diese Bemühungen konnten den Verfall des Handwerks aber keineswegs aufhalten, sondern förderten ihn im Gegenteil, weil nicht die schöpferische Phantasie, sondern der Nachahmungstrieb angeregt wurde. Erst als Reformbewegungen, die in verschiedenen Ländern Europas etwa gleichzeitig einsetzten, unter Mitwirkung bedeutender Künstler den Jugendstil schufen, empfing auch die Goldschmiedekunst neue Impulse. In einem Zeitalter der Massengesellschaft und der Massenproduktion kann das Handwerk nur Einzelstücke für besondere Ansprüche liefern, dagegen können handwerklich ausgebildete Entwerfer für die maschinelle Serienproduktion Modelle entwickeln, die nicht nur funktionell, sondern auch ästhetisch befriedigen.

VORWORT ZUR 2. AUFLAGE

Die erste Auflage dieses Buches erschien im Jahre 1964. In den seither vergangenen Jahren ist eine ganze Reihe neuer Bücher zur Geschichte der Goldschmiedekunst erschienen; herausgehoben werden müssen vor allem die Werke von Wolfgang Scheffler über die Goldschmiede in Niedersachsen, Berlin und Nordrhein-Westfalen. Sie ermöglichten es, eine größere Anzahl von Gegenständen, die in diesem Buch abgebildet sind, genauer zuzuschreiben. Weitere Ergänzungen in den Texten zu den Abbildungen waren dank der freundlichen Aufmerksamkeit von Kollegen möglich.

In das Literaturverzeichnis wurden die wichtigsten Neuerscheinungen der letzten Jahre aufgenommen.

Die Konzeption des Buches, neben wichtigen Arbeiten in Museumsbesitz vor allem unbekannte Stücke aus privaten Sammlungen und dem Kunsthandel zu zeigen, hat sich als richtig erwiesen und wurde durch zahllose positive Äußerungen anerkannt.

ZUNFT UND HANDWERK

Seit dem 11. und 12. Jahrhundert entstanden in immer größerer Zahl Städte als Ansiedlungen freier Bürger, die von Handwerk und Handel lebten. Ihre Gemeinschaften wuchsen ständig, oft unterstützt durch einsichtige Fürsten, oft auch im Kampf gegen weltliche oder geistliche Hoheit. Für eine Vielzahl von Handwerkern, die in jener Zeit noch als Unfreie in Klosterwerkstätten oder an Höfen arbeiteten und nicht nur Abgaben leisten mußten, sondern auch zu den verschiedensten Diensten verpflichtet waren, hatten diese Siedlungen eine große Anziehungskraft, denn innerhalb ihrer Mauern galten die alten Hörigkeitsverhältnisse nicht mehr. Im Gegensatz zu der früheren Produktionsweise der abhängigen Handwerker, die bestimmte Aufträge auszuführen hatten und bisweilen mit Genehmigung ihrer Herrschaft auf fremde Bestellung arbeiten durften, produzierte man jetzt weit über einen begrenzten Bedarf hinaus. Das Marktrecht der Städte brachte den Zuzug auswärtiger Käufer, die Verbindung mit einheimischen und fremden Händlern führte dazu, daß Handwerkserzeugnisse in großen Mengen weit vom Ort ihrer Entstehung verkauft wurden. Die Ansammlung von Handwerkern des gleichen Berufszweiges brachte es mit sich, daß im Laufe des 12. bis 14. Jahrhunderts in fast allen bedeutenden Städten Zusammenschlüsse mit den mannigfaltigsten Zielen und Aufgaben gebildet wurden. Die Zünfte waren Interessengemeinschaften, die soziale, rechtliche und ökonomische Vorschriften erließen und bei den Obrigkeiten durchsetzten, zugleich hatten sie aber im Organismus der mittelalterlichen Stadt eine wichtige Rolle zu spielen.

Schon bald nach der Gründung der ersten Handwerkerorganisation wurde der Zunftzwang eingeführt, d. h. es war nur noch zünftigen Meistern erlaubt, zu produzieren und zu verkaufen. Damit hatte man die Möglichkeit, die Warenmenge zu regulieren, denn man konnte die Zahl der Mitglieder eines Amtes beschränken, konnte ihnen vorschreiben, wieviel Gesellen und Lehrlinge sie beschäftigen durften. In den Zeiten wirtschaftlicher Stagnation wurde die Einstellung von Lehrlingen oft für Jahre ganz verboten. Diese Maßnahmen, die darauf abzielten, allen Meistern ein gewisses Einkommen zu sichern, unterstützte man durch Vorschriften für die Qualität der Arbeit, deren Einhaltung streng überprüft wurde. In vielen großen

Der Goldtschmid.

Ich Goldtschmid mach köstliche ding/
Sigel vnd gülden petschafft Ring/
Köstlich geheng vnd Kleinot rein
Versetzet mit Edlem gestein/
Güldin Ketten/ Halß vnd Arm band/
Scheuren vnd Becher mancher hand/
Auch von Silber Schüssel vnd Schaln/
Wer mirs gutwillig thut bezaln.

Jost Amman/Hans Sac
Eygentliche Beschreibun
Aller Stände auff Erder
Frankfurt/Main 1568

Städten kam es innerhalb der Zünfte zu einer Arbeitsteilung, so war mancherorts die Herstellung von Besteck oder Leuchtern von der Produktion anderer Geräte und der Juwelen ganz abgetrennt.

Da das Material, das die Goldschmiede verarbeiteten, zugleich auch Münzmetall war und ein beträchtlicher Wertanteil der Erzeugnisse dieser Handwerker in ihren Rohstoffen enthalten war, mußte deren vorgeschriebener Feingehalt ständig überwacht werden. In vielen Städten wurde das eine Aufgabe der öffentlichen Waage- oder Münzbeamten, in anderen wurde die Kontrolle aber von den Beschaumeistern oder den Älterleuten der Zunft ausgeübt, die zugleich auch das Werkstück prüften. Strenge Ausbildungs- und Prüfungsbestimmungen sorgten für einen hohen Stand der handwerklichen Fertigkeit. Als Meisterarbeiten wurden im allgemeinen zwei Schmuckstücke und ein Trinkgefäß verlangt, in Nürnberg und Dresden z. B. ein Akeleypokal, in Augsburg seit 1529 ein Trinkgeschirr nach gegebener Zeichnung. Neben diesen vorwiegend ökonomischen Funktionen bemühten sich die Zünfte auch um rechtliche und soziale Belange. So wurde das sittliche Verhalten überwacht und schon durch die Forderung freier und ehelicher Geburt versuchte man, eine gewisse Auslese zu treffen. Eigene Unterstützungs- und Sterbekassen gehörten schon seit der Frühzeit der Zünfte zu ihren Einrichtungen. Vielerorts versorgte man die Witwen verstorbener Meister, indem Gesellen, die in das Amt aufgenommen werden wollten, gezwungen wurden, sie zu heiraten.

Das Gesellenwandern, durch Jahrhunderte allgemeine Gewohnheit bei den meisten Handwerken, wurde auch bei den Goldschmieden gepflegt. Die Städte mit den bedeutendsten Werkstätten übten dabei die größte Anziehungskraft aus, es gab Gesellen, die Augsburg, Venedig und Antwerpen nacheinander aufsuchten, aber auch die Meister in Nürnberg, Lübeck, Köln, Straßburg, Paris und den anderen Zentren der Goldschmiedekunst hatten niemals Mühe, Arbeitskräfte zu bekommen. Dem Gesellenwandern ist es zweifellos zu verdanken, daß der europäische Stil in der zweiten Hälfte des 17. Jahrhunderts und im 18. Jahrhundert so viele überregionale Merkmale aufweist, daß in dieser Zeit die gleichen Gerätetypen und Schmuckformen an weit voneinander entfernten Orten verwendet wurden (vgl. Abb. 76 und 77). Der künftige Meister mußte gut zeichnen können und viele Gesellen haben sich auf ihren Wanderungen Musterbücher angelegt und sicherlich auch gedruckte Vorlagenbücher oder einzelne Ornamentstiche erworben.

In den Hauptstädten entstand durch besondere Anforderungen der Hofhaltungen oft ein außergewöhnlicher Bedarf an Goldschmiedearbeiten, die zum Teil von auswärts bezogen wurden. Man bemühte sich aber, tüchtige Meister heranzuziehen und an den Namen kann man sehen, welche Stile am beliebtesten waren. In Schweden findet man im 17. Jahrhundert viele deutsche Namen, wenige Beispiele mögen genügen. In Stockholm arbeitete Hans von Dort, der aus einer Familie stammt, die im 17. und 18. Jahrhundert in Hamburg fünf Meister hervorgebracht hatte. Aus

Deutschland stammen weiterhin die Meister Arnold von der Hagen in Norrköping, Casimir Friedrich Meidt in Karlskrona und Zacharias Meyer in Karlshamn. Auch für Kopenhagen kann eine Reihe deutscher Namen genannt werden, z. B. Johan Jacob Bockenhofer und Jacob von Holten in der ersten Hälfte des 18. Jahrhunderts (aus der Familie von Holten gab es in Hamburg vier Meister), weiterhin Johan Jagenreuter, Nicolai Martin Fuchs, Andres Jacob Rudolph, David Reich und Christian Fridrich Stockhausen. Neben den Deutschen lebten sowohl in Schweden als auch in Dänemark viele französische Meister, hier mögen einige genannt werden, die in Kopenhagen gearbeitet haben: Jean Henri de Moor, der von 1688 bis 1696 königlicher Goldschmied war, Isak Dubois, Pierre Tresfort, königlicher Goldschmied seit 1687 (er führte Krone und Lilie in seinem Meisterzeichen, die in Frankreich oft in den Marken gezeigt wurden), Andrée le Coq, Jean Marie Lenoir und François Maréchal.

Um auch ein Beispiel von der Anziehungskraft Amsterdams zu geben, seien aus der zweiten Hälfte des 18. Jahrhunderts einige Namen zugewanderter Meister erwähnt: Jan H. Schmidt aus Celle, Johannes Siotteling aus Göteborg, Svalte Striebeek aus Landskrona und Hendr. Christ. Nic. Wildeman aus Verden a. d. Aller. Sehr groß ist auch die Zahl fremder Namen unter den Londoner Meistern, bei den Beispielen, die hier aufgeführt werden, erübrigt sich eine Nennung der Nationalität: Audrean van Schipcroft, D. Buteux, Henry Aubin, Philippe Rainaude, Augustin Courtauld, Nicholas Clausen, Isaac Ribouleau, David Tanqueray, Pere Pillau, Isaac Cornasseau, Louis Laroche, Abraham de Oliveyra, Paul de Lamerie, Frederick Kandler (der wahrscheinlich mit dem Meißener Porzellanmodelleur Kändler verwandt ist) und Andrew Vogelberg, der aus Kopenhagen eingewandert war.

Besonders groß ist die Zahl ausländischer Namen in Moskau und St. Petersburg, wo sie die der russischen Meister bei weitem übertrifft. Hier gab es Italiener, Franzosen, Holländer, Engländer, Deutsche und Skandinavier. Die französische Familie Fabergé war es, die der russischen Goldschmiedekunst am Ende des 19. Jahrhunderts und in der Zeit vor dem ersten Weltkrieg zu einer Bedeutung verhalf, die in dieser Zeit von keiner anderen Werkstatt erreicht wurde.

Rechte Seite:
Johannes und Caspar Luyken
Spiegel van't Menschelyk Bedryf.
Amsterdam 1704

De Silversmit. ·78

Hoe eel van stof,   Noch veel te grof.

Blanck Silver alte veel bemind,
    Van 't Hert dat weerels is gesindt,
Ghy kund den honger niet versaaden,
    Der weldoorsiende en keurge Ziel,
    Wiens lust op uwen Oorspronck viel,
Om sich   met Ryckdom t'overlaaden.

Werkstatt eines Silberschmiedes aus der Encyclopédie Français, Paris 1771

Aus den Zünften hervorgegangen, aber von ihren Bindungen befreit waren viele der Hofgoldschmiede, die in die Reihen der niederen Hofbeamten aufgenommen wurden.

Mit der industriellen Revolution, den Veränderungen der Produktionsweise und der Gesellschaftsstruktur verloren im 19. Jahrhundert die Zünfte ihren Sinn und lösten sich auf. Viele der Zunftverordnungen wurden im Zeitalter der Gewerbefreiheit durch staatliche Gesetze abgelöst, einige der Funktionen der Ämter von den Innungen übernommen.

DIE METALLE UND DIE GOLDSCHMIEDE-MERKZEICHEN

Obwohl das Gold viel seltener verarbeitet wurde, als Silber, gab es doch dem Handwerk den Namen. Gold ist seit dem Altertum bekannt und galt immer als das edelste der Metalle. Daran änderte auch die Tatsache nichts, daß viele der Platinmetalle teurer sind.

In der Natur kommt Gold hauptsächlich gediegen vor. Es findet sich entweder als sogenanntes Berggold in kristalliner Gestalt sowie sehr fein verteilt in Quarzgänge eingesprengt oder als Waschgold in sekundären Lagerstätten, die aus Sedimenten der zerstörten Muttergesteine bestehen. In Europa wurde es bergmännisch in Siebenbürgen, Böhmen, dem Harz, Salzburg und Kärnten gewonnen. Waschgold fand sich in den Sanden von Elbe, Saale, Schwarza, Eder, Inn und Donau; im Oberrhein wurde zwischen Basel und Mainz bis ins 20. Jahrhundert Gold gewaschen. Große Goldmengen kamen nach der Entdeckung Amerikas nach Europa; in Brasilien begann im 17. Jahrhundert die Ausbeutung von Vorkommen durch Europäer und erreichte im 18. Jahrhundert einen Höhepunkt. Auf die Aufzählung der gegenwärtig bedeutenden Goldvorkommen und die modernen Gewinnungsverfahren kann hier verzichtet werden.

Das natürliche Gold kommt niemals rein vor, sondern ist mit Silber und Spuren von Kupfer, Eisen und Platinmetallen, sehr selten mit Quecksilber gemischt. Diesen Beimengungen ist es zu verdanken, daß das Gold im Altertum und Mittelalter ohne komplizierte hüttenmännische und metallurgische Verfahren den Goldschmieden in einer Zusammensetzung zur Verfügung stand, die eine weitere Bearbeitung erlaubte. Gold ist das dehnbarste aller Metalle, in reiner Form jedoch so weich, daß es sowohl für die Münzprägung wie für die handwerkliche Verarbeitung legiert werden muß. Als Legierungsmetalle werden Silber und Kupfer verwandt. Die größte Härte hat eine Legierung mit $33^1/_3\,\%$ Silber. Im 18. Jahrhundert wurde es sehr beliebt, Schmuck, Schnupfdosen und Uhrgehäuse „á quatre couleur" aus verschiedenfarbigem Gold anzufertigen. Durch verschieden hohe Anteile von Silber oder Silber und Kupfer kann man eine blaue, weiße, graue oder grüne Färbung erzielen; dem grünen Gold ist etwas Kadmium beigegeben. Bis zum Ende des 18. Jahrhunderts wurde der größte Teil des Goldes für die Münzprägung verwendet, von dem Rest verarbeitete man einen großen Teil zu Schmuck, zu Blattgold und Goldfäden für Stickereien. Zur Herstellung goldener Geräte verblieb eine relativ geringe Menge. Dagegen spielte die Vergoldung bis zum Beginn des 18. Jahrhunderts eine große Rolle.

Einige Angaben über die Mengen des seit dem Beginn der Neuzeit gewonnenen Goldes sollen eine deutlichere Vorstellung ermöglichen. Die geschätzte Weltproduktion betrug im Jahre 1500 5,8 t; 1600 7,4 t; 1700 10,79 t; 1800 17,8 t; 1900 316,2 t; 1938 1 116 t.

Das Silber ist ebensolange bekannt wie das Gold. Wegen seiner Farbe, seiner dichten polierfähigen Oberfläche und seiner Beständigkeit gegen atmosphärische und viele chemische Einflüsse wird es hoch geschätzt. Nach dem Gold ist es das dehnbarste Metall. In der Natur kommt es sowohl gediegen — in Form von Kristallen oder draht- und haarförmig — oder in Erzen, verbunden mit anderen Metallen und Elementen vor. Hauptfundorte für gediegenes Silber in Europa waren das Erzgebirge, der Harz, das Elsaß, Ungarn, Siebenbürgen und Norwegen. Nach der Entdeckung Amerikas wurde Mexiko zu einem der bedeutendsten Produktionsländer. Ebenso wie das Gold hat das natürlich vorkommende Silber Beimengungen anderer Metalle, in der Hauptsache Gold, Platin, Kupfer und Quecksilber. Neben der Gewinnung des gediegenen Metalls war die Verhüttung silberhaltiger Blei- und Kupfererze seit dem Altertum bekannt. Bereits bei den Hethitern bildeten Bleiglanzerze die Rohstoffquelle für die Silbererzeugung. Um 1500 waren in Joachimsthal in Böhmen 8000 Bergknappen beschäftigt. Diese Zahl bedeutete den Höhepunkt des europäischen Silberbergbaus, durch die Erfindung des Amalgamationsverfahrens für die Erzaufbereitung im Jahre 1557 überflügelte die Produktion der spanischen Kolonien diejenige Europas. Ganze Silberflotten brachten die Erträge der Gruben nach Spanien.

Für die Verarbeitung durch die Goldschmiede mußte auch das Silber legiert werden. Das war vor allem für den Guß notwendig. Silber hat die Eigenschaft, in geschmolzenem Zustand sehr große Mengen Sauerstoff aufzunehmen, die beim Erkalten „spratzend" wieder entweichen und den Guß porös machen. Eine Legierung mit Kupfer und geringe Beigaben von Zink ermöglichen einen einwandfreien Guß. Silberlegierungen behalten ihre weiße Farbe noch bei einem Kupfergehalt von 50 %.

Es ist verständlich, daß der hohe Wert der Edelmetalle immer wieder dazu verlockte, durch größere Beigaben billigerer Metalle — vor allem von Kupfer — die Käufer oder Auftraggeber von Edelmetallarbeiten zu betrügen. Die Goldschmiedezünfte und die Regierungen erließen genaue Bestimmungen über die Legierungsverhältnisse, deren Einhaltung streng überwacht wurde. Bis ins 18. Jahrhundert war in Deutschland im allgemeinen 13- oder 14lötiges Silber vorgeschrieben, manche Städte erlaubten geringere Legierungen, die im 19. Jahrhundert und in Notzeiten bis auf

SCHREIBKASTEN, *Vermeil und Email, Nürnberg um 1585, Meister Hans und Elias Lencker, H. 30, B. 39, T. 28,6 — München, Schatzkammer der Residenz.* — Vier gegossene Schnecken tragen den in drei Stufen aufgebauten Kasten, der mit zwei Schubladen und einem Klappdeckel versehen ist. Im oberen Fach sind Tintenfaß und Streusandbüchse enthalten. Die Wandungen der unteren und der oberen Stufe zeigen in transluzidem Email Jagdszenen in einer Waldlandschaft, der mittlere Kasten ist mit Schweifgrotesken bedeckt. Auf den Ecken der unteren Stufe sitzen vier Putti mit den Attributen der Grammatik, Mathematik, Astronomie und Musik. Als Deckelbekrönung ist die Rhetorik dargestellt. Auf die Innenflächen der Kästen und Fächer wurden Mauresken geätzt.

9 Lot absanken. Feinsilber ist 16lötig, die Umrechnung ergibt für 14lötiges Silber ca. 875/ooo Feingehalt, für 11lötiges 688/ooo. In England gilt seit Jahrhunderten der Sterling-Standard mit 925/ooo, daneben gab es den Britannia-Standard mit 958/ooo. Auch das französische Silber hatte durchweg einen hohen Feingehalt. Am Ende des 18. Jahrhunderts waren in Paris 958/ooo, in der Provinz zum Teil etwas niedrigere Legierungen vorgeschrieben, in Dijon z. B. 951/ooo. Belgien, die Niederlande und Österreich-Ungarn erlaubten im 19. Jahrhundert den Gebrauch von zwei oder drei Legierungen mit Feingehalten zwischen 750/ooo und 933/ooo.

Zur Feingehaltsbestimmung bediente man sich zweier Verfahren. Das einfachere, von jedem Meister durchzuführende war die sogenannte Strichprobe. Auf dem Probierstein aus schwarzem Schiefer zog man einen Strich mit dem zu prüfenden Material. Das konnte natürlich auch mit der Kante einer fertigen Arbeit geschehen. Daneben wurden Striche mit Probiernadeln gezogen, deren Legierungen bekannt waren. Durch Farbvergleiche stellte man nun fest, welcher Nadelstrich der Probe entsprach und konnte damit annähernd die Legierung bestimmen. Diese Methode war sowohl für Gold als auch für Silber anwendbar (vgl. Abb. 454). Eine genauere Prüfung war mit der Kupellenprobe möglich. In vielen Zunftordnungen wurde von den Meistern verlangt, daß sie dieses Verfahren beherrschten, im allgemeinen werden aber nur die Beschaumeister dazu in der Lage gewesen sein. Die Kupelle war ein Gefäß aus reiner Holzkohle, in das eine genau gewogene Probe des zu prüfenden Silbers gegeben wurde. Diese Proben entnahm man mit einem Stichel meist an der Unterseite der Geräte. Die dabei entstehende Zickzack-Linie wird Tremolier- oder Tremulierstich genannt. Mit einer Bleizugabe wurde die Probe zum Glühen gebracht, wobei alle Fremdmetalle aus dem Silber in Oxydform in das Blei übergingen und von der Kupelle aufgenommen wurden. Das Silber blieb rein zurück, durch einen Gewichtsvergleich konnte nun das Legierungsverhältnis ermittelt werden.

Die Überwachung lag in den Händen staatlicher oder städtischer Beamter oder wurde von der Zunft vorgenommen. Zunächst mußten die Meister ihre Arbeiten mit ihrem Meisterzeichen versehen und damit kundtun, daß sie sich an die Bestimmungen gehalten hatten. Bei der Überprüfung wurde im allgemeinen ein Beschauzeichen hinzugefügt, in manchen Städten und Ländern gibt es außer diesen zwei Zeichen noch eine Reihe anderer. In Deutschland schlug man manchmal Buchstaben ein — z. B. in Braunschweig, Celle und Breslau — die entweder jährlich oder doch in bestimmtem Rhythmus wechselten oder von einem Beschaumeister während seiner ganzen Amtszeit geführt wurden. In einigen Städten, z. B. Augsburg, Berlin, Emden und Hamburg nahm man die Buchstaben in die Beschauzeichen auf, andere Städte fügten ihrem Wappenbild die ganze Jahreszahl bei — z. B. Kopenhagen, Mainz, Neiße und die Städte Österreich-Ungarns — oder nur die beiden letzten Ziffern — z. B. Breslau und Emden für einige Jahrzehnte und Madrid. Für die englische Stempelung sind die jährlich wechselnden Buchstaben charakteristisch, deren Schildform und Größe etwa den anderen Stempeln — Meister- und Stadtmarke und Feingehaltszeichen in Gestalt des nach links laufenden Löwen — entspricht. Von 1784 bis 1890 wurde dazu noch ein Steuerstempel eingeschlagen, der den Kopf des regierenden Herrschers zeigte (vgl. 457). Vier Stempel führte auch Kopenhagen. Außer der Stadtmarke mit Jahreszahl die Meistermarke, die Initialen des staatlichen Münzwardeins und ein Tierkreiszeichen für den Monat (vgl. Abb. 456). In gleicher Weise waren Bergener Arbeiten gestempelt. Auch Amsterdam stempelte mit vier Marken, es waren die Stadt- und Zunftmarke, das Meisterzeichen und ein Datumsbuchstabe. Die meisten Beschauzeichen zeigen das Stadtwappen, einige auch den oder — was in Skandinavien besonders häufig vorkommt — die Anfangsbuchstaben des Stadtnamens. Die genaue Datierung der Arbeiten durch die Stempel wurde angestrebt, weil man bei einer späteren Beanstandung den Verantwortlichen leichter ermitteln konnte. Für die Durchführung der Beschau und die Stempelung wurde von den Meistern eine Gebühr erhoben, die sich meist nach dem Gewicht des eingelieferten Stückes richtete. Für die Stempelungspflicht wurde eine untere Gewichtsgrenze festgesetzt. In Deutschland und einigen anderen Ländern brauchten Arbeiten, die leichter waren, nur mit dem Meisterzeichen versehen zu werden, das dann bisweilen zweimal geschlagen wurde. Auf die gleiche Weise verfuhr man in manchen Städten mit Arbeiten, für die der Auftraggeber altes Silbergerät eingeliefert hatte. Auch Arbeiten für Kirchen oder Fürsten waren mancherorts der Stempelpflicht enthoben.

Außer den bisher erwähnten Stempeln wurden aus besonderen Anlässen noch zusätzlich Zeichen eingeschlagen. Dabei kann es sich um Steuerstempel handeln, wie die Initialen FW (für Friedrich Wilhelm), die 1809 in Preußen geschlagen wurden oder eine Kombination aus der Mondsichel mit einem Buchstaben, die in allen großen Städten der Monarchie Österreich-Ungarn 1806/07 zur Anwendung kamen. Einige Länder unterwarfen fremdes Silber bei der Einfuhr einer Kontrolle, deren Durchführung durch das Einschlagen eines Stempels bestätigt wurde.

Beschauzeichen gab es bereits im Altertum, eine große Anzahl ist aus Byzanz überliefert. Die älteste Bestimmung, die aus dem Mittelalter überliefert ist, wurde 1275 von Philipp III. von Frankreich erlassen. Danach sollte in Frankreich jede Stadt mit ihrem Wappen die Edelmetallarbeiten stempeln. Die früheste Pariser Marke ist von 1333 erhalten. Im 14. Jahrhundert folgten Bergen, Bologna, Brüssel, Gent, London, Tournai. In Deutschland wurden Beschauzeichen in Straßburg 1363, in Nürnberg 1370 und Köln 1373 zuerst gebraucht. In manchen Städten verwendete man Meisterzeichen früher als Beschauzeichen, so in Königsberg und Lübeck.

Durch ein Reichsgesetz vom Jahre 1548 wurde in Deutschland die Verwendung von Beschau- und Meisterzeichen allgemein gefordert. Es dauerte aber vielerorts noch eine beträchtliche Zeit, bis man dieser Forderung nachkam.

Nach der Aufhebung der Zünfte regelte ein Reichsgesetz vom Jahre 1888 die Stempelung neu, und es wurde neben Krone und Mondsichel die Feingehaltsangabe in Tausendsteln eingeschlagen; in der Mitte des 19. Jahrhunderts hatten derartige Zahlen die alten Lötigkeitszeichen in manchen Städten schon abgelöst.

Die Bedeutung der Goldschmiedemarken für eine kritische kunstwissenschaftliche Bearbeitung der Edelschmiedekunst wurde in den letzten Jahrzehnten des 19. Jahrhunderts erkannt. In vielen Städten begann man, Meisterlisten aufzustellen und an die Identifizierung der überlieferten Marken zu gehen. Eine der verdienstvollsten Arbeiten auf diesem Gebiet ist das Werk von Marc Rosenberg, Der Goldschmiede Merkzeichen, in der dritten Auflage 1922—1928 erschienen (zitiert als R³). Das vierbändige Werk behandelt in den ersten drei die Merkzeichen von Deutschland, im vierten das Ausland. Der vierte Band darf heute — abgesehen von den byzantinischen Marken — als überholt gelten. Die Länder Europas, in denen es ein bedeutendes Goldschmiedehandwerk gab, sind inzwischen in Monographien ausführlich behandelt worden (vgl. Literaturverzeichnis). Das Werk kann aber als ganzes noch immer als das bedeutendste Nachschlagewerk auf seinem Gebiet betrachtet werden.

DIE TECHNIKEN

Der Gestaltung der Grundform dienen die zwei Haupttechniken der Goldschmiede: Das Gießen und das Treiben.

Für häufig gebrauchte Einzelteile wie Henkel, Füße, Ausgußschnauzen, Deckelknöpfe usw. verwendete man Formen, die aus Stein geschnitten waren oder fertigte Holz- oder Bleimodelle an, die immer wieder neu in Sand ausgeformt wurden. Dieses Verfahren hieß allgemein Kastenguß, weil kleine Kästen die Formen aufnahmen. Komplizierte Stücke mit tiefen Unterschneidungen goß man in verlorenen Formen — à cire perdue —, kleine Stücke oder Einzelteile im Vollguß, wobei man das Wachsmodell mit einem Spezialton umgab, für größere Objekte fertigte man Hohlformen an. Über einem Tonkern, der annähernd die Gestalt des Gegenstandes hatte, wurde sorgfältig eine Wachsschicht modelliert, die man ummantelte. Kleine Metallstifte verbanden Hülle und Kern. Die Wachsschicht schmolz entweder beim Brennen aus oder sie wich vor dem flüssigen Metall. Nach dem Erkalten des Gusses mußten Formmantel und Kern zerstört werden. Im 16. Jahrhundert wurden vor allem in Nürnberg Nachgüsse von reinen Naturformen, von Blättern, Blüten und kleinen Tieren wie Eidechsen, Käfern und Schnecken angefertigt und auf größere Geräte aufgesetzt (vgl. Abb. 5).

Obwohl die Anfertigung eines Wachsmodells und einer Form und die Ausführung des Gusses große künstlerische Begabung und handwerkliches Geschick erfordern, gilt als höchste Technik des Goldschmiedes das Treiben, die Arbeit mit Hammer und Amboß, die dem Handwerk seinen Namen — Gold*schmied* — gab. Aus einem Blech, das man aus einem gegossenen Barren walzte oder hämmerte, hat man durch dicht und gleichmäßig gesetzte Schläge zunächst die Rohform „aufgezogen" und dann die Einzelheiten ausgeführt. Von der Spätgotik bis in die Barockzeit war es beliebt, durch Reihen von Buckeln und blasenartigen Gebilden den Pokalen äußerst komplizierte Formen zu geben, durch die sie zugleich stabiler wurden. Es entwickelten sich einige Typen, die besonders beliebt waren und in verhältnismäßig großer Zahl erhalten blieben. Dazu gehörten die Trauben- oder Ananaspokale (vgl. Abb. 1) die Akeleypokale (Abb. 2) und verschiedene Formen von Buckelpokalen (Abb. 12). Im 17. Jahrhundert wurden plastische Ornamente, figurenreiche Reliefs, Laubwerk und Blüten als getriebener Schmuck beliebt. Für die Arbeit bediente man sich einer Fülle verschieden gestalteter Hämmer und Amboseinsätze (vgl. die Textabbildungen Seite 22/23).

Silber wird durch jegliche Bearbeitung hart und spröde, durch Glühen wird es wieder weich und bildsam gemacht. Beim Treiben muß die Wandstärke genau beachtet werden; leicht passierte es, daß eine Stelle zu dünn wurde oder durchbrach. Bei besonders schlanken Gefäßkörpern oder Kannen mit engem Hals kann man nicht mehr mit dem Hammer arbeiten, sondern verwendet ein Gerät, das Schnarre genannt wird. Ein federnder Stahlstab, dessen umgebogene Spitze wie ein kleiner Treibhammer gestaltet ist, wird am unteren Ende fest eingespannt und durch Hammerschläge in schwingende Bewegung versetzt. Das Gefäß wird über die Spitze geführt und so weiter aufgetrieben. In dem Abschnitt über Zunft und Handwerk wurde bereits erwähnt, daß in vielen Städten ein kunstvoll getriebenes Gefäß, meist ein Akeley-Pokal, als Meisterstück verlangt wurde. In Dresden erschwerte man die Aufgabe noch dadurch, daß aus dem Boden des Pokals ein schlanker Kegel aufgetrieben werden mußte, dessen Spitze fast die Höhe des Gefäßrandes erreichte.

Medaillons, Friese und andere Schmuckelemente, die häufig auf Flächen und Ränder aufgesetzt sind (vgl. Abb. 298—300) wurden mit Matrizen oder Walzen aus Bronze, Messing oder Stahl geformt.

Glatte Becher und Gefäßkörper wurden manchmal gedrückt. Man brauchte dazu eine Reihe von Matrizen und Stempeln, mit deren Hilfe in mehreren Arbeitsgängen aus dem glatten Blech das fertige Gefäß entstand (vgl. Abb. 95).

Die feinere Oberflächenbearbeitung erfolgte durch das Ziselieren, das meist in enger Verbindung mit der Treibtechnik angewandt wurde. Als Werkzeuge verwendete man eine Vielzahl von Meißeln und Punzen. Eine elastische Pechmasse, in geschmolzenem Zustand auf die Rückseite der zu bearbeitenden Fläche aufgegossen oder in die Gefäße eingefüllt, diente als Unterlage beim „Niedersetzen".

Außer dem Ziselieren gibt es zur Behandlung der Oberflächen noch andere Techniken. Bei gegossenen Arbeiten mußte zunächst die Gußhaut durch Feilen, Schaben und Schleifen entfernt werden. Durch Mattieren, künstliches Oxydieren und eine gleichmäßige Punzierung einzelner Flächenabschnitte konnten Kontraste erzeugt werden, durch die die Wirkung der Treibarbeit unterstützt wurde. Das Gravieren bietet eine weitere Möglichkeit der Gestaltung. Mit Sticheln werden Linien von wechselnder Stärke und Tiefe in das Metall eingegraben. Die Technik ist die gleiche wie beim Kupferstich. Die scharfen Rillen werden durch Schmutz oder Reste von Putzmitteln immer dunkler sein als die Oberfläche und sich dadurch deutlich abheben.

Vereinzelt wurden im 15. und 16. Jahrhundert Inschriften und Ornamente auch geätzt. Die Technik ist die gleiche wie bei der Radierung. Mit säurefestem Wachs oder Asphalt deckte man den Grund ab und schabte daraus jene Flächen aus, die

Pl. X.

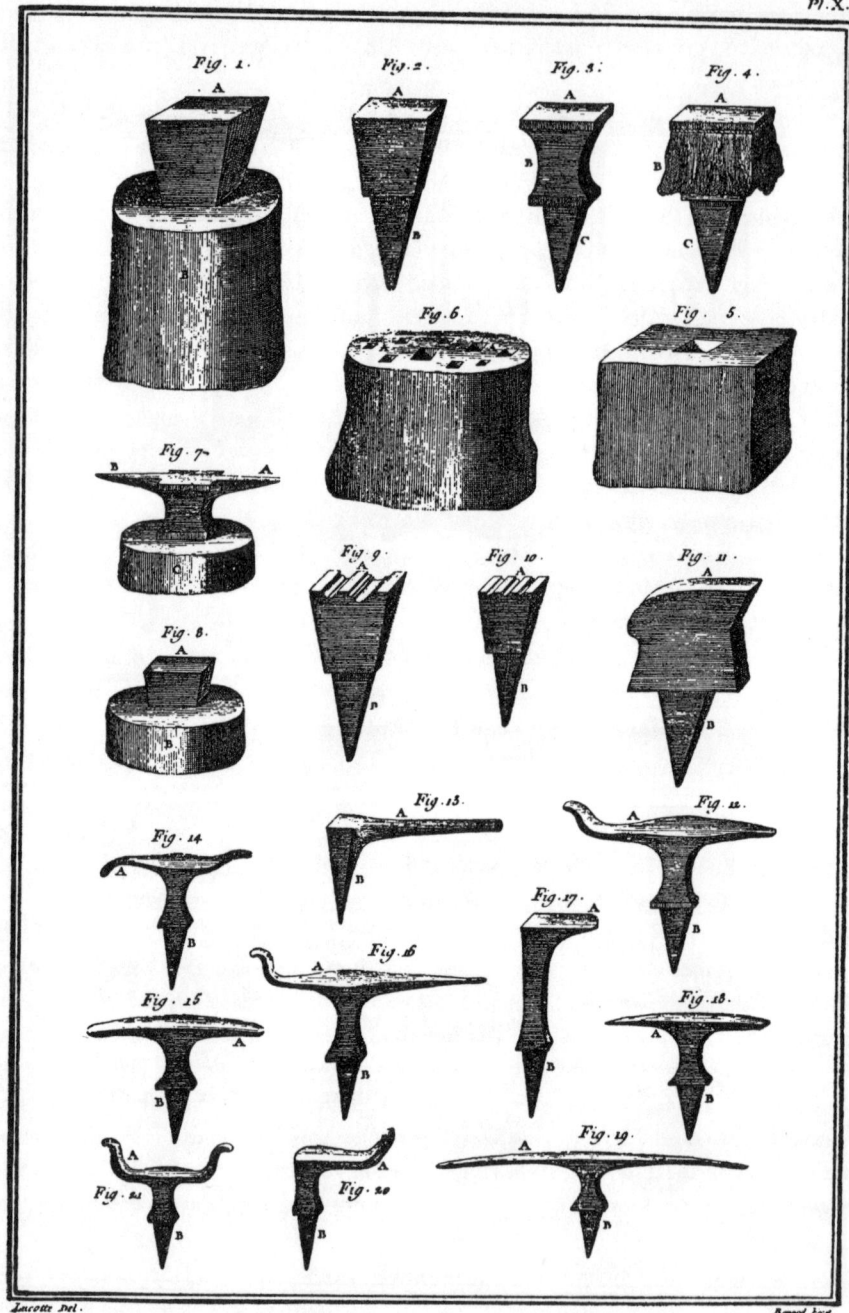

Ambosse und Amboßeinsätze, Tafel X aus der Encyclopédie Française.

Pl. XII.

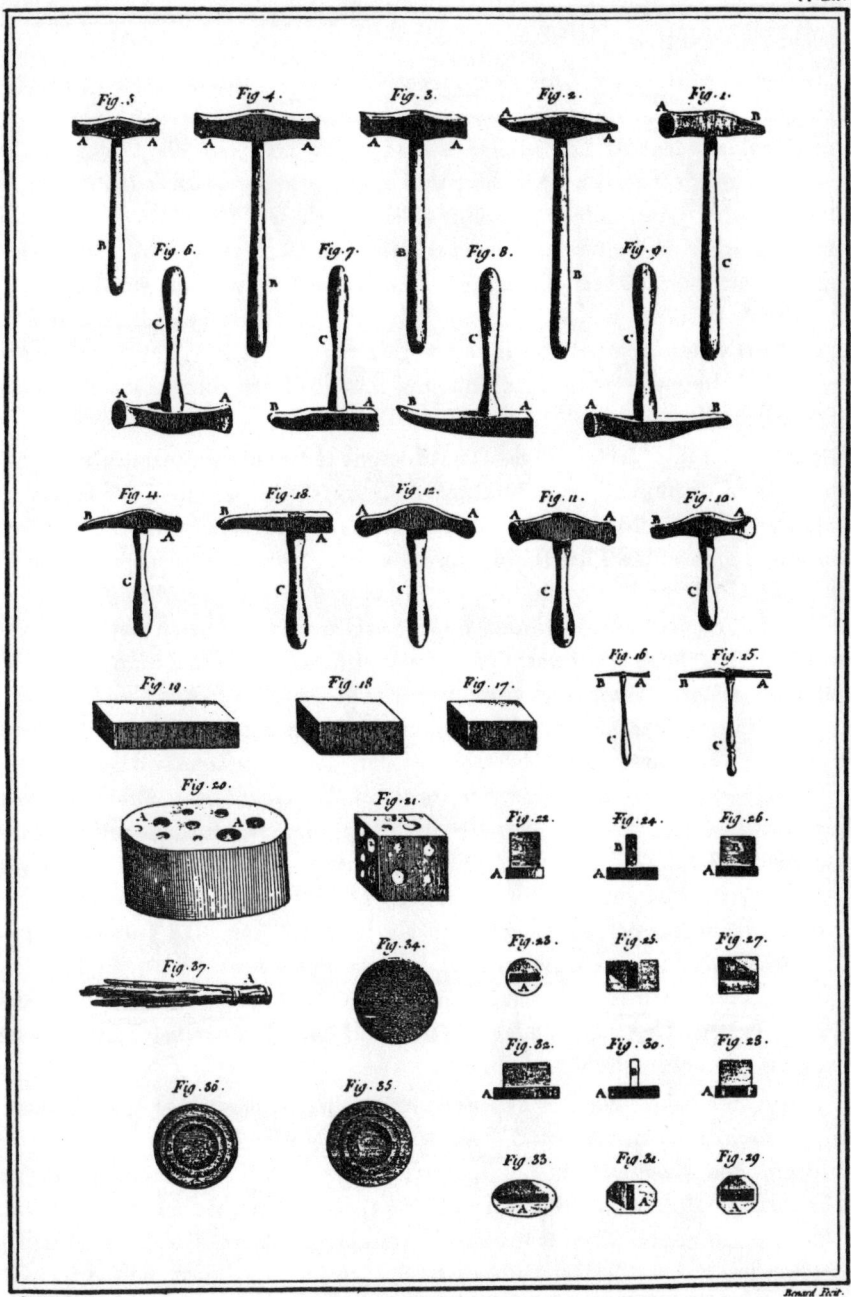

Treibhämmer und andere Werkzeuge, Tafel XII aus der Encyclopédie Française.

vertieft werden sollten. Durch Säureeinwirkung wurde eine Schicht des Metalls aufgelöst (vgl. Abb. 95).

Ein weiteres Mittel der Oberflächenbearbeitung ist die Feuervergoldung. Die Technik ist bereits seit der Römerzeit bekannt. Gold wurde mit Quecksilber zu einem Amalgam legiert. Die breiige Masse strich man auf die Gegenstände aus Silber, Kupfer, Bronze oder Messing und unter ständigem Bürsten und Erhitzen verdampfte das Quecksilber. Die Besonderheit dieser Technik war es, daß der Überzug in den Vertiefungen am stärksten, an Kanten und Vorsprüngen am dünnsten war. Mit diesem Verfahren verlieh man Silber und unedlen Metallen den Glanz des Goldes und eine gegen chemische Einflüsse besonders widerstandsfähige Oberfläche. Im 17. Jahrhundert wurde oft mit Teilvergoldungen gearbeitet, wobei der Farbkontrast zur Unterstützung von Effekten diente, die durch andere Techniken erzielt wurden.

Im Orient waren die Verfahren des Tauschierens entstanden. Darunter versteht man einmal das Einhämmern von Drähten in eingestochene, am Grunde erweiterte Rillen eines anderen Materials, zum anderen das Aufhämmern dünner Edelmetallfolien auf die gerauhte Oberfläche eines Gerätes. Beim Einlegen wurde besonders häufig mit Gold- und Silberdrähten in Eisen oder Bronze gearbeitet, seltener mit Gold auf Silber. In Europa wurden diese Verfahren am meisten von den Waffenschmieden beim Schmuck ihrer Erzeugnisse gebraucht. Granulation und Filigranarbeit (von filum = Faden und granum = Korn) gehören zu den ältesten Techniken der Goldschmiedekunst. Sie fanden hauptsächlich bei der Herstellung von Schmuck Verwendung. Die Granulation besteht aus dem Aufschmelzen winziger Kügelchen, die zu Mustern geordnet werden konnten, auf die Oberfläche. Vollendete Meister dieser Kunst waren die Etrusker. Bei der Filigranarbeit wurden auf verschiedene Weise gekörnte oder gekordelte Drähte von unterschiedlicher Stärke durch Walzen oder Hämmern meist auf zwei Seiten abgeflacht, zu Mustern gebogen und entweder auf geschlossene Flächen aufgelegt oder als lockere Gitter — à jour — verarbeitet. Abstrakte Pflanzen- und geometrische Flächenornamente überwogen bei der Gestaltung. Filigran wurde in ähnlicher Form im Orient, in Nordafrika, Spanien und Portugal, Italien, Ungarn, Süddeutschland und im Nordseeküstengebiet sowie in Skandinavien hergestellt (vgl. Abb. 83).

Das Aneinanderfügen der für sich gearbeiteten gegossenen oder getriebenen Teile erfolgte im allgemeinen durch Löten. Mit Hilfe besonderer leicht fließender Legierungen, des sogenannten Lotes, wurden die Stücke miteinander verbunden. Die Erhitzung erfolgte zunächst auf dem Holzkohlenfeuer, wobei mit einem Lötrohr die Flamme auf hohe Temperaturen angefacht und zugleich auf die Lötstelle gerichtet werden konnte. Später wurde eine Spirituslampe benutzt. Mit einem Lötmittel (Borax) schützte man die Ränder der Lötstellen vor einer Oxydation, die eine Verbindung verhindern würde. Häufig konnte man jedoch diese Art der heißen Verbindung nicht anwenden. War z. B. der Grund eines Humpens vergoldet und sollte mit weißsilbernen durchbrochenen Ornamenten und einem durchbrochenen Mantel belegt werden (vgl. Abb. 32), so verwendete man Schrauben oder vernietete die Teile. Die gegossenen Henkel der Humpen des 17. Jahrhunderts wurden sehr häufig angeschraubt.

Zum Abschluß der Bearbeitung wurde bei silbernen oder goldenen Geräten oder Schmuckstücken im allgemeinen ein Säurebad gebraucht. Durch Abkochen in verdünnter Schwefelsäure verschwand das Kupfer aus der Oberfläche, die durch ein letztes Polieren verdichtet wurde und den Glanz des reinen Metalles annahm.

Außer den bisher beschriebenen Verfahren zur Gestaltung der Geräte und zum Schmuck der Oberflächen, die ausschließlich in der verschiedenartigsten Metallbearbeitung bestanden, wurden seit dem Altertum Edelsteine auch zum Schmuck von Geräten verwendet. Der Höhepunkt dieser Technik wurde im Mittelalter erreicht. Meist setzte man facettierte oder mugelig geschliffene Steine (Cabochons) in Kastenfassungen auf die Flächen, im Altertum hingegen wurden die Steine meist in die Flächen eingelassen. Auf kostbaren Kirchengeräten wie Reliquiaren, Buchdeckeln, Kruzifixen usw. findet man häufig auch antike Gemmen.

Eine andere Verzierungsart ist das Aufschmelzen von Email, sie wurde gleichfalls seit dem Altertum von den Goldschmieden angewandt. Es können an dieser Stelle nicht alle verschiedenen Techniken ausführlich dargestellt werden, einige Hinweise mögen genügen.

Die Emailfarben bestehen aus Glasflüssen, die durch Metalloxyde oder Metallsalze gefärbt sind. Durch Aufschmelzen beim „Brennen" verbinden sie sich fest mit dem Metallträger — Gold, Silber, Kupfer — heute werden auch Legierungen wie Tombak oder Edelstahl verwendet. Man unterscheidet als Hauptgruppen opake — undurchsichtige — und transluzide — lichtdurchlässige — Farben. Beim Grubenschmelz wurden in der Frühzeit vor allem opake Emails verwendet, später auch transluzide (vgl. Farbtafel 2). Eine weitere Technik ist der Zellenschmelz. Schmale Drahtstege wurden der Zeichnung entsprechend dem Grund aufgelötet, die so entstehenden „Zellen" mit Email aufgefüllt. Beim sogenannten Maleremail wird mit bunten Farben auf dunklem oder weißem Grund gearbeitet (vgl. Abb. 189) oder die Farben werden frei nebeneinander gesetzt (vgl. Farbtafel 4). In Limoges, das für Jahrhunderte Zentrum der Emailkunst war, wurde eine Technik entwickelt, mit der man grisailleartige Wirkungen erzielte. Man malte mit Weiß auf schwarzem oder dunkelblauem Grund, durch wiederholtes Brennen und neuen Farbauftrag sanken die zuerst aufgetragenen Schichten in den Grund ab, so daß reiche Nuancen und stufenlose Übergänge verschiedener Grauwerte entstanden. Durch die Verwendung von Gold konnte die Wirkung des Maleremails noch verstärkt werden. Die Oberfläche des Emails wurde beim Grubenschmelz mit opaken Farben immer matt geschliffen, bei der Verwendung transluzider Farben dagegen glänzend belassen.

Eine dem Emaillieren ähnliche Technik ist die Verwendung von Niello, meist auf Silber gebraucht. Man füllte gravierte Linien oder eingestochene Gruben mit einer schwarzen Masse aus Silber, Schwefel, Blei, Kupfer und Borax, die eingeschmolzen wurde. Das Verfahren wurde in der späten Antike und in der Renaissance, vor allem in Italien, geübt. Im 19. Jahrhundert wurde es in Rußland — bekannt unter dem Namen Tulasilber — und in Wien wieder aufgenommen.

Vom späten Mittelalter bis zur Barockzeit verarbeiteten Goldschmiede außer den Edelmetallen eine große Anzahl von Materialien, die wegen ihrer exotischen Herkunft, ihrer Seltenheit oder der wunderbaren Heilkräfte, die man ihnen zuschrieb, für sehr kostbar galten. Aus Straußeneiern, Kokosnüssen und anderen Palmfrüchten, Nautilus- und Turboschnecken-Schalen, Perlmutter, Narwalzähnen, Büffel- und Steinbockhörnern wurden Gefäßkörper gebildet, die man ebenso kunstreich faßte wie Gefäße aus Bergkristall, Lapislazuli, Jaspis, Achat, Amethyst und anderen Halbedelsteinen sowie Serpentin. Oft verarbeiteten die Goldschmiede dabei Gefäße, die im Orient entstanden waren. Neben chinesischen Porzellanen (vgl. Farbtafel 1) verwendete man aber auch Steinzeuggefäße der deutschen Renaissance, die in England relativ häufig verarbeitet wurden. Gefäße und Geräte aus Bernstein oder Elfenbein entstanden in Zusammenarbeit mit den entsprechenden Handwerken.

Aus dem 16. und 17. Jahrhundert ist eine erstaunlich große Zahl profaner Silbergeräte, in der Hauptsache von Pokalen, erhalten geblieben. Da nach verschiedenen Schätzungen von dem Gesamtbestand früherer Goldschmiedearbeiten nur etwa 2—4 % die Zeiten überdauerten, muß die Produktion einen kaum vorstellbaren Umfang gehabt haben. Diese Vermutung wird bestätigt durch die Tatsache, daß viele Zünfte die Zahl der zugelassenen Meister in diesen Jahrhunderten beträchtlich erhöhten. In Hamburg z. B. erfolgte eine Verdoppelung von 12 auf 24 Meister am Ende des 16. Jahrhunderts, eine weitere auf 48 im Jahre 1671. Eine derartige Zunahme der Erzeugung kann nicht allein durch eine Veränderung der Eß- und Trinkgewohnheiten bedingt gewesen sein, diese veränderten sich durch einen langen Zeitraum erstaunlich wenig. Aber viele Darstellungen fürstlicher und patrizischer Bankette zeigen neben den Trinkgeschirren, Schüsseln und Platten auf den Tischen einen Aufbau im Hintergrund, auch Tresur genannt, besetzt mit zahlreichen Pokalen, Kannen und anderem Silbergerät von oftmals erstaunlicher Größe und prachtvollster Gestaltung. Es gibt derartige Gefäße, die mannshoch sind und weit mehr als einen Zentner wiegen, so daß an einen praktischen Gebrauch nicht zu denken war. Diese Arbeiten dienten ausschließlich der Repräsentation und zugleich als Kapitalreserve, die leichter als jedes andere Kunstwerk auf dem kurzen Weg durch den Schmelztiegel und über den Prägestock in klingende Münze verwandelt werden konnte, ja, es gibt sogar Belagerungsmünzen, die auf die Weise entstanden, daß man Stücken zerschnittenen Tafelgeschirrs einen Stempel aufprägte. Dem gleichen Zweck dienten auch silberne Möbel, von deren Existenz man in der Hauptsache nur noch aus alten Inventaren etwas weiß. Ähnlich den Schmuck- und Kleiderordnungen, die nach Rang und Stand abgestufte Vorschriften enthielten über den Wert dessen, was man öffentlich auf seinem Leibe zur Schau stellen durfte, gab es auch Bestimmungen über die Größe und Ausstattung der Tresuren. Derartige Repräsentationsschätze wurden nicht nur von Fürsten und vom Adel angelegt, sondern auch auf den Rathäusern der freien Städte gesammelt, von Zünften, Brüderschaften, Schützengilden und ähnlichen Korporationen unterhalten. Dabei wurden die Willkommpokale bei besonderen Anlässen auch zum Umtrunk benutzt und die wandernden Gesellen schenkten der Zunft vor dem Weiterziehen ein silbernes Schild, das an den Willkomm gehängt wurde, der Schützenkönig stiftete ein ähnliches Schild für die Schützenkette oder den Pokal.

Die Beliebtheit solcher Gegenstände führte dazu, daß es beim Empfang berühmter oder einflußreicher Gäste oder bei der Ausrichtung von Gesandtschaften allgemein üblich wurde, prunkvolle Goldschmiedearbeiten als Geschenke zu überreichen. Viele städtische Rechnungsbücher legen noch heute Zeugnis über Zahl, Gewicht und Preis solcher Arbeiten ab, die bei ortsansässigen oder auswärtigen Meistern bestellt wurden. Zur Vermehrung der Silberschätze hatten sich in einigen Städten bestimmte Regeln gebildet, so war es üblich, daß aus dem Amt scheidende Bürgermeister oder Senatoren dem Schatz eine Spende zukommen ließen. Das ist unter anderem auch für die Stadt Lüneburg überliefert, deren Ratssilber im Jahre 1610 die stattliche Zahl von 253 Geräten umfaßte.

Die europäischen Kriege im 17., 18. und 19. Jahrhundert führten dazu, daß die Mehrzahl derartiger Schätze zu Geld gemacht wurde oder Plünderungen zum Opfer fiel. Am stärksten sind diese Verluste wohl in Frankreich gewesen, wo z. B. von großen Silberarbeiten, die Ludwig XIV. für Versailles in Auftrag gegeben hatte, nichts erhalten blieb, am meisten ist dagegen noch in Rußland erhalten. In der Schatzkammer des Kreml in Moskau kann man noch heute einen überwältigenden Eindruck von diesem Reichtum gewinnen. Der größte Teil davon kam mit dänischen, schwedischen und hansischen Gesandtschaften nach Rußland. Es sei aber auch erwähnt, daß die russischen Zaren im 17. und 18. Jahrhundert von europäischen Fürsten Silber in größeren Mengen gekauft haben und in einigen Städten Deutschlands Aufkäufer unterhielten. Von den Sammlungen der deutschen Fürstenhäuser sind nach den Verlusten des letzten Krieges die in der Münchener Residenz und im Grünen Gewölbe zu Dresden als bedeutendste übrig geblieben. Das Grüne Gewölbe wurde in den Jahren 1721–1724 vom sächsischen Hofgoldschmied Johann Melchior Dinglinger eingerichtet. Neben vielen Kabinettstücken und einer großen Zahl älterer Goldschmiedearbeiten wurden die kunstvollen Tafelaufsätze Dinglingers, die zu ihrer Zeit von allen europäischen Fürsten bewundert wurden, in die Sammlungen aufgenommen.

Manche Schätze fielen, nachdem sie vor Kriegsnot und Plünderung gerettet worden waren, dem nüchternen Geist des 19. Jahrhunderts zum Opfer. Die Art der Repräsentation hatte andere Formen angenommen, der Wandel des Geschmacks ließ die durch die veränderten Tafelsitten völlig unbrauchbaren und in finstere Verlasse verbannten Geräte als Greuel erscheinen, deren toten Wert man in arbeitendes Kapital verwandeln konnte. Als am Ende des 19. Jahrhunderts überall in Deutschland die Zünfte aufgelöst wurden, schmolz man ihre Schätze ein oder verkaufte sie. Ein großer Teil der Pokale gelangte nach England, von wo eine ganze Reihe im Laufe der letzten Jahrzehnte an deutsche Museen und Sammler zurückgelangte.

Das Augsburger Zunftsilber war im Jahre 1868 durch den Baron Karl von Rothschild erworben worden, dessen Sammlung aber inzwischen weit verstreut ist.

Für die Ausstattung von Schlössern wurden neben Möbeln und Schaugeräten, großen silbernen Leuchtern und Spiegeln mitunter auch feste Einbauten aus Silber angefertigt. Als ein Beispiel für viele sei hier das Schloß Frederiksborg in Dänemark angeführt. In einem Flügel der Anlage war die große Schloßkapelle und darüber ein Festsaal angeordnet. In den ersten drei Jahrzehnten des 17. Jahrhunderts wurden für die Ausstattung dieser beiden Räume vorwiegend von Hamburger Goldschmieden ein großer Altar, reich ausgeschmückt mit Reliefs, gravierten Platten, Beschlägen und vollplastischen Figuren, eine Kanzel, ein Taufbecken und eine Orgel geschaffen. Im Festsaal darüber befand sich ein silberbeschlagenes Prunkbuffet und eine auf ähnliche Weise ausgestattete Musikempore. Ihr gegenüber war ein riesiger Kamin mit silbernen Figuren und an den flankierenden Säulen mit silbernen Kapitellen angeordnet. Dazu kamen große silberne Kronleuchter an der Decke des Saales. Von diesen Kunstwerken wurde der größte Teil während des 30jährigen Krieges, also nur zwei Jahrzehnte nach ihrer Entstehung, wieder eingeschmolzen, erhalten blieben nur der Altar und die Kanzel der Kirche.

DIE TRINKGEFÄSSE

Ton und Holz sind die Werkstoffe, die von den Menschen seit frühester Zeit zu Gefäßen verarbeitet wurden. Neben mannigfaltigen Typen zur Aufbewahrung von Vorräten und zur Zubereitung von Speisen gehören Becher und Trinkschalen zu den frühesten und am weitesten verbreiteten Formen, die das erste eigentliche Tischgerät darstellten, da in Europa bis in den Beginn der Neuzeit hinein mit den Fingern gegessen wurde und man die festen Speisen auf ein Stück Brot oder ein Holzbrettchen legte.

Auf der Töpferscheibe und mit der Drehbank wurden Gefäße gefertigt, die auch in anderen Materialien, z. B. Glas und Metallen nachgeahmt wurden. Es ist aber verständlich, daß die Möglichkeiten der grundsätzlich anderen Bearbeitungsmethoden wie Gießen und Treiben zu einer Veränderung der Ton- und Holzformen anregten. Die Art der Abweichung stand unter dem Einfluß des jeweils herrschenden Kunststils.

In der Zeit um 1600 hatte die Mannigfaltigkeit der Trinkgefäße — vor allem in Deutschland — einen Höhepunkt erreicht. Spätgotische Stilelemente hielten sich noch neben solchen der Renaissance, Anregungen aus Italien und Frankreich flossen in Deutschland zusammen. Die Goldschmiede wendeten ihre ganze Phantasie und Kunstfertigkeit auf die Erfindung und Herstellung komplizierter und prunkvoller Pokale, deren Gebrauchswert nur eine untergeordnete Rolle spielte. Am verbreitetsten waren Deckelpokale, die von Fuß und hohem Schaft getragen wurden. Den Hauptschmuck bildeten getriebene Buckel, durch deren verschiedenartige Ausbildung und Anordnung einige Grundtypen zu unterscheiden sind, wie *Buckel-, Akeley-* und *Traubenpokale*. In der späten Renaissancezeit entstanden ruhiger gegliederte Formen, die aus Wülsten und zylindrischen oder konischen Gliedern aufgebaut wurden (vgl. Abb. 3 und 4). Die Sockel der Pokale sind in Übereinstimmung mit den Gefäßkörpern gebildet (vgl. Abb. 1—4 und 12), die Schäfte bestehen entweder aus einer Aufreihung von baluster- und nodusartigen Gliedern, die zum Teil mit gegossenen Spangen besetzt sind, oder gegossenen Figuren von allegorischen Gestalten oder Tieren. Die Stellen, an denen der Schaft dem Sockel, der Gefäßkörper dem Schaft oder eine Bekrönung dem Deckel aufgesetzt sind, hat man oft mit sogenanntem Kräuselwerk geschmückt, Blatt- und Rankenwerk, das aus eingeschnittenen und aufgerollten Blechstreifen gebildet wurde. Als Bekrönung der Pokale verwendete man häufig Sträuße in kleinen gegossenen Vasen (vgl. Abb. 2). Die teils gegossenen, teils geschmiedeten Blumen waren kalt bemalt, die ursprünglichen Farben sind aber nur außerordentlich selten erhalten. In Nürnberg, wo die Spezialisierung innerhalb der Goldschmiedezunft besonders weit gediehen war, durften diese Sträuße nur von bestimmten Meistern angefertigt werden.

Doppelpokale oder Doppelscheuern wurden gebildet, indem man zwei gleich oder ähnlich gestaltete Gefäße mit den Mündungsrändern aufeinandersetzte (vgl. Abb. 12). Neben diesen Variationen ursprünglicher Becher- oder Schalenformen gab es um 1600 zahlreiche figürliche Trinkgefäße. Säugetiere — fast immer ist es jagdbares Wild — dienten als Vorbild, aber auch Vögel und Fische sowie allerlei menschliche oder phantastische Wesen wurden in Silber getrieben, beliebt waren auch Schiffspokale. Aus manchen dieser Gestalten wurden *Trinkspiele* aufgebaut (vgl. Abb. 5). Sockel, in denen Uhrwerke verborgen waren, trugen die Gefäße, die auf Rädern über die Tische rollten. Einzelne Teile oder kleine Figürchen wurden vom Uhrwerk bewegt, Flüssigkeiten verspritzt, Pfeile oder Speere abgeschossen.

Buckelpokal

Trinkkanne

Norddeutsche Humpen

Besondere Formen entstanden durch die Verwendung fremder Materialien, die schon erwähnt wurden, wie Nautilus-, Schnecken-, Muschel-, Palmnuß- und Maserholzschalen usw.

Blieb der Gebrauch der hohen Deckelpokale — falls sie überhaupt benutzt wurden — besonderen Anlässen vorbehalten, so gehörten *Trinkkannen* und *Humpen* zu den täglich benutzten Gefäßen. Da man nicht nur den gewürzten Wein, sondern auch das Bier oft warm trank, wurden beide Typen mit Deckeln versehen. Der grundlegende Unterschied besteht in der Proportionierung; bei der Kanne verhält sich der Durchmesser zur Höhe etwa wie 1:2, beim Humpen wie 1:1. Die frühen Formen des Humpens hatten einen nach oben verjüngten Körper, später war er im allgemeinen zylindrisch wie bei der Kanne. In England wurde aber die schwachkonische Form beibehalten. Sicherlich waren die Vorbilder für Kanne und Humpen gebötcherte Gefäße. Im skandinavischen Bereich und in England gibt es Beispiele, auf deren Wandung durch Ziselierung oder Treibarbeit Dauben und Faßreifen nachgeahmt sind. Bisweilen wurden auch hölzerne Gefäßkörper mit Silber montiert. Humpen und Kannen haben im allgemeinen einen aus waagerechtem Ring und Wulst gebildeten Fußrand. Die Henkel sind entweder hohl gearbeitet oder gegossen, die Deckel mit einer Daumenrast versehen, mit deren Hilfe man sie öffnen konnte. Die Kannendeckel tragen in der Mitte oft eine Bekrönung wie die Deckel der Pokale (vgl. Abb. 18), die bei Humpen nur in der Frühzeit öfter angebracht wurden. In Dänemark entstanden in der Mitte des 17. Jahrhunderts Humpen auf drei kurzgestielten Kugelfüßen, die entweder von Tierklauen oder Löwenfiguren gehalten oder mit Blattwerkschilden dem Körper angefügt waren, auch die Daumenrast wurde hierbei als Kugel gebildet. In Schweden, aber auch in Norddeutschland, besonders in Hamburg, wurde diese Form gegen Ende des 17. Jahrhunderts aufgenommen. Mit einer Veränderung der Trinkgewohnheiten, die um 1700 in England

DECKELPOKAL, *Vermeil, Breslau um 1650. Meister Hans Späth, H. 31,5 — Hamburg, Museum für Kunst und Gewerbe.* — Drei Gehäuse von Meeresschnecken tragen die getriebene Fußplatte, aus deren Wellen sich die gegossenen Figuren dreier Seepferde und Neptuns erheben. Der Meeresgott trägt auf seinem Kopf eine flache, glockenförmige Achatschale, deren Deckel in flachem Relief allerlei Seewesen inmitten von Wellen zeigt. Aus dem Deckel ist ein glatter Knauf herausgetrieben, auf den ein von silbernen Ranken umfaßter Korallenzweig aufgesetzt wurde.

Becher mit graviertem und ziseliertem Dekor

sowie Mittel- und Südeuropa einsetzte, verschwand in diesem Bereich der Humpen allmählich, in Skandinavien dagegen blieb er bis zum Beginn des 19. Jahrhunderts in Gebrauch (vgl. Abb. 38). In England gab es zum Biertrinken einen deckellosen, gehenkelten Becher, der dort die Humpen schon im 18. Jahrhundert ablöste. Er wird *Mug* genannt (vgl. Abb. 40). Auf dem Kontinent fand diese Form, von wenigen Ausnahmen abgesehen, keine Nachahmung.

Obwohl sie keine eigentlichen Trinkgefäße sind, seien an dieser Stelle die Schenk-kannen erwähnt, aus denen bei Tisch die Becher und wohl auch die Humpen gefüllt wurden. Von den Trinkkannen unterscheiden sie sich durch eine Ausgußschnauze oder Tülle. Neben zylindrischen oder konischen gibt es auch bauchige Typen (vgl. Abb. 42 und 43). In der strengen Eleganz ihrer Linienführung entspricht die *Stitze* modernem Geschmack besonders gut, die Form wurde von Zinngießern entwickelt (vgl. Abb. 19).

Becher sind alle henkellosen Trinkgefäße, deren Wandung beim Trinken mit der Hand umschlossen wird. Sie sind im allgemeinen fußlos, können aber auch niedrige Füße haben (vgl. Abb. 50 und 51), so daß es Übergänge zum Pokal gibt. Die Grund-form des Bechers ist leicht konisch mit mehr oder weniger stark nach außen ge-neigtem Lippenrand, der oft durch ein zartes Profil verstärkt wird. Im allgemeinen von rundem Querschnitt gibt es auch acht- oder selten sechs- oder mehrkantige Becher, größere haben oft Fußränder, die ähnlich denen von Humpen und Kannen gestaltet sind, oder sie stehen auf drei Kugelfüßen, größere Exemplare haben dann meist einen Deckel mit Kugelgriff (vgl. Abb. 75–84). Typische Variationen ent-standen in den Niederlanden und Ostfriesland sowie in Skandinavien. In etwa einem Drittel der Höhe wird die Wandung der mit einem reichen Fuß ver-sehenen Becher von einem Ring umzogen, der aus gekordelten Drähten oder ge-drehten Blechstreifen dornenkronenartig gebildet wurde. In gleichmäßigem Abstand sind häufig drei gegossene geflügelte Engelsköpfe diesen Kränzen aufgesetzt (vgl. Abb. 61 und 63). In Bergen, aber auch anderen norwegischen und schwedischen Orten wurden Becher angefertigt, die unter dem Lippenrand einen weiteren Ring mit einer Reihe von Ösen tragen, in die man flache Schüsselchen, Buchstaben oder andere Gebilde aus Silberblech einhängte (vgl. Abb. 62, 65 und 66).

Die Wandungen der Becher wurden auf die mannigfaltigste Weise durch Gravieren, Punzieren und Treibarbeit geschmückt. Getriebene und gravierte Blattranken und Blüten sind in der zweiten Hälfte des 17. Jahrhunderts besonders beliebt.

Durch die Einarbeitung von Münzen in Wandung, Boden und Deckel von Trinkgefäßen entstanden die *Münzbecher* und *Münzhumpen* (vgl. Abb. 74 und 34).

Sogenannte *Häufebecher* waren in der Weise konstruiert, daß man mehrere, ursprünglich meist ein halbes Dutzend, ineinander stellen kann. Dem obersten wurde dann noch ein Deckel aufgesetzt, so daß die ganze Reihe verschlossen und platzsparend aufbewahrt werden konnte. Vollständige Serien sind relativ selten erhalten geblieben, ein schönes Beispiel gibt es im Germanischen Nationalmuseum zu Nürnberg.

Ähnlich den Doppelpokalen gibt es auch *Doppelbecher*, die oft mehr oder weniger kugelig, bisweilen als *Faßbecher* mit gravierten Dauben und Reifen gebildet sind. Halbkugelige Becher, die sich von selbst aufrichten, nennt man *Tummler* (vgl. Abb. 94).

Vom 15. bis zum 17. Jahrhundert waren *Sturzbecher* sehr beliebt. Die glockenoder trichterförmigen Gefäße haben keinen Fuß und können daher nur entleert auf den Mündungsrand gestellt werden. Von den Sonderformen seien hier die *Windmühlenbecher* genannt, die in den Niederlanden verbreitet waren. Die Flügel einer kleinen Windmühle am Griff wurden angeblasen, wenn man das gefüllte Gefäß in der Hand hielt, das nun geleert werden mußte, solange die Flügel sich drehten (vgl. Abb. 98). Weit verbreitet waren die *Braut-* oder *Jungfernbecher*. Der weite Rock einer stehenden weiblichen Gestalt war das eine Gefäß, ein zweites

Häufebecher

kleineres wird — an Zapfen drehbar gelagert — von den über den Kopf erhobenen Armen gehalten (vgl. Abb. 100 und 101).

Eine besondere Gruppe bilden jene Silbergefäße, die Trinkgläsern nachgebildet wurden. Im 17. und 18. Jahrhundert waren von Süddeutschland bis Dänemark Becher in Römerform verbreitet (vgl. Abb. 51). In England gab es in der gleichen Zeit Nachahmungen von hochstieligen Kelchgläsern (vgl. Abb. 46 und 47). In Dänemark wie in England wurden Schnapsgläser nachgebildet. Eine weitere Gruppe von Gefäßen blieb für lange Zeit in ihrer Verbreitung gleichfalls auf England beschränkt; es sind die doppelhenkeligen, meist mit Deckeln versehenen Pokale, im 17. Jahrhundert relativ gedrungen, in der Zeit des Adam-Stiles antiker Form sich nähernd. Sie haben in England etwa die Rolle der kontinentalen Willkomm-Pokale gespielt und wurden schon am Ende des 18. Jahrhunderts bevorzugte Rennpreise (vgl. Abb. 89 und 90).

Zu erwähnen sind hier noch die *Trinkhörner.* Als Gefäße zu profanem und sakralem Gebrauch sind sie seit dem Altertum bekannt, meist bestanden sie aus Stierhörnern, die reich und kunstvoll mit Edelmetall gefaßt wurden (vgl. Abb. 8), manchmal bildete man auch das Horn in Metall nach. Die Königsberger Hufschmiede gebrauchten kleinere Nachbildungen dieser Art als Zunftbecher (vgl. Abb. 96). Im Mittelalter galten solche Hörner oft als Greifenklauen und man maß ihnen übernatürliche Kräfte bei.

In Rußland und Skandinavien gibt es zwei Typen von Gefäßen, aus denen Branntwein getrunken wurde. Es sind dies die *Bratina,* die häufig auch in Norddeutschland auf russische Bestellung oder als Geschenk gearbeitet wurden. Sie hat eine kugelige Gestalt mit weit eingezogenem senkrechten Lippenrand (vgl. Abb. 92), größere Exemplare stehen auf niedrigem Fußwulst. Der zweite Typ, die *Kowsch,* ist hölzernen Schöpfkellen nachgebildet (vgl. Abb. 105 und 106).

In der Mitte des 17. Jahrhunderts entstanden in den Niederlanden und in Dänemark *Branntweinschalen,* auf niedrigem Fuß, zunächst von rundem oder vieleckigem Querschnitt mit waagerecht angesetzten Henkeln, die manchmal durch einen daruntergesetzten senkrechten Schnörkel abgestützt werden (vgl. Abb. 107, 110 und 111). Die Form verbreitete sich bald auch in Ostfriesland. Am Ende des 18. Jahrhunderts wurden die Schalen oval und durch kräftige getriebene Buckel gegliedert, die Füße in Ostfriesland und den Niederlanden höher gewölbt (vgl. Abb. 112 und 113). Um 1670 kamen etwa gleichzeitig in Hamburg und Dänemark Schalen — rund oder oval, mit drei oder vier Kugelfüßen — auf, ihre S-förmigen Henkel sind senkrecht angesetzt. Bisweilen haben die Schalen einen Deckel, der gleichfalls mit Kugelfüßen versehen ist, so daß er gefüllt fest aufgestellt werden kann.

Süddeutsche Entsprechungen dieser Schalen sind fußlos und sehr viel flacher gebildet (vgl. Abb. 102—104).

Zuletzt seien noch die sogenannten *Probierschalen* erwähnt, die in ihrer Verbreitung auf Frankreich und England beschränkt sind. Die kleinen, meist runden und flachen Schalen haben entweder einen waagerechten oder einen Bandhenkel (vgl. Abb. 91).

Becherschraube — ein Ausdruck, der im 19. Jahrhundert erst entstand — nennt man die reichgestalteten Füße, auf denen von Klauen oder kleinen Figuren ein Glas gehalten wird. Die Hauptzeit der Verbreitung liegt im 16. und 17. Jahrhundert, so daß am häufigsten Noppengläser oder Römer gefaßt wurden (vgl. Abb. 13). Auf niederländischen Stilleben des 17. Jahrhunderts sind häufig Becherschrauben dargestellt.

TEE, KAFFEE UND SCHOKOLADE

Als am Ende des 17. Jahrhunderts die „exotischen" Getränke Tee, Kaffee und Schokolade in Europa Eingang fanden und ihr Genuß sich mit großer Schnelligkeit verbreitete, bahnten sich damit in der Gesellschaft Veränderungen an, die viel weitreichender waren, als allgemein angenommen wird. Diese geistig anregenden Getränke drängten den Alkoholgenuß zurück und mit den Kaffeehäusern entwickelte sich ein ganz neuer Typ von öffentlichen Lokalen, die zu politischen und literarischen Zentren wurden.

Für das Zubereiten und das Ausschenken der neuen Getränke wurden neue Gefäßtypen gebraucht, die an ostasiatische Keramik anknüpften. Die Bemühungen zur Herstellung des Porzellans in Europa wurden nicht zuletzt in dem Bestreben intensiviert, die umfangreichen Importe von Teegeschirr aus China überflüssig zu machen. Die frühesten Tee- und Kaffeekannen — noch wenig voneinander unterschieden — entstanden in Anlehnung an ostasiatische Formen, während die ersten eigentlichen *Kaffeekannen* mit steilwandig-konischem Körper europäischen Ursprungs sind, und in Anlehnung an Holzformen, wie man sie für andere Getränke brauchte, entwickelt wurden. Die wenig später aufkommenden bauchigen und birnförmigen Kannen gehen wiederum auf asiatische und islamische Formen zurück.

Da die neuen Getränke von „oben" her, von den Höfen, Eingang in die Gesellschaft fanden, wurden die Goldschmiede sehr bald mit der Anfertigung der entsprechenden Gefäße beauftragt. Die keramischen Formen der Frühzeit wurden von selbständigen Edelmetallformen abgelöst, die ihrerseits die Formen des europäischen Porzellans sehr stark beeinflußten.

Von England abgesehen, wo die steilwandig-konischen Kannen bis um 1740 dominierten, war für Kaffee in Europa von 1720 bis etwa 1780 eine birnförmige Grundgestalt üblich, deren Umriß, Gliederung und Schmuck den jeweiligen Kunststilen — Regence, Rokoko, Louis XVI.-Stil — unterworfen waren. Am Ende des 18. Jahrhunderts setzte sich weitgehend eine zylindrische Form mit waagerecht angebrachtem, gedrechseltem Holzgriff und konischem, tief angesetztem Ausguß durch.

Die Kaffeekannen hatten oft einen flachen gekehlten Fußring, in Frankreich waren sie dagegen häufig mit drei Beinen versehen, so daß man ein Spirituslämpchen zum Wärmen unterschieben konnte. Im allgemeinen von rundem Querschnitt, gab es in Italien und vor allem in Frankreich auch ovale Kannen, die in Schweden, vor allem in Stockholm, in der zweiten Hälfte des 18. Jahrhunderts aufgenommen wurden. Die Vermischung und gegenseitige Beeinflussung regionaler und nationaler Stile war im 18. Jahrhundert besonders stark. Dazu trugen verschiedene Faktoren bei. Einmal pflegten die Gesellen sehr weit zu wandern und sie versuchten natürlich, in den Städten zu arbeiten, deren Meister und Werkstätten den besten Ruf genossen. Im 18. Jahrhundert waren das vor allem Augsburg, Straßburg und Paris. Große Anziehungskraft besaßen auch London, Kopenhagen und Stockholm. Wegen ihrer geographischen Lage wurden diese Städte zwar nicht so lebhaft von ausländischen Gesellen besucht, aber es ließen sich ausländische Meister hier nieder. So begegnen unter den Goldschmieden dieser Zeit überall fremde Namen. Franzosen in London, Kopenhagen und Stockholm, Deutsche in Kopenhagen und vor allem in Petersburg und Moskau, wo aber auch Meister aus den Niederlanden, England, Frankreich und Skandinavien Arbeit fanden.

Die Ausgußschnauzen waren im 18. Jahrhundert zunächst tief angesetzt, gerade und konisch, dann S-förmig geschweift, später schnabelförmig gebildet, entweder kurz und mit Tropfengehängen abschließend oder weit an der Wandung herablaufend. Im 19. Jahrhundert variierte man in Deutschland zunächst die zylindrischen Körper, die leicht aufgeschwellt und mit Wülsten versehen wurden. Von der Mitte des Jahrhunderts an kehrte man wieder zu bauchigen Formen zurück.

Die *Schokoladekannen* waren den Kaffeekannen im Aufbau sehr ähnlich und unterschieden sich in der Hauptsache nur durch eine Klappe auf dem Deckel, die entweder seitlich verschiebbar oder mit einem Scharnier befestigt war. Durch eine kleine Öffnung wurde ein Quirl eingeführt, mit dem das Getränk vor dem Einschenken schaumig gerührt wurde.

Bei den Teekannen gab es neben kugeligen im ganzen 18. Jahrhundert gedrückt-birnförmige. Am Ende dieses Zeitraumes wurden die Formen mannigfaltiger. In England setzte man Böden von geschweift-ovalem Umriß senkrechte Wände auf, die langen Tüllen waren konisch und dicht über dem Boden angebracht. Daneben gab es ausladend-bauchige oder kugelige Formen mit reichem klassizistischen Dekor (vgl. Abb. 169). Im 19. Jahrhundert gab man schalenförmigen Körpern einen flachen oberen Abschluß, häufig waren auch ovale Kannen mit steiler, leicht geschwellter Wandung.

Relativ oft fertigte man im 18. Jahrhundert größere Service an, zu denen außer den Kannen die *Tee-* und *Zuckerdosen* und eine *Spülkumme* gehörten. In der letzteren wurden die Teeschalen (Kopjes) ausgespült, da der Gebrauch eines Teesiebs zunächst nicht üblich war. Zu einem größeren Service gehörten zwei Teedosen, je eine für schwarzen und grünen Tee. Auf der Reise führte man Lederkästen mit sich, in denen das ganze Geschirr untergebracht war (vgl. Abb. 172). In

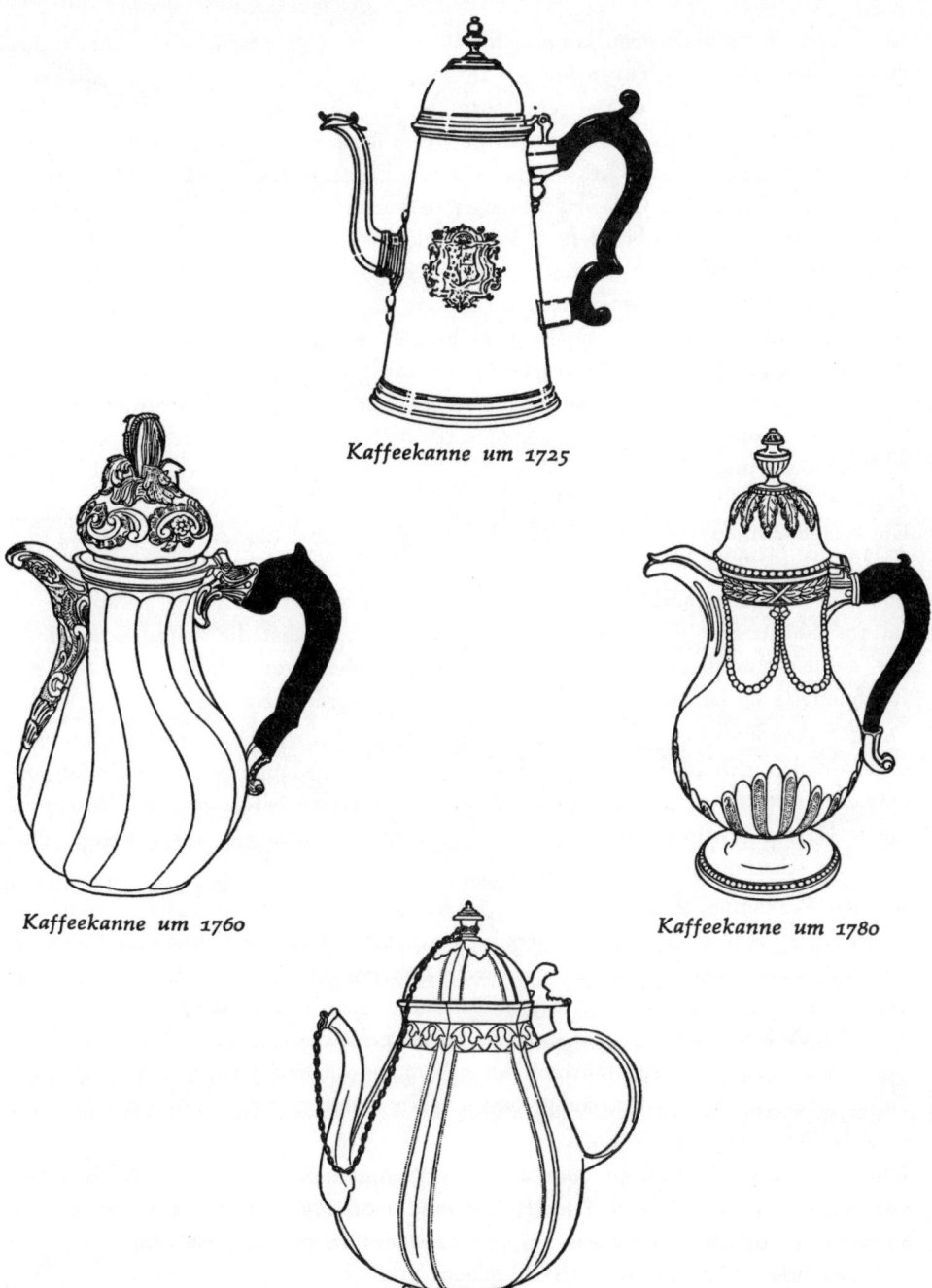

Kaffeekanne um 1725

Kaffeekanne um 1760

Kaffeekanne um 1780

Teekanne um 1685

um 1720   um 1820

runden, ovalen oder eckigen Dosen wurde der Zucker aufbewahrt. Wegen der Kostbarkeit dieses Gewürzes waren die Dosen im frühen 18. Jahrhundert meist mit Schlössern versehen. Die *Zuckerstreuer* wurden nicht zum Süßen von Getränken gebraucht, sondern man verwendete sie, um daraus bei Tisch Suppen, Brei, Pasteten und Kuchen zu bestreuen. Tee und Kaffee wurden mit Kandis gesüßt; zum Herausnehmen der Stücke gebrauchte man neben Löffeln auch *Zangen*, die in England schon im ersten Viertel des 18. Jahrhunderts bekannt waren.

Reiseservice des 19. Jahrhunderts bestanden meist aus wenigen zusammengehörigen Teilen und man war bestrebt, durch besondere Konstruktionen eine Unterbringung auf kleinstem Raum zu ermöglichen. Meist konnten die Henkel abgenommen werden und bisweilen auch das Oberteil der Kanne, in die hinein dann Spülkumme und *Sahnegießer* gestellt wurden (vgl. Abb. 173).

Da es vielerorts üblich war, daß die Hausfrau den Tee eigenhändig zubereitete, brauchte man ein Gerät, in dem Wasser bei Tisch zum Sieden gebracht werden konnte. Für diesen Zweck wurden zwei Typen entwickelt: Die *Teemaschine*, auch Samowar oder in England wegen der bevorzugten Form „tea-urn" genannt (vgl. Abb. 123—124, 126, 129—130) und den Wasserkessel oder die Heißwasserkanne mit zugehörigem Untersatz und Rechaud. Die Teemaschinen — fast immer auf drei Beine gestellt — haben meist eine fest angebrachte Spirituslampe, manchmal wurde diese aber auch unter das Gerät geschoben (vgl. Abb. 124). Die Behälter sind mit einem oder drei Hähnen versehen, durch die das Wasser abgezapft werden kann. Der russische Typ, der Samowar, wird mit Holzkohle beheizt. Das heiße Wasser wird auf einen Tee-Extrakt gegossen, der in einem besonderen Einsatz bereitgehalten und mit einem Löffel in die Tassen gefüllt wird. Die Wasserkessel sind schwenkbar auf dem Untersatz befestigt und mit einem Stift am hinteren Rande arretiert (vgl. Abb. 125 und 127).

Die Teemaschinen haben baluster- oder vasenförmige Gestalt, Umriß und Dekor sind dem Zeitstil entsprechend ausgebildet.

Die *Teebüchsen* oder *Teekanister* gehörten, wie oben erwähnt wurde, schon früh zu einem vollständigen Teeservice. Nach der Art des Verschlusses sind zwei Typen zu unterscheiden. Die einfachere Form hat nur eine Öffnung mit Schiebedeckel (vgl. Abb. 183 und 184), die zugleich zum Entnehmen und Nachfüllen dient; die häufiger vorkommende hat einen kurzen zylindrischen oder ovalen Hals, auf den eine Deckelkappe aufgesteckt wird (vgl. Abb. 179–182). Zum Nachfüllen kann bei dem letzteren Typ im allgemeinen der Boden seitlich herausgezogen werden. Die Dosen mit senkrechten, manchmal aber auch balusterförmig geschweiften Wänden können die verschiedensten Grundrisse haben, rechteckige und ovale kommen bei den frühen Stücken häufig vor, später waren die Ecken abgeschrägt oder ausgekehlt, oder der Grundriß bekam einen lebhaft geschweiften Umriß. Die Verschlußkappe diente als Teemaß, für die Dosen mit Schiebedeckel wurde in England ein sogenannter caddy-spoon entwickelt.

Sehr selten sind Dosen, die, durch eine Trennwand in Fächer geteilt, zwei Teesorten aufnehmen konnten.

Sahnekannen gehören seit dem zweiten Viertel des 18. Jahrhunderts zum Tee- und Kaffeeservice. In ihrer Form sind sie den zugehörigen bzw. gleichzeitigen Kannen angepaßt. Außer den relativ kleinen, offenen Kännchen gab es größere, mit einem Deckel versehene, aus denen heiße Milch ausgeschenkt wurde, die man aber nur zum Kaffee nahm. Diese Kannen waren vor allem in Frankreich verbreitet, dort bestand ein *Frühstücks-Service* — ein sogenanntes Déjeuner — oft aus zwei gleich großen und gleich gestalteten Kannen, deren Henkel bei der einen auf der rechten, bei der anderen auf der linken Seite angesetzt waren (vgl. Abb. 150), so daß man mit beiden Händen ausschenken konnte.

Vor allem in England und den Niederlanden waren im späten 18. und im 19. Jahrhundert Sahnekannen in Gestalt von Kühen beliebt, deren hochgebogene Schwänze als Griff dienten; durch das offene Maul des erhobenen Kopfes wurde die Sahne ausgegossen.

Tassen und *Untertassen* wurden nur selten aus Edelmetall angefertigt; im 18. Jahrhundert waren sie dann immer vergoldet und emailliert (vgl. Farbtafel 4). Vom Ende des 19. Jahrhunderts gibt es hin und wieder noch Tassen, die — meist aus dünnem Blech maschinell hergestellt — als Sammelobjekte nicht in Betracht kommen.

Zum Servieren von Schokolade wurde die sogenannte *Trembleuse* entwickelt (vgl. Abb. 213 und 214), ein kleines Tablett, oft in Blattform, auf das ringförmige Manschetten, aus durchbrochenem Rocaillenwerk oder gegossenen Spangen gebildet, aufgelötet waren, in die man eine Porzellantasse, die häufig einen Metallhenkel hatte, und ein meist geschliffenes Wasserglas stellen konnte. Seltener war der Untersatz nur zur Aufnahme der Schokoladentasse ausgebildet. Diese Geräte blieben in ihrer Verbreitung ausschließlich auf das 18. Jahrhundert beschränkt.

LEUCHTER UND SCHREIBZEUGE

Neben Fackel, Kienspan und Öllampe waren Kerzen durch Jahrhunderte die bedeutendste Lichtquelle. Sie waren als einzige geeignet, eine prunkvolle Tafel angemessen zu beleuchten.

Bei den Festen, die Ludwig XIV. in Versailles veranstaltete, wurden in der Spiegelgalerie tausende von Kerzen in Wandleuchtern, Kandelabern und Pyramiden entzündet, deren Flammen sich im vergoldeten Tafelgerät, den Spiegeln und dem Metall der Leuchter vielfach brachen. Der Stil, der an diesem Hof geschaffen wurde, war verbindlich für ganz Europa. So nimmt es nicht Wunder, daß die Entwicklung der Kerzenleuchter im 18. Jahrhundert ihren Höhepunkt erreichte, sowohl in der Vielfalt der Typen als auch in der Gestaltung der Form.

Als *Altarleuchter* hatten seit Jahrhunderten Edelmetallarbeiten gedient; die ersten profanen Silberleuchter sind aus dem 16. Jahrhundert überliefert. Wie die Kirchenleuchter hatten sie breite runde Füße, breite Tropfteller auf Schäften, die aus zylindrischen und Kugelformen aufgebaut waren und einen hohen Dorn, auf den die Kerze aufgesteckt wurde. Aus dieser Gestalt entwickelten sich, beeinflußt von arabischen Formen, die über Venedig Aufnahme in Europa fanden, die zahlreichen Formen der *Standleuchter*, zur Aufnahme einer Kerze oder — als Kandelaber und Girandolen — zur Aufnahme mehrerer Kerzen eingerichtet. Daneben wurden von den Goldschmieden auch Wandleuchter und vereinzelt *Kronleuchter* angefertigt. Als Sonderformen entstanden die *Nachtleuchter*. Die *Wachsstockhalter* und *-behälter* gehen auf Vorbilder aus unedlen Metallen zurück.

Silberne *Wandleuchter*, nach dem Vorbild der Messingblaker gearbeitet, waren oft von beträchtlicher Größe und bei dem damit verbundenen Gewicht sehr kostspielig, so daß sie nur in Schlössern und den Rathäusern großer Städte zu finden waren. Nur in England gab es im 17. Jahrhundert auch einfachere und kleinere Formen mit schmalem hohen Schild und einer Kerzentülle in einem am unteren Ende angesetzten Kästchen. Charakteristisch am Aufbau der größeren Stücke ist die blanke, konvex gewölbte Innenfläche des Schildes, umgeben von einem breiten Rahmen mit getriebenen Ornamenten. Der Umriß des Schildes und die Art der Treibarbeit werden vom Zeitstil bestimmt. Bei dem hier gezeigten Beispiel (vgl. Abb. 219) aus der Rokokozeit — ein Paar von zwölfen aus dem Kaisersaal des Frankfurter Römers — ist der Umriß asymmetrisch und reiches Rocaillenwerk umgibt die kartuschenförmigen Mittelfelder. Die beiden Kerzenarme sind gegossen. Kleinere Stücke dieser Art haben nur einen, größere auch drei Kerzenarme.

Der zweite Typ des Wandleuchters, die sogenannten Appliken, deren vollendetste Stücke im Rokoko- und Louis XVI.-Stil entstanden sind, wurden fast immer aus feuervergoldeter Bronze hergestellt. Bei ihnen fehlt der Rückenschild und die zwei oder drei Kerzenarme entwickeln sich aus einem gemeinsamen Ansatzstück.

Große *Kandelaber*, die viele Kerzen aufnehmen konnten, sind relativ selten, weil sie mit ihrer anspruchsvollen Größe nur in weiten Räumen und auf repräsentativen Tafeln zu voller Wirkung gelangen konnten. Das hier gezeigte Stück (vgl. Abb. 220) kann sieben Kerzen aufnehmen. Quadratische Füße wurden zusammen mit klassizistischen Ornamenten in England durch die Brüder Adam um 1770 eingeführt und in Frankreich kamen sie mit dem Louis XVI.-Stil in Mode und blieben im Empire die bevorzugte Form in ganz Europa. Zur Aufnahme großer Kandelaber, die in der Barockzeit nicht nur auf den Tafeln, sondern vorwiegend an den Wänden, neben Prunkmöbeln oder frei im Raum aufgestellt wurden, gab es Gueridons, die oft auch aus Silber bestanden (vgl. Tafel XII). Wie die meisten silbernen Möbel sind auch diese Stücke fast alle dem Geldbedarf späterer Zeiten zum Opfer gefallen.

Sehr viel zahlreicher als die großen Kandelaber sind die *Girandolen*, deren Füße und Schäfte wie die der einfachen Leuchter gestaltet sind. Man kann auch bei den meisten die Arme, die in eine Tülle des Schaftes eingesetzt sind, abnehmen und statt ihrer eine Kerze einsetzen. Bei den strenger gebauten Leuchtern aus der ersten Hälfte des 18. Jahrhunderts sind die Arme radial angeordnet (vgl. Abb. 221), im Rokoko schwingen sie in vegetabilen Formen, die auch für die Gestaltung der blütenförmigen Tüllen Vorbild waren (vgl. Abb. 222). In den letzten Jahrzehnten des 18. Jahrhunderts und in der Empirezeit wurden die vegetabilen Formen durch die strengere Haltung des Klassizismus zurückgedrängt (vgl. Abb. 223–225).

Die silbernen Standleuchter am Anfang des 17. Jahrhunderts übernahmen ihre Form von Messing- und Bronceleuchtern, die einen breit ausladenden, niedrigen gewölbten Fuß hatten, dem ein Schaft aufgesetzt war, dessen gedrungene Glieder oft durch flache Scheiben voneinander abgesetzt waren.

Um 1660 bis 1670 gab es in England, den Niederlanden und Frankreich in größerer Zahl Standleuchter für eine Kerze, die eine kräftige, architektonisch bestimmte Form hatten (vgl. Abb. 226). Fußplatten, Nodus, Schaft und Tropfteller sind quadratisch, charakteristisch ist vor allem der tiefsitzende Nodus und die sehr zurückhaltende horizontale Gliederung des Schaftes. Schon vor 1700 wurde diese Form durch eine andere abgelöst, deren Schaft sehr viel bewegter aufgebaut war. Über dem Nodus wurde ein Baluster angeordnet, der über einer Einziehung die Tülle

um 1730

um 1720

um 1735

trägt, deren unterer Rand oft von einem kräftigen Wulst betont wird. Bei den ersten Leuchtern dieses Typs, die sehr gedrungen aufgebaut sind, hat der Nodus oft eine ausgesprochene Eichelform, die von England bis Italien verbreitet war (vgl. Abb. 228). Diese Grundform des Schaftes mit Nodus und Baluster wird über ein Jahrhundert beibehalten; die Proportionen, der Querschnitt, die Ausbildung der einzelnen Glieder ändern sich, neben den glatten Formen der Frühzeit gibt es bald Leuchter mit reichem plastisch-ornamentalen oder ziselierten Schmuck. Bei den Füßen wird die quadratische Form bald aufgegeben; zunächst werden die Ecken abgeschrägt, dann werden reguläre Achtecke und Sechsecke als Grundriß eingeführt. Typisch für die meisten Leuchter bis etwa 1745 ist die Art der Überleitung vom Fuß zum Schaft. Aus der rund eingetieften Mitte steigt ein meist sehr schlanker Kegelstumpf auf, der den ersten Nodus oder — durch einen profilierten Ring abgesetzt — den Schaft aufnimmt, der häufig, dem Grundriß des Fußes entsprechend, ganz oder in einzelnen Teilen kantig ausgebildet war.

Zur Mitte des Jahrhunderts hin wurden bei vielen Leuchtern die Füße ausladend glockenförmig. Eine solche Gestaltung findet sich besonders häufig bei Genueser Leuchtern, aber auch in Frankreich, Belgien und bei vielen deutschen Leuchtern in der Rokoko-Zeit. Dem Stil dieser Zeit war die Glockenform in besonderer Weise angemessen. Gewundenes Blattwerk (vgl. Abb. 238) oder gewundene Falten, die

Nachtleuchter, Paul de Lamerie, 1748

um 1760

eines der bevorzugten Gliederungselemente waren, schraubten sich vom Sockel über den Schaft bis zur Tülle empor, die Flächen zwischen den Falten wurden mit Blüten und Rocaillen geschmückt, Zweige wurden den Sockeln aufgelegt oder hingen vom Nodus herab. Die glockenförmigen Füße hatten sich von der polygonalen Grundgestalt der ersten Jahrzehnte des 18. Jahrhunderts immer mehr entfernt, auf dem Wege über passig geschweifte Dreiecke und Sechsecke gelangte man zu runden Formen, die auch im Louis XVI.-Stil beibehalten wurden. Englische Leuchter des Adamstils verwendeten bevorzugt wieder den quadratischen Grundriß. In Deutschland setzte man auf die quadratischen Fußplatten häufig einen runden Sockel, aus dem der Schaft aufstieg (vgl. Abb. 243). Die gewundenen Falten, Blüten und Muscheln wurden von klassizistischen Ornamenten abgelöst. Festons, Widder- und Bocksschädel, Mäander und Blattfriese waren die bevorzugten Motive. Der architektonischen Grundtendenz und dem Streben nach Symmetrie entsprachen Quadrat und Kreis besser als die lebhaft bewegten Umrisse der Rokoko-Zeit. Die klassizistischen Züge beherrschten auch noch den Empire-Stil (vgl. Tafel XXXI), die Anwendung wurde jedoch immer sparsamer, die Haltung im allgemeinen kühler und zurückhaltender. Gravierte und ziselierte Blatt- und Palmettenfriese dominierten schließlich über Behangmuster, Masken und anderen figürlichen Schmuck. In der

Biedermeierzeit wurde der Aufbau immer weichlicher, die Einzelglieder verselbständigten sich mehr und mehr, an die Stelle klassizistischer Strenge trat Gemütlichkeit (vgl. Abb. 247). Die zweite Hälfte des 19. Jahrhunderts brachte überhaupt keine eigenen Leistungen hervor, Eklektizismus beherrschte das Kunsthandwerk wie auch die Architektur. Erst der Jugendstil brachte eine völlige Abwendung von ewiger Nachahmung. Der hier gezeigte Leuchter von Frans Hosemans zeigt in seiner Verbindung einer bewegten Plastik mit fast naturalistisch modellierten Pflanzenstengeln sehr deutlich eine der Hauptrichtungen dieser neuen Kunst, die in den verschiedenen Ländern Europas besondere Ausprägungen fand, die sich vor allem durch den mehr oder weniger starken Anteil geometrischer oder vegetabiler Elemente unterscheiden.

Neben den Standleuchtern gab es — vor allem in England und Frankreich — den Typ des *Nachtleuchters*. Die Textabbildung zeigt ein Beispiel aus der Werkstatt Paul de Lameries. Einem Teller mit flach gewölbtem Rand, meist rund, manchmal passig geschweift, auf drei Füßen oder einem niedrigen senkrechten Standring, ist in der Mitte auf niedrigem Schaft die Kerzentülle aufgesetzt, die wie bei den gleichzeitigen Standleuchtern gestaltet wurde. Am Rand ist ein Griff angebracht, entweder eingerollt und nur so groß, daß ein Finger hindurchgestreckt werden kann oder flach angesetzt und birnförmig. Zu den englischen Nachtleuchtern gehört fast immer ein *Löschhütchen* von schlanker Kegelform, das an der Spitze mit einem profilierten Knopf versehen ist. Seitlich haben diese Hütchen einen Haken, meist von quadratischem Querschnitt, mit dem sie in eine Öse am Griff oder an der Tülle des Leuchters eingehängt werden können.

Zur Technik der Herstellung der Nachtleuchter sowohl als auch der Standleuchter ist zu sagen, daß in der ersten Hälfte des 18. Jahrhunderts die Füße meistens getrieben, die Schäfte mit den Tüllen gegossen wurden. Dabei stellte man im Kastenguß den Schaft meist in zwei Hälften her, die dann durch eine Lotnaht verbunden wurden, manchmal aber auch in einem Stück. Bisweilen wurde der Leuchter mit dem Fuß im ganzen gegossen; das kam vor allem bei den kleineren englischen, „taperstick" genannten vor (vgl. Abb. 231). Bei den größeren Rokokoleuchtern wurden die Schäfte getrieben und dann zusammengelötet. Ebenso verfuhr man in der Biedermeierzeit.

In der Mitte des 19. Jahrhunderts wurde in England ein Kerzendocht erfunden, der durch seine besondere Webart in der Flamme verbrannt wird, die dadurch eine optimale Leuchtkraft erreichen kann. Vorher war der Docht viel dicker und lockerer und es schmolz mehr Talg oder Wachs, als vom Docht aufgenommen werden konnte. Wenn der zu lang gewordene Docht sich zur Seite neigte, lief das Wachs an der Kerze herunter und die Flamme rußte. Es war daher notwendig, die Kerzen ständig zu „schneuzen". Dazu war die *Lichtputzschere* entwickelt worden, die schon im 16. Jahrhundert bekannt war. In großen Häusern und Schlössern gab es besondere Bedienstete, die damit beauftragt waren, die Kerzen zu schneuzen und die niedergebrannten in den Leuchtern zu ersetzen. Silberne Lichtputzscheren sind erst seit dem Ende des 17. Jahrhunderts weiter verbreitet. Sie wurden entweder auf ein zugehöriges Tablett gelegt (vgl. Abb. 396 und 397) oder — vor allem in England — in einen Ständer gesteckt, der einen Leuchterfuß hatte (vgl. Abb. 395).

Als sanfte Lichtquellen für Kranken- oder Kinderzimmer oder auch als Nachtlicht benutzte man dünne, in langen Strängen hergestellte *Wachsstöcke*; sie wurden entweder um Schäfte gewickelt, die auf eine Sockelplatte montiert waren und eine Klemmvorrichtung trugen oder man steckte einen aufgerollten Strang in einen Behälter, der mit einer Öffnung auf der Oberseite oder einem Röhrchen versehen war, durch welche der Wachsfaden heraussah. Die vier abgebildeten Stücke (vgl. Abb. 391 bis 394) geben einen Eindruck von der Mannigfaltigkeit der möglichen Formen. Mitunter versah man auch Standleuchter mit verstellbaren Blendschirmen.

SCHREIBZEUGE

Solange die Angehörigen der höheren Stände Schreiber für sich arbeiten ließen, waren silberne Schreibzeuge außerordentlich selten. Die Schreiber trugen Federkiele, Tintenbehälter, Sandbüchse und Federmesser bei sich. Die ersten silbernen Schreibzeuge befanden sich im Besitz von Herrschern und Magistraten (vgl. Abb. 399). Zunächst nahm ein flacher Kasten Tintenfaß, Sandbüchse, Federn, Siegellack und Federmesser auf. Später wurde das Tintenfaß auf einem Untersatz befestigt, der auch einen Ring zur Aufnahme der Sandbüchse trug, ein Deckel schloß den Kasten für die übrigen Utensilien. Im 18. Jahrhundert entstanden Schreibzeuge mit einer Vielzahl von Einzelteilen. Dem tragenden Tablett setzte man Leuchter auf — eine Kerze war zum Siegeln notwendig — und vervollständigte die Garnitur durch Lichtputzschere und Tischglocke (vgl. Abb. 398). Damit war ein Höhepunkt in der Entwicklung erreicht, die Zeit um 1800 brachte nur noch Abwandlungen in der Form.

Üblicherweise bestand sie aus einem rechteckigen oder bootförmigen Untersatz auf Füßen, der drei silbergefaßte Glasgefäße aufnahm (vgl. Abb. 450). Daneben gab es ausgefallene Formen, zum Beispiel Globen, deren obere Hälfte seitlich heruntergeklappt werden konnte und dann die Schreibutensilien freigab.

Als ein Vorläufer der eigentlichen Schreibzeuge kann der kostbare Schreibkasten aus der Schatzkammer der Münchener Residenz angesehen werden, der auf Farbtafel 2 abgebildet ist.

Tischglocken waren nicht nur Bestandteil von Schreibzeugen, sondern man fertigte sie auch als Einzelstücke an, die vielerorts gebraucht wurden, um eine Bedienung herbeizurufen, aber auch, um in einer Versammlung zur Ordnung zu mahnen.

TAFELSILBER UND BESTECK

Es wurde schon darauf hingewiesen, daß lange Zeit silberne Trinkgeräte der verschiedensten Form die häufigsten und am weitesten verbreiteten Tafelgeräte waren. Daneben gab es im 17. Jahrhundert außer wenigen Schüsseln nur Teller und runde oder ovale Platten in größerer Anzahl, die aber nicht zum Essen gebraucht wurden, sondern als *Präsentierteller* beim Tischzeremoniell oder zur Repräsentation als reine Schaustücke dienten. Die frühen Beispiele dieses Typs zeigen auf Fahne und Spiegel reichen getriebenen Schmuck. Die Innenfläche ist meist mit figürlichen Reliefs bedeckt, der Rand dagegen mit gleichmäßig verteilten Blumen, Früchten und Vögeln. In den letzten Jahrzehnten des 17. Jahrhunderts und am Anfang des 18. sind die Spiegel glatt und der Dekor des Randes nimmt neue Elemente auf (vgl. Abb. 252 bis 255). In England und den Niederlanden gab es neben getriebenen auch Präsentierteller mit graviertem Dekor, die häufig einen polygonalen Umriß mit gekurvten Seiten hatten (vgl. Abb. 251). Diese Teller mit der glatten Mitte wurden benutzt, um hohe sogenannte *Stangenbecher* (vgl. Abb. 53, 55, 56, 70 und 71) daraufzusetzen. In der Regencezeit wurden die getriebenen Blumen und Früchte von ziseliertem Bandelwerk abgelöst, profilierte und godronierte Kanten traten an die Stelle der breiten, flachen Fahnen, der glatte Umriß wich dem geschweiften.

Eine andere Form der Präsentierschale ist die sogenannte *Tazza*, eine flachgewölbte runde Schale auf Balusterschaft und glockenförmigem Fuß, häufig vergoldet und auf der Innenseite mit einem Relief geschmückt (vgl. Abb. 258 und 259). Aus dieser Form entwickelte man Präsentierteller auf rundem, gewölbtem Fuß — im Englischen Treffend als trumpet-shaped bezeichnet — die eine ebene Platte von meist leicht geschweiftem Umriß mit profiliertem Rand tragen. Sie dienten im 17. Jahrhundert zum Servieren und als Untersetzer für Humpen und andere Trinkgefäße, um Kleider und Tischtücher vor herabrinnenden Tropfen zu schützen. Im 18. Jahrhundert entstand das *Tablett*, das bis auf den heutigen Tag als wichtiges Gerät ständige Veränderungen durchgemacht hat. Für die verschiedenen Zwecke wurden mannigfaltige Umrisse — die natürlich auch dem Zeitstil unterworfen waren — und verschiedene Größen verwendet. Neben vielpassigen gab es quadratische, runde, ovale, rechteckige und geschweifte Formen. Zunächst hatten die Tabletts keine Henkel, aber

TEEBÜCHSE, ZWEI TASSEN UND UNTERTASSEN,
*Vermeil und Email, Augsburg um 1700,
Meister LS (Teebüchse), die anderen Stücke
ohne Marken, H. (Teebüchse) 12,1 (Tassen) 6,2; Dm. (Untertassen) 13,2 — Hamburg, Museum für Kunst und Gewerbe.* —
Die Teebüchse hat die übliche Caddy-Form,
die vorstehenden Ränder oben und unten
sind gewellt, reliefiertes Bandelwerk über-
zieht die gepunzten Flächen. In die beiden
Breitseiten wurden ovale Emailmedaillons
mit Flora und Merkur eingelassen, den
Deckel schmückt ein Rundmedaillon mit
dem schlafenden Amor. Die steilwandigen
henkellosen Tassen (Kopjes) stehen auf gewölbten godronierten Füßen. Auf der Wandung der einen ist die Züchtigung Amors
durch Venus, auf der anderen eine nicht
gedeutete Szene dargestellt. Die Untertassen, deren Füße ähnlich gebildet sind wie
die der Tassen, zeigen Venus und Amor,
der sich bei seiner Mutter über seine ver-
brannte Hand beklagt, und Jupiter mit Juno.

häufig niedrige Füße, deren Ausbildung dem jeweiligen Stil entsprach; Voluten-, Huf-, Kugel- und Klauen- und kannelierte Füße wurden nacheinander verwendet. Die großen, meist ovalen Tabletts der Rokoko-Zeit waren fußlos, hatten aber Henkel, die entweder angesetzt oder mitgegossen waren. Im späten Rokoko gab es vor allem in Süddeutschland kleine Tabletts in Blattform mit nur einem Henkel (vgl. Abb. 266). Die Ränder waren zunächst schmal und flach aufgebogen und häufig mit Muscheln und anderen Ornamenten geschmückt, gegen Ende des 18. Jahrhunderts wurden häufig Perlstäbe verwendet (vgl. Abb. 267), ab 1800 umzogen zierlich durchbrochene senkrechte oder schwach geneigte Gitter die Ränder (vgl. Abb. 268 und 269). Das 18. Jahrhundert brachte mit dem großen *Tafelservice* den Höhepunkt in der Entwicklung des Tafelsilbers. Je nach Vermögen und Bedarf der Auftraggeber wurden Ensembles angefertigt, die vom großen *Tafelaufsatz* (vgl. Abb. 218) über die *Terrinen* bis zu den *Platztellern* reichten. *Kühlwannen* oder *Flaschenkühler*, verschiedenartige *Gewürzgefäße* (vgl. den nächsten Abschnitt) gehörten ebenso dazu wie *Saucieren*, ovale, runde und eckige *Schüsseln* und *Platten*, aber auch *Leuchter* und *Girandolen*. Das wesentliche war die Ausführung nach einem einheitlichen Entwurf. Die Ausführung der Einzelstücke lag bei großen Servicen oft in den Händen verschiedener Meister, die ihre Aufträge von großen Unternehmern erhielten, die als Agenten wirkten.

Großbritannien, dessen Silbergeräte in vielen Einzelheiten gegenüber dem Kontinent eine stark abweichende Gestaltung aufweisen, kannte einige Typen, die im übrigen Europa entweder gar keinen Eingang fanden oder nur vereinzelt nachgeahmt wurden. Die Rolle des Tafelaufsatzes als „milieu de table" übernahm in England der *Gebäck*- oder *Brotkorb*, der aber auch in den Niederlanden und Skandinavien verbreitet war (vgl. Abb. 288 bis 290), in Irland der *Schüsselring* (vgl. Abb. 305). Zum Warmhalten von Speisen, die in kleineren Deckelschüsseln aufgetragen wurden, verwendete man Rechauds in der Form der *Tisch-Kreuze* (vgl. Abb. 307). Die beiden zuletzt genannten Geräte waren vor allem beim Frühstück, das sich oft über Stunden hinzog, weil es nicht gemeinsam eingenommen wurde, im Gebrauch. Für Zwischengerichte gab es auch Deckelschüsseln, deren Untersatz zum Warmhalten mit heißem Wasser gefüllt werden konnte.

Weitere, speziell in England gebrauchte Geräte seien hier noch genannt: Die sogenannte „Strawberry-dish" und der „Lemon-strainer" (vgl. die Textabbildungen). Die „Erdbeerschüssel" ist eine meist runde, selten ovale Schale mit glattem Boden und in gleichmäßiger Wölbung aufgebogenem Rand, dessen Kante in charakteristischer Weise flach ausgezackt, bzw. geschweift ist. Scharf getriebene Falten in radialer Anordnung gliedern den Rand, die schmalen Felder zwischen den Falten sind häufig mit ziselierten Ornamenten geschmückt. Die „Zitronensiebe", durch die man den mit der Hand ausgepreßten Saft hindurchlaufen ließ, bestehen aus einer flachen Schale mit einem oder zwei waagrecht angesetzten Henkeln. Der Boden der

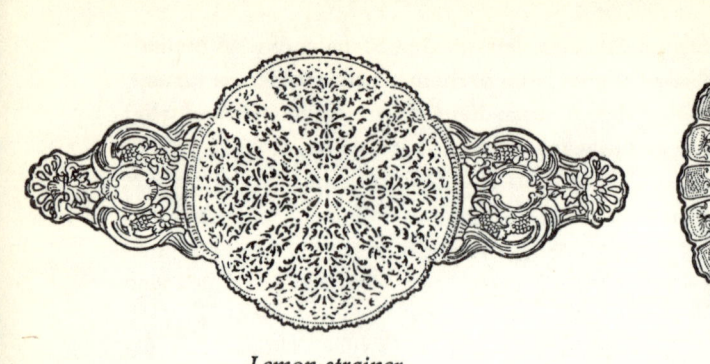

Lemon-strainer

Strawberry-dish

Schale ist durchbrochen, die Löcher sind in Form von Rosetten geordnet, die oft außerordentlich reich und am schönsten in der Queen Anne-Zeit ausgebildet sind. Im wesentlichen auf England beschränkt bleibt auch der Typ der *Soßen-Terrinen*, die in den letzten Jahrzehnten des 18. und den ersten des 19. Jahrhunderts dort die offenen Sauderen fast ganz verdrängen. In ihrer Form sind sie verkleinerte Ausführungen der Suppenterrinen (vgl. Abb. 297). Im 19. Jahrhundert wurden Soßen oft in *Kasserolen* serviert, die dann mit einem Ausguß versehen waren. Meist hatten sie einen glatten Boden, manche waren mit Füßen versehen. Ein besonders schönes Stück aus der Werkstatt von Carl Fabergé mit zugehörigem Rechaud zeigt die Abb. 319. In England gab es eine Sonderform zum Anwärmen von Brandy zum Flambieren, deren Wandung bauchig auslädt. Die schräg oder waagerecht angesetzten Griffe sind meist aus Holz gedrechselt.

Sehr beliebt waren in England auch die *Buttermuscheln,* die in der Mitte des 18. Jahrhunderts aufkamen (vgl. Abb. 316). Zum Tafelsilber sind auch die *Handwaschbecken* mit den zugehörigen *Gießkannen* zu rechnen. Schon in der Antike goß man bei Tisch den Tafelgenossen parfümiertes Wasser über die Finger in ein daruntergehaltenes Becken. Dieses Zeremoniell war bis ins 18. Jahrhundert üblich. Da noch im 17. Jahrhundert das Fleisch und andere feste Speisen mit den Fingern gegessen wurden, wiederholte man die Handwaschung auch während und nach Beendigung des Males. Die Becken und Kannen wurden oft sehr reich gebildet, in den Niederlanden und in Norddeutschland waren sie in der ersten Hälfte des 17. Jahrhunderts mit figürlichen Reliefs oder getriebenem Knorpelwerk bedeckt und vergoldet. Mit der Einführung der Gabeln als Eßgerät kamen die Handwaschungen bei Tisch allmählich außer Gebrauch, Becken und Kannen, die vor dem Einschmelzen bewahrt blieben, benutzte man hinfort als Taufgeräte, viele derartige Stücke gelangten in kirchlichen Besitz. Am Ende des 17. Jahrhunderts und am Anfang des 18. Jahrhunderts wurde die sogenannte *Helmkanne* entwickelt (vgl.

Abb. 283), die die enghalsigen frühen Formen ablöste. Der Schmuck wurde immer zurückhaltender, das getriebene Relief wurde von ziselierten und gravierten Ornamenten abgelöst, in der Rokoko-Zeit liebte man den Glanz der polierten, durch Falten und einen lebhaften Umriß gegliederten Flächen.

BESTECK

Löffel wurden als Eßinstrumente schon in der Antike gebraucht. Messer dienten dagegen durch Jahrhunderte nur zum vorbereitenden Zerkleinern der Fleischspeisen und des Backwerks, während den Rest der Arbeit Finger und Zähne übernahmen. Das Zerteilen war Aufgabe des Hausherrn oder besonderer Vorschneider, deren Arbeit als hohe Kunst erachtet wurde und beim Tafelzeremoniell eine wichtige Rolle spielte. Die handlich zerteilten Stücke wurden in Schüsseln und Platten aufgesetzt und jedermann legte sich davon auf ein Holzbrett oder ein Stück Brot. Beim Tranchieren brauchte man außer den großen Messern einen Spieß zum Festhalten, der später durch eine zweizinkige Gabel ersetzt wurde, die es möglich machte, ein freischwebend gehaltenes Stück Geflügel oder Wildbret zu zerlegen. Das *Vorlegebesteck* aus zweizinkiger Gabel und großem Messer ist noch bis zum heutigen Tage in Gebrauch (vgl. Abb. 376 und 377). Die *Gabel* als Eßinstrument wurde im 16. Jahrhundert in Italien eingeführt, ihr Gebrauch setzte sich aber nur sehr langsam im übrigen Europa durch. Aus der zweizinkigen entwickelte sich eine dreizinkige Form, die bis in die Mitte des 18. Jahrhunderts verbreitet war.

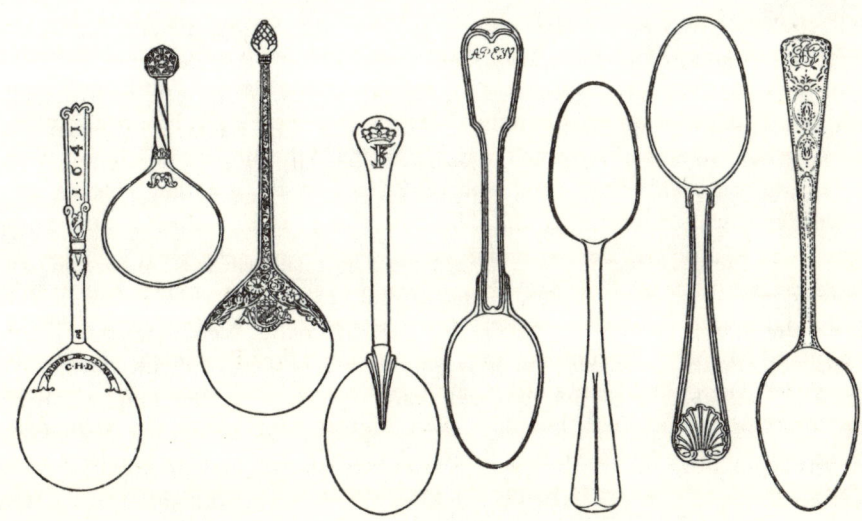

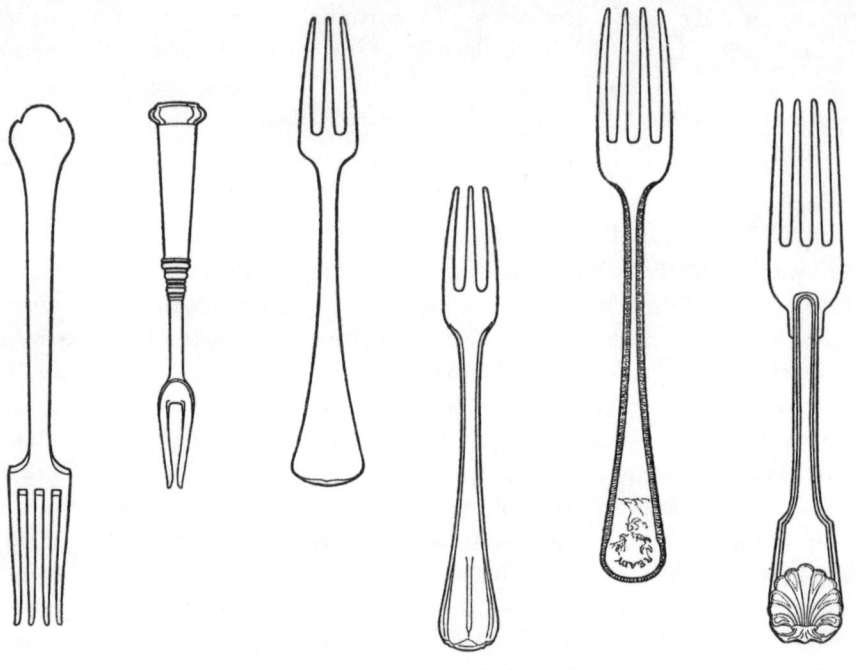

Lange Zeit war es üblich, daß jedermann sein eigenes Besteck mit sich führte, ein Tischmesser war häufig in einem besonderen Fach an der Schwert- oder Dolchscheide untergebracht. Im späten 17. und frühen 18. Jahrhundert wurde das dreiteilige Besteck oder das große *Reisebesteck*, zu dem noch *Vorlegemesser, Mark-* und *Eierlöffel* und manchmal *Gewürzdose, Becher* und *Zahnstocher* gehörten, in einem lederbezogenen Kasten mitgeführt (vgl. Abb. 378). Frühe Löffel und Bestecke werden deshalb immer nur als Einzelstücke zu finden sein. Erst im 18. Jahrhundert, als das große Tafelservice erfunden war, dessen Teilen ein einheitlicher Entwurf zugrunde lag, wurden auch Serien von Bestecken des gleichen Musters angefertigt. Zugleich trat auch eine Differenzierung der Typen ein, neben dem großen Tafelgab es das kleinere *Dessertbesteck, Obstmesser* mit silbernen Klingen und eine Fülle von *Suppen-* und *Soßenkellen, Gemüse-* und später *Kartoffellöffeln.*

Die Form der Löffel machte im Laufe der Zeit zahlreiche Veränderungen durch, die Textillustrationen und die Abbildungen können einen Eindruck davon vermitteln. Die Laffe war zunächst rund mit einer Spitze zum Stiel hin, wurde allmählich oval und im 19. Jahrhundert immer spitzer. Bei modernen Besteckentwürfen wurde versucht, einen Kompromiß zwischen schöner und funktionsgerechter Form zu schließen. Da die Löffelstiele zunächst mit der Faust umschlossen wurden, waren sie relativ kurz und rund oder eckig gebildet, später wurden sie schlanker, blieben aber immer noch gerade. Das Stielende wurde mit Köpfen, Pinienzapfen, menschlichen und Tierfiguren besetzt. Es gab hier eine Fülle von Formen, die von Land zu Land, ja, von Landschaft zu Landschaft stark wechselten. Bei frühen Löffeln waren die Laffen manchmal aus Halbedelsteinen geschnitten, bestanden aus Perlmutter, Schneckenschalen und Maserholz, (vgl. Abb. 372), auch die Stiele wurden aus fremden Materialien gebildet, neben Halbedelsteinen verwendete man Korallenäste und Elfenbein. Der Übergang von der Laffe zum Stiel wurde allmählich fließender, der Stiel wurde geschweift, das Ende war aufgebogen, bis sich im 19. Jahrhundert eine gleichmäßig gebogene Form mit abwärts gerichtetem Ende durchsetzte. Die Gestaltung der Gabeln entwickelte sich analog zu der der Löffel. Die Messergriffe hatten wegen der anderen Handhabung eine andere Form, die den Löffel- und Gabelstielen erst allmählich angeglichen wurde und vor allem dasselbe gravierte oder ziselierte Muster erhielt.

Auf einige Sonderformen sei hier noch hingewiesen. In England war gekochtes Rindermark außerordentlich beliebt und am Ende des 17. Jahrhunderts wurden die *Marklöffel* entwickelt, die im 18. Jahrhundert außerordentlich verbreitet waren und in dieser Zeit auch auf dem Kontinent Eingang fanden (vgl. Abb. 358).

Zum Servieren von Pasteten und Fisch gebrauchte man Geräte, die in ihrem Grundaufbau sehr ähnlich sind. Ein Schaufelblatt von gestreckter Dreiecksform mit abgerundeten Ecken hat an der Basis einen Griff, meist aus gedrechseltem Holz, manchmal auch geschnitzt oder aus Silber und im späten Empire und in der Biedermeierzeit aus Elfenbein oder Perlmutter bestehend. Das Blatt ist durchbrochen, damit beim Herausheben aus der Schüssel die Brühe ablaufen kann. Die ausgesägten Löcher werden zu Mustern angeordnet, die dem jeweiligen Zeitstil entsprechen, bisweilen fügen sie sich einem gravierten Ornament ein. Im 19. Jahrhundert bekommt die Platte des *Fischhebers* eine stilisierte Fischform, eine zugehörige Gabel wird aus einer breiten, schaufelförmigen Fläche ausgesägt. In England wurden auch *Fleischspieße* entwickelt, die beim Auftragen die Holzstäbe ersetzten, die einen großen Braten zusammenhielten, man konnte sie auch als Hilfe beim Zerteilen gebrauchen (vgl. Abb. 358). Um bei Tisch Zucker über warme Pasteten oder andere Speisen zu streuen, gebrauchte man im 18. Jahrhundert *Streulöffel*, die eine runde, steilrandige Laffe mit zu Mustern geordneten Löchern haben (vgl. Abb. 364). Ein anderer Löffel, dessen wie bei normalen Eßlöffeln geformte Laffe gleichfalls durchlöchert ist, wird gebraucht, um Oliven aus ihrer Essigbrühe zu fischen. In Norddeutschland, wo es üblich war, zum Tee Rahm zu nehmen, benutzte man dazu *Rahmlöffel*, die ähnlich kleinen Soßenkellen gebildet waren (vgl. Abb. 363). Zahlreiche Spezialgeräte, wie Austern- und Hummergabeln wurden erst im 19. Jahrhundert entwickelt, ihre Griffe zeigen die Muster, die auch von normalen Bestecken her bekannt sind.

53

GEWÜRZGEFÄSSE

Der Verbrauch von Gewürzen ist bis zur Mitte des 18. Jahrhunderts ungleich größer als heute gewesen. Über die Mengen von Pfeffer, Kaneel, Muskatnüssen und Nelken, die zum Würzen fast aller Speisen und Getränke verwendet wurden und die Preise, die man dafür bezahlte, ist oft geschrieben worden.

Das Salz war nicht nur Gewürz, sondern hatte darüber hinaus auch eine symbolische Bedeutung, die sich in manchen Bräuchen noch bis auf den heutigen Tag spiegelt. In England war bis zum Beginn des 17. Jahrhunderts das Verteilen des Salzes auf dem Tisch eine vor jedem Mahl wiederholte Zeremonie; neben dem Platz des Hausherrn stand ein großes Salzgefäß, aus dem kleinere gefüllt wurden, die man dann verteilte. Durch Jahrhunderte gehörten diese großen Gefäße zu den kostbarsten profanen Schöpfungen der englischen Silberschmiede. Aber auch eine der bekanntesten Goldschmiedearbeiten der italienischen Renaissance ist ein Gewürzgefäß — das goldene Salzfaß, das Benvenuto Cellini für Franz I. von Frankreich anfertigte.

Im 18. Jahrhundert wurden die Gewürzgefäße sehr viel einfacher gebildet, weil man die Mahlzeiten ohne große Zeremonien einnahm und allein Schönheit und Zweckmäßigkeit für die Gestaltung der Geräte bestimmend wurden.

Zucker, Pfeffer und ein Gemisch von Zucker und Zimt wurden aus *Streudosen* über die Speisen verteilt. Durch die Abmessungen unterschieden sich die Gefäße, die für Zucker waren am größten. Die frühesten *Gewürzstreuer* hatten einen zylindrischen Körper mit einer gewölbten Haube, die mit einem Bajonettverschluß verriegelt wurde. Bald nach 1700 wurden die Körper balusterförmig auf niedrigem Fuß, neben runden gab es häufig sechs- oder achteckige Querschnitte, den hochgewölbten Hauben wurden vasen-, baluster- oder eichelförmige Knöpfe aufgesetzt. Im Rokoko belebte man die vorher glatten Wandungen durch gewundene Falten. Einen besonders reichen Umriß zeigt die Abbildung 324, hier ist auch die Haube geschweift und das ganze Gefäß mit getriebenem und zisiliertem Muschelwerk und Blüten geschmückt. Bisweilen gab man den Streudosen Henkel, sehr selten wurde der perforierte Deckel von einer geschlossenen Haube überdeckt, was zweckmäßig war, um das Aroma der Gewürze zu schützen (vgl. Abb. 325). Am Ende des 18.

Jahrhunderts gab es wieder zylindrische Formen, in der Empirezeit entstanden vor allem in Skandinavien und Norddeutschland urnen- und vasenförmige Streugefäße.

Oft gehörten mehrere Stücke von unterschiedlicher Größe zu einem Satz, manchmal hat man auch Gewürzstreuer und *Senftopf* nach einem einheitlichen Entwurf angefertigt (vgl. Abb. 330 und 331). Die Senftöpfe waren vom Ende des 18. Jahrhunderts an mit einem Glaseinsatz versehen, da auch eine Vergoldung auf die Dauer das Silber nicht vor dem Essig schützen konnte. Eine ausgesparte Öffnung im Deckel ließ Platz für den Stiel des Senflöffels.

Im 18. Jahrhundert waren Muskatreiben in zylindrischen Dosen zum Aufklappen (vgl. Abb. 333) oder in verschraubbaren Dosen von Eiform häufig, man führte sie mit sich, um im Wirtshaus seinen Wein selbst würzen zu können.

Über die bedeutende Rolle prunkvoller Salzgefäße beim Tafelzeremoniell wurde schon gesprochen. Die *Salzschalen* des frühen 17. Jahrhunderts, die hier gezeigt werden (vgl. Abb. 336 bis 338) sind mit einem Aufwand an Material und künstlerischer Phantasie gestaltet, der schließen läßt, daß sie noch immer eine wichtige repräsentative Funktion hatten. Schon gegen Ende des Jahrhunderts wurden die Formen wesentlich einfacher und kleiner. Zunächst überwogen halbkugelig eingetiefte Schalen, die von einem Wulst umgeben waren. In der frühen Rokoko-Zeit liebte man ovale Schalen, die in einen Sockel eingesetzt wurden. Daneben gab es auch muschelförmige Behälter. In den klassizistisch beeinflußten Jahrzehnten um 1800 gestaltete man Salzgefäße nach dem Vorbild antiker Trinkschalen (vgl. 345 und 346), diese Formen waren vor allem in England und Skandinavien beliebt. In der gleichen Zeit verwendete man in Deutschland, Frankreich und der Schweiz andere

London 1708

Hamburg um 1740

klassizistische Motive. Gerade Füße in Pilasterform, manchmal mit Bockshufen, trugen ovale Ringe oder Gitterränder, in die Schalen aus blauem Glase eingehängt waren. Ein besonders reiches Beispiel aus dem Beginn der Biedermeierzeit ist unter Nummer 348 abgebildet. Löwentatzen, Delphine, gegenständig angeordnete Schwäne, Palmettenfriese und Weinlaub bilden den Schmuck.

In der Mitte des 18. Jahrhunderts wurde es üblich, bei Tisch Salate anzumachen, wozu man Essig und Öl benötigte. Zur Aufnahme dieser Gewürze, die schon seit dem Ende des 17. Jahrhunderts in geschliffenen Glasflaschen auf den Tisch kamen, dienten die sogenannten *Huiliers* oder Menagen. Ein zunächst tablett-förmiger Untersatz nahm in zwei aufgelöteten durchbrochenen Ringen die Flaschen auf, später wurde der Untersatz bootförmig, kleinere Ringe waren zur Aufnahme der gläsernen oder silbernen Stöpsel vorgesehen. Diese Form war auf dem Kontinent am weitesten verbreitet, in England entstanden um 1800 Huiliers, die in großen wannenförmigen Untersätzen außer den Flaschen für Essig und Öl noch Gewürzstreuer, Senftopf und eine weitere Flasche für eine flüssige Würze aufnahmen.

TOILETTE-GARNITUREN

Umfangreiche *Toilette-Garnituren* gehörten zu den kostspieligsten Aufträgen, die Goldschmiede auszuführen hatten. Die Abbildungen 406 bis 411 zeigen Teile einer solchen Garnitur, die aus *Becken* und *Wasserkanne*, mehreren rechteckigen und ovalen *Dosen, Bürsten, Tabletts*, einem *Räuchergefäß*, Leuchtern, einer Lichtputz-schere mit zugehörigem Tablett und einem *Spiegel* mit silbernem Rahmen bestanden hat. Häufig konnten diese Garnituren in großen Koffern verpackt werden, um von Standespersonen auf Reisen mitgeführt zu werden. Da wegen des hohen Silbergewichtes der Preis ohnehin sehr hoch war, ist meist auch die Qualität der Arbeit vorzüglich, oft wurden die Stücke ganz oder teilweise vergoldet oder mit farbigen Emails geschmückt. *Handspiegel* scheint es erst im späten 19. Jahrhundert häufiger gegeben zu haben, im Jugendstil waren sie Bestandteil der — im übrigen sehr viel weniger umfangreichen — Garnituren. Als Beispiele für Einzelstücke, die neben den vollständigen Sätzen hergestellt wurden, sind auf den Abbildungen 412 bis 414 ein *Parfum-Zerstäuber*, eine *Seifenkugel* und eine *Kleiderbürste* gezeigt.

Größere rechteckige, ovale, runde oder geschweifte *Dosen* mit senkrechten oder geschwungenen Zargen waren nicht nur Bestandteil von Toilette-Garnituren, sondern dienten als Einzelstücke zur Aufbewahrung der verschiedensten Dinge. Außer Kosmetika und Gewürzen wurden vor allem größere Stücke auch als *Schmuckbehälter* benutzt. Dazu fütterte man sie mit Samt oder Damast. Kleinere Dosen, die bequem in der Tasche zu tragen waren, dienten der Aufnahme von Pillen und Süßigkeiten, wie kandierten Blüten und Früchten. Bei frühen Stücken war der Deckel meist mit einem Rand versehen, der über die Zarge des Unterteils hinweggriff oder in sie eingepaßt war, später bevorzugte man Scharnierdeckel. In vielen Gegenden waren solche Dosen beliebte Verlobungsgeschenke, so daß häufig schnäbelnde Tauben, flammende Herzen, zwei vereinte Hände oder galante Szenen (vgl. Abb. 421 und 423) auf die Deckel graviert sind. Als im späten 17. und 18. Jahrhundert das Schnupfen bei Herren und Damen große Mode wurde, entstand eine große Menge kostbar ausgestatteter Dosen, die fast immer aus Gold gearbeitet und mit reichem Besatz von edlen Steinen, Perlen und Emailmalerei geschmückt waren. Die Herstellung dieser Dosen wurde bald eine Spezialität bestimmter Juweliere; auf die Behandlung dieses ungeheuer reichhaltigen Sondergebietes mußte hier verzichtet werden.

In einer Zeit, da der reichliche Gebrauch von Schönheitsmitteln und Riechstoffen Hygiene und Körperpflege zu ersetzen hatte, gehörten zum Schmuck von Herren und Damen die *Pomander* oder *Bisamapfel* genannten Behälter für starke Parfums. In ihrer Nachfolge wurden die *Riechdöschen* entwickelt, die aber vor allem Essenzen enthielten, welche Kopfschmerzen und Ohnmacht vertreiben sollten. Bis ins 19. Jahrhundert hinein blieben solche Behältnisse vor allem im Nordseeküstenbereich von den Niederlanden bis Dänemark weit verbreitet. Sie gehörten neben dem Gesangbuch zu den wichtigen Utensilien des Kirchganges. Es ist daher kein Wunder, daß sie zum Gegenstand der Repräsentation wurden und man sie — vor allem im nördlichen Schleswig-Holstein und im südlichen Dänemark — sehr reich gestaltete und mit farbigen Glasplatten schmückte. Da auch diese Gefäße häufig Brautgeschenke waren, zeigen auch sie oft Herzen, schnäbelnde Tauben und verschlungene Hände. Im 18. Jahrhundert waren Vasenformen am häufigsten, die in der Rokoko-Zeit asymmetrisch aufgebaut waren, um 1800 wurden Urnen mit hochgezogenen Henkeln als Vorbild gewählt. Daneben gab es Dosen in Gestalt von Herzen, die mit einer Krone, einer stilisierten Flamme oder Tauben besetzt waren. In den Niederlanden hat man bisweilen Flaschen und andere Gefäße oder gar Möbel — Schränke und Kommoden — nachgebildet, aber auch buchförmige Büchschen sind häufig. Die norddeutschen und dänischen Arbeiten hatten im allgemeinen außer dem aufklappbaren Deckel noch eine weitere Klappe am Fuß, unter

der Essenzen in fester oder in Pastenform aufbewahrt wurden, während in dem großen Raum ein Schwamm steckte, der mit einem flüssigen Riechstoff getränkt war.

Weit verbreitet waren auch Riechdosen in Gestalt von Fischen. An einem Scharnier im Genick konnte der Kopf aufgeklappt werden, der Leib des Fisches nahm den Schwamm auf, ein Behälter für feste Essenzen war bei vielen Exemplaren in der Mundhöhle vorhanden, die der bewegliche Unterkiefer verschloß. Bei all diesen Fischen ist der Körper aus gegeneinander beweglichen Ringen zusammengesetzt. Besonders weit verbreitet waren eiförmige Riechdosen, die oft mit einem Ring am stumpferen Ende versehen, um den Hals oder am Gürtel getragen wurden. In der Mitte mit einem Gewinde versehen, konnte man sie auseinanderschrauben, manche Stücke hatten ein kleineres Fach in der ebenfalls abschraubbaren Spitze.

Kleine Fische, die äußerlich ebenso aussehen wie die Riechdosen, wurden bisweilen zur Aufnahme von Nähzeug eingerichtet. Unter dem aufgesteckten Kopf verbarg sich ein aufgeschraubter Fingerhut, der eine kleine Garnspindel und Nadeln im Körper des Fisches festhielt.

Eine auf Norddeutschland beschränkte Form sind die zylindrischen *Talerdosen* mit zwei gewölbten Scharnierdeckeln. Eine glatte Trennwand scheidet das Innere in zwei gleich große Räume. Als beliebtes Patengeschenk sind diese Dosen mit Reliefdarstellungen aus der Christologie oder christlichen Symbolen geschmückt.

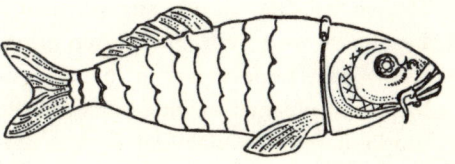

PUPPENSILBER

Silberne Spielzeuge, verkleinerte Nachbildungen von Tafelsilber, Küchen- und Haushaltsgeräten und Möbeln sind seit dem Ende des 16. Jahrhunderts für fürstliche Kinder und die Kinder wohlhabender Familien angefertigt worden, oft spielten aber auch Damen mit solchen Dingen und freuten sich an der Einrichtung von Puppen-Stuben und Häusern. Im 18. Jahrhundert waren die Niederlande führend in der Herstellung derartiger Miniaturen aus Silber, die aber auch in allen anderen Ländern Europas angefertigt wurden. Da so kostbare Spielzeuge bis zu dieser Zeit einer kleinen, sehr reichen Schicht vorbehalten blieben, waren die Arbeiten durchweg von vorzüglicher Qualität und wurden sowohl in Guß- wie auch in Treibtechnik hergestellt. Im 19. Jahrhundert trat hierin eine Änderung ein; die serienmäßig mit maschinellen Verfahren geprägten und gedrückten Stücke wurden nicht nur leichter, sondern auch in der Gestaltung wesentlich nachlässiger. Häufiger als in der vorhergehenden Zeit stellte man jetzt Nachbildungen von Kutschen, Schlitten, Windmühlen und anderen Dingen her, die oftmals nicht mehr als Spielzeug gebraucht, sondern nur noch als Nippes aufgestellt werden konnten.

In diesem Zusammenhang seien auch die reizenden *Klappern* erwähnt, die für Kleinkinder angefertigt wurden und aus einer Kombination von Pfeife, Schellen und einem Beiß-Stück aus Knochen oder Elfenbein bestanden.

Zwar nicht als Spielzeuge für Kinder, sondern ernsterem Spiel dienend, wurden in Süddeutschland relativ häufig im 17. und 18. Jahrhundert Sätze von *Schachfiguren* aus Silber gegossen und zur Unterscheidung der Parteien dann zur Hälfte vergoldet, bisweilen wurden auch die Figuren eines jeden Satzes in die Kostüme verschiedener Völkerschaften gekleidet. Manchmal hat man die Kästen, deren Außenseite als Spielbrett gestaltet war, mit gravierten Silberbeschlägen geschmückt.

Im Jahre 1743 erfand in Sheffield der Messerschmied Thomas Boulsover ein Verfahren, Kupferblech durch Aufwalzen einer Silberfolie zunächst auf einer Seite mit
einem festhaftenden Überzug zu versehen, die Rückseite wurde meist verzinnt. Zunächst stellte man nur kleine Objekte, vor allem Dosen, aus diesen Blechen her.
Kurz vor 1770 kamen Verfahren auf, mit deren Hilfe man die Kupferbleche auf
beiden Seiten plattierte. Durch eine Erhitzung beim Walzen wurde die Verbindung
der beiden Metalle so innig, daß man dieses Material sowohl treiben als auch
ziselieren konnte. Die ersten Geräte, vor allem Leuchter, Kaffee- und Teekannen
und Zuckerschalen, zeigten noch die Formen des Rokoko, die bedeutendsten Arbeiten entstanden in der Zeit des Adam-Stils. Die Ränder und Kanten wurden oft
mit silbernen Ornamentstreifen belegt, in aufgelötete Kartuschen oder Medaillons
aus Silber konnten die Besitzer Wappen oder Initialen gravieren lassen, ohne daß
auf dem Grund der Linien das Kupfer zum Vorschein kam.
Relativ früh im 19. Jahrhundert wurde die Herstellung von Plated-Waren auch in
Berlin aufgenommen. Später benutzte man die elektrolytische Versilberung, um
ganz oder teilweise maschinell aus Kupfer oder Messing gefertigte Geräte mit
einem Edelmetallüberzug zu versehen. Bei derartigen Stücken aus dem 19. Jahrhundert ist die Silberauflage meist völlig abgeputzt, da sie viel weniger haltbar ist
als die Auflage des echten Plated. Sehr zu Unrecht wird auf dem Kontinent dieses
Material als Sammelobjekt vernachlässigt, elektrolytisch versilberte Geräte kommen
dagegen dafür nicht in Betracht.

ABBILDUNGSTEIL

Alle Maße sind in cm angegeben.

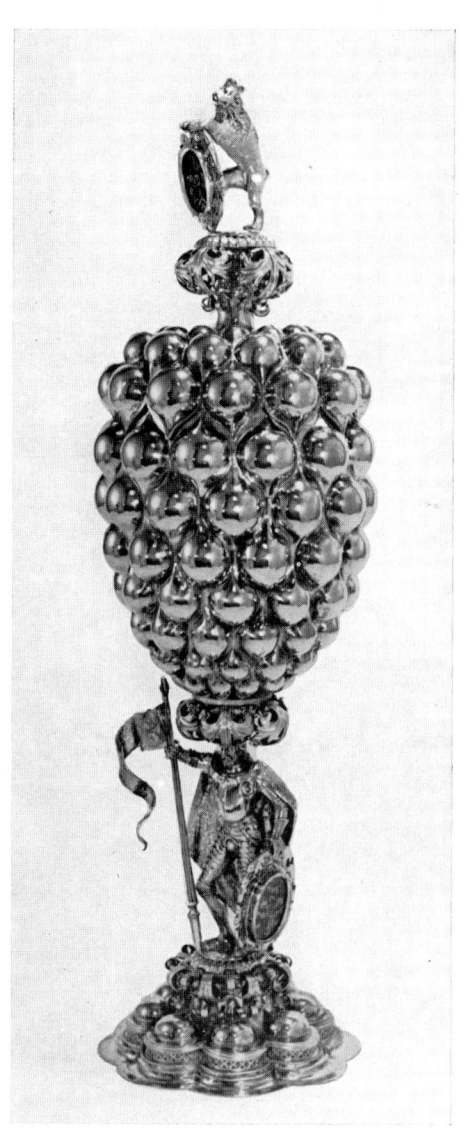

1 TRAUBENPOKAL. *Nürnberg 1610—1612, Meister Hans Petzolt, H. 50 — Kunstgewerbemuseum Berlin-Charlottenburg (Stiftung Preußischer Kulturbesitz).* — Die Form, die bisweilen auch Ananaspokal genannt wird, war im späten 16. und frühen 17. Jh. außerordentlich beliebt. Die Trägerfigur und der wappenhaltende Löwe auf dem Deckel gegossen, fast ganz vergoldet.

2 AKELEIPOKAL. *Vermeil, Nürnberg zwischen 1609 und 1632, Meister Esaias zur Linden, H. 41,5 — Göteborg, Röhsska Konstslöjdmuseet.* — Neben dem Traubenpokal war der Akelei-Pokal die beliebteste Form für repräsentative Gefäße in der Zeit um 1600. Akelei-Pokale wurden zuerst in Nürnberg, später auch von anderen Zünften als Meisterstücke vorgeschrieben.

3 DECKELPOKAL. *Vermeil, Nürnberg um 1600, Meister Hans Winkler, gest. 1619, H. 54 — Göteborg, Röhsska Konstslöjdmuseet.*

4 DECKELPOKAL. *Vermeil und Email, Den Haag 1668, Meister H. Loockemans, H. 30 — Amsterdam, Rijksmuseum.* — Der Pokal gehörte dem Admiral Michiel de Ruyter.

5 AUTOMATISCHES TRINKSPIEL. *Diana auf dem Hirsch, Augsburg gegen 1600, Meister Matthias Wallbaum, H. 34,7 — Kunstgewerbemuseum Berlin-Charlottenburg (Stiftung Preußischer Kulturbesitz).* — Auf einem springenden Hirsch, dessen Kopf abnehmbar ist, reitet Diana, begleitet von zwei Hunden. Auf dem Sockel in viel kleinerem Maßstab eine Jagdgruppe mit einem Jäger zu Pferde, der begleitet von drei Hunden einen Hasen verfolgt. Daneben sind Naturabgüsse von Eidechsen aufgesetzt. Der Sockel enthält ein Uhrwerk, mit

3

4

66

dessen Hilfe das weingefüllte Gefäß auf einem Tisch in Bewegung gesetzt wurde, bis es vor einem der Zechgenossen stehenblieb, der es leeren mußte. Die teilweise vergoldete, teilweise mit Lackfarben bemalte Gruppe ist aus gegossenen, getriebenen, geschnittenen und ziselierten Teilen zusammengesetzt.

6 ELEFANTENFONTÄNE. *Nürnberg um 1600, Meister Christoph Jamnitzer, H. 43 — Kunstgewerbemuseum Berlin-Charlottenburg (Stiftung Preußischer Kulturbesitz).* — Exotische oder einheimische Tiere dienten den Goldschmieden immer wieder als Modelle für Pokale oder Gießgefäße. Der Elefant, dessen Rüssel mit zwei Kanülen versehen ist, aus denen Wasser in ein verlorengegangenes Becken gegossen werden konnte, zeigt einen der Kriegselefanten Hannibals. Auf dem Rücken trägt er einen mit Kriegern besetzten Turm, auf dem Kopf einen Mohren als Lenker. Auf der zugehörigen Platte war die Schlacht von Zama dargestellt. Die vergoldete und mit Lackfarben bemalte Gruppe zeigt am Turm, der Schabracke und dem Kopfputz reichen Schmuck aus Löwenköpfen, Sirenen, grotesken Masken, Gehängen und verschlungenem Bandwerk.

6

7 EBERPOKAL. *Vermeil, Nürnberg 1607 bis 1609, Meister Hans Deinhart, H. 17,5 — Göteborg, Röhsska Konstslöjdmuseet.* — Der auf die Hinterbeine aufgerichtete Eber mit abnehmbarem Kopf steht auf einem flachgewölbten ovalen Sockel. Erdboden und Rasen des Sockels sowie das Fell des Tieres sind in naturalistischer Weise ziseliert.

7

8 TRINKSCHIFF. *Nürnberg zwischen 1609 und 1632, Meister Esaias zur Linden, H. 34,2 — Göteborg, Röhsska Konstslöjdmuseet.* — Nicht nur Tiere, sondern auch Land- und Wasserfahrzeuge wurden zu Tafelaufsätzen und Pokalen geformt, Kuriositäten waren für die „Kunst- und Wunderkammern" wie für die Tafeln reicher Bürger beliebt. Vom Aussehen eines Schiffes der damaligen Zeit gibt unser Pokal kaum eine Vorstellung, Rumpf und Takelung zeigen das Spiel einer unbeschwerten Phantasie. Auf dem glockenförmig getriebenen Fuß ist allerlei groteskes Meerwesen dargestellt, der Nodus des Schaftes wurde aus Blattspangen gefügt. Schiffsbesatzung aus Seesoldaten und Matrosen.

9 TRINKHORN. *Straubing 1591, Meister CS, H. 45 — Kunstgewerbemuseum Berlin-Charlottenburg (Stiftung Preußischer Kulturbesitz).* — Der Gefäßkörper besteht aus einem Büffelhorn, dem durch eine Schwanzflosse und den abnehmbaren Kopf die Gestalt eines „Walfisches" gegeben wurde, aus dessen zahnbewehrtem Maul der Prophet Jonas gespien wird. Auf dem ovalen, reich profilierten Sockel, der mit der Darstellung von Wellen und Seewesen geschmückt wurde, erhebt sich die Figur eines faunsköpfigen Triton, der das mit ausgesägten Bändern und Spangen gefaßte Horn auf dem Rücken trägt. Über dem Mittelband steht eine kleine gegossene Gestalt der Fortuna.

10 NAUTILUSPOKAL. *Straßburg Mitte 17. Jahrhundert, Meister Cornelius Link, H. 40 — Stadt Dortmund, Museum für Kunst und Kulturgeschichte, Schloß Cappenberg.* — Auf dem mit Ranken belegten Sockel erhebt sich ein Delphin, der auf seinem Schwanz eine Nautilusschale trägt, die mit vier Spangen gefaßt und von einer geflügelten Amorette auf einer Schildkröte bekrönt wird. Die Spangen sind untereinander durch Girlanden verbunden und greifen an den Lippenrand an. In seiner Treibarbeit und den Ziselierungen zeigt der Pokal den ganzen Reichtum des Barocks.

11 NAUTILUSPOKAL. *Nürnberg um 1640 bis 1650, Meister Joh. Clauss (1627—71) H. 41,5 — Göteborg, Röhsska Konstslöjdmuseet.* — Auf dem von drei Schnecken getragenen Sockel kniet ein Seeweib, das auf dem Kopf und mit den erhobenen Armen ein spangenbesetztes Zwischenstück trägt, in dem die vier Spangen zusammenlaufen, mit denen die im Stil des Cornelis Bellekin geschnittene Nautilusschale gehalten wird. Ein Seepferdreiter mit Dreizack bekrönt den Pokal. Phantastische Seewesen sind häufigster Schmuck von Nautilusfassungen.

12 DOPPELSCHEUER. *Vermeil, Nürnberg um 1629, Meister Peter Wiber (1603—41) H. 46,5 — Nürnberg, Germanisches Nationalmuseum.* — Auf achtpassigem Grundriß erhebt sich der gebuckelte Fuß, aus dem der leicht gewundene Schaft aufsteigt, der mit einem Krönchen aus gegossenem durchbrochenen Rankenwerk besetzt ist. Der Gefäßkörper ist aus drei Reihen gekielter Buckel aufgebaut. Der senkrechte Lippenrand, auf den Ranken und Vögel graviert wurden, wird durch gekordelte Drähte eingefaßt. Zwischen der Kordel und den Buckeln der oberen Reihe sind Rosetten mit Akanthusblättern eingefügt. Diese Doppelscheuer zeigt noch zahlreiche spätgotische Elemente, so im Schwung der Kiele, die die Buckel miteinander verbinden und in den Akanthusrosetten, dagegen entspricht die starke Betonung waagerechter Glieder dem Stilgefühl der Renaissance.

13 SILBERFASSUNG EINES GLASES. *Vermeil,
Amsterdam 1609, Meister L. C. van Emden,
H. 24,5 — Amsterdam, Rijksmuseum.* —
Ein Krautstrunk-Glas wird von drei Figürchen auf einem hohen Schaft gehalten, der
aus hochgebuckeltem Fuß, Baluster und
großem Nodus aufgebaut ist. Zwischen
gegossenen Masken zeigen flache Reliefs
Schiffe und allegorische Darstellungen.

14 STRAUSSENEIPOKAL. *Zofingen/Kanton
Aargau 1606, Meister Josef Zehnder, H. 39
— Stadt Dortmund, Museum für Kunst und
Kulturgeschichte, Schloß Cappenberg.* —
Auf hohem Fuß steht ein vasenförmiger
Baluster, der das von drei Spangen, die
im Oberteil aus gegossenen Hermen be-
stehen, gehaltene Ei trägt. Auf den hohen
konischen Lippenrand ist der gefaßte Dek-
kel mit hohem Knauf aufgesetzt, darauf
ein gegossenes Figürchen des Evangelisten
Johannes.

15 KOKOSNUSSHUMPEN. *Vermeil,Wien 1728, Meister Johann L. Mayr, H. 16,2 — Kunsthandel Kurt Naß, Hamburg.* — Fuß und Deckel sind durch senkrechte Falten gegliedert, die glatten Spangen, der Lippenrand und der Fuß sind durch Scharniere miteinander verbunden. Der Henkel ist aus C- und S-Schwüngen zusammengesetzt. Die geschnittene Kokosnuß ist früher als die Fassung gearbeitet und zeigt auf drei Reliefs bacchische Szenen

16 STEINHUMPEN MIT SILBERFASSUNG. *Vermeil, ohne Marken, Deutschland Mitte 17. Jahrhundert, H. 15 — Frankfurt/Main, Museum für Kunsthandwerk.* — Der zylindrische Steinkörper ist mit glattem Fuß und Lippenrand, glattem Deckel und Henkel versehen. Einziger Schmuck sind die Profilierungen der Ränder und des Knopfes, der als Daumenrast dient, sowie eine Rosette am Scharnier.

17 TRINKSCHALE AUS PERLMUTTER. *England um 1650, ohne Marken, H. 10,5 — London, Victoria & Albert Museum.* — Der Gefäßkörper ist aus spangenförmigen Perlmutterdauben zusammengesetzt, die zwischen glatten Fuß und Lippenrand — die außerdem durch Spangen verbunden wurden — eingespannt sind. Borten aus stilisierten Blättern begleiten deren Kanten. Weibliche Hermen zieren die gegossenen Henkel.

19

18 TRINKKANNE. *Hamburg 1577—1591, Meister Flor Robin I., H. 28 — Stockholm, Statens Historiska Museum.* — Der schlanke Körper der Kanne steigt aus einem ausladenden Fuß auf. Der Deckel wird von einer gegossenen männlichen Gestalt auf spangenbesetztem Sockel bekrönt. Typisches Merkmal der sog. Hansischen Kannen des 16. Jahrhunderts sind die drei Drahtspiralen mit Kugeln, in die der Henkel ausläuft. In drei ovalen Beschlagwerk-Kartuschen sind auf der Wandung die Geschichten von Perseus und Andromeda, Pyramus und Thisbe und dem Tod des Adonis dargestellt.

19 KANNE. *Nürnberg um 1650, Meisterzeichen nicht aufgelöst (R³ 4215) H. 19 — Kunstgewerbemuseum Berlin-Charlottenburg (Stiftung Preußischer Kulturbesitz).* — Die wundervoll gespannte Form ist durch die Verwendung sparsamsten Schmuckes von zeitloser Schönheit. Die als Stitze bezeichneten Kannen mit der leicht eingezogenen Wandung wurden häufig in Zinn gebildet.

18

20   21

20 Trinkkanne. *Vermeil, Wien um 1600,
unbekannter Meister, H. 16,7 — Göteborg,
Röhsska Konstslöjdmuseet.*

21 Trinkkanne. *Teilweise vergoldet, Aar-
hus zwischen 1613 und 1641, Meister Søren
Povelsen, H. 16,1 — Göteborg, Röhsska
Konstslöjdmuseet.*

22 Trinkkanne. *Preßburg, erste Hälfte
des 17. Jahrhunderts, Meister Sebastianus
Liebhardt, H. 28 — ehemals Kunsthandel
London.* — Die drei auf dieser Seite abgebildeten Trinkkannen mit ihren schwach
konischen Gefäßkörpern stellen die un-
mittelbare Vorform der zylindrischen Humpen dar, die wenige Jahrzehnte später neben den Bechern die gebräuchlichsten Trinkgefäße sind. Die Proportionierung und die
grundsätzliche Gestaltung der Einzelglieder
stimmen überein. Gegossene Hermenhen-
kel oder glatte hohl zusammengefügte
kommen gleichzeitig vor, die Wandungen
sind mit getriebenem oder graviertem
Schmuck versehen.

22

23

24

25

23 HUMPEN. *Breslau um 1610, Meister Veit Koch (1580—1619) H. 17,4 — Frankfurt/Main, Museum für Kunsthandwerk.* — Das getriebene Schweifwerk steht vergoldet auf dem gepunzten silbernen Grund. Fuß und Deckel sind sehr schlicht gebildet, die Daumenrast und der Putto auf dem Deckel gegossen.

24 HUMPEN. *Nürnberg um 1630, Meister Nicolaus Weiss (1613—31) H. 14,4 — Göteborg, Röhsska Konstslöjdmuseet.* — Spitzauslaufende Buckel begrenzen auf der polygonalen Wandung sechseckige Flächen, gleiche Buckel schmücken den Deckelwulst. Henkel, Scharnier, Daumenrast und Deckelknopf sind gegossen.

25 HUMPEN. *Lübeck um 1650, Meister Jürgen Mansfeldt, H. 25 — Frankfurt/Main, Museum für Kunsthandwerk.* — Der teilvergoldete Humpen ist mit Knorpelwerkornamenten in hervorragender Ausführung geschmückt, die Masken fügen sich zu einem geschlossenen Flächenmuster. Die

Form des Henkels ist typisch für Norddeutschland.

26 DECKEL EINES HUMPENS. *Bergen 1652, Meister Olof Jørgensen, H. 17 — London, Victoria & Albert Museum.* — Ein Allianz-Wappen, Jahreszahl und Inschriftenband werden umschlossen von zwei Zweigen mit Blättern, Blüten und Früchten.

27 DECKEL EINES HUMPENS. *York 1657/58. Meister John Plummer, H. 18,4 — London, Victoria & Albert Museum.* — Das Wappen wird von einem symmetrisch aufgebauten Kranz großer Blüten gerahmt, ein Fruchtbündel verbindet beide Hälften.

28 HUMPEN. *London 1677, MZ. TC und Fisch, H. 21 — ehemals Auktionshaus Weinmüller, München.* — Der aus kräftigem Wulst und Profil aufgebaute Fuß trägt den glatten, leicht konischen Körper. Auf dem schlichten Deckel ruht ein gegossener Löwe als Daumenrast.

26

28

27

29

29 HUMPEN. *Lissa/Polen, Meister Jo-achim Scholtz (1674—95) H. 18 — ehemals Arne Bruun Rasmussen, Kopenhagen.* — Wandung und Deckelmedaillon mit gravierten Darstellungen biblischer Szenen, die von Grotesken und Fruchtgehängen gerahmt sind. Der Knorpelwerk-Henkel und die V-förmige Daumenrast sind gegossen, Fuß- und Deckelwulst vergoldet.

30 HUMPEN. *Danzig, Meister Peter Roh-de III. (1688—1717) H. 18,4 — ehemals Auktionshaus Lempertz, Köln.* — Das Relief der Wandung zeigt eine Taufszene, Fuß- und Deckelwulst mit breitem blütenbesetztem Flechtband. Der harfenförmige Henkel und die V-förmige, weit zurückgebogene Daumenrast sind gegossen. Humpen und andere Silbergeräte der Barockzeit, die mit biblischen Darstellungen geschmückt sind, wurden durchaus zu profanen Zwecken verwendet, oft handelt es sich hierbei um Paten- oder Hochzeitsgeschenke.

30

31 HUMPEN. *Stockholm 1694, Meister Joh. Nützel, das Deckelmedaillon wahrscheinlich von einem Hamburger Meister, H. 21,5 — Mora, Anders Zorn Samlingarna.* — Die Kugelfüße und die gleichgeformte Daumenrast sind typisch für skandinavische Humpen. Dem Henkel sind zwei gegossene Putten aufgelegt. Das von einem gebundenen Lorbeerkranz umgebene Deckelrelief zeigt Kimon und Pero, die sog. Charitas romana.

31 a

31 b

32 HUMPEN. *Halle/Saale um 1700, MZ.
AH (R³ 2324) H. 24 — Kunsthandel F. K. A.
Huelsmann, Hamburg.* — Der vergoldete
Grund ist mit einem weißsilbernen getriebenen und durchbrochenen Mantel belegt,
antikische Figuren sind zwischen Akanthusranken angeordnet. Fuß- und Deckelwulst
wurden mit gleichgearbeiteten Beschlag-
stücken belegt. Auf dem Deckel eine gegossene Gruppe zweier Wölfe. Der Henkel
ist aus einer gegossenen Herme und einem
ausgesägten Blatt zusammengesetzt. Die
hohe Qualität der Arbeit ist typisch für die
hallesche Goldschmiedekunst im 17. und 18.
Jahrhundert.

33 HUMPEN. *Schweden 1703, ohne MZ.,
H. 16,5 — ehemals Auktionshaus Lempertz,
Köln.* — Von den Ansatzstellen der Kugelfüße greifen getriebene Blumen auf die
Wandung über, die außerdem mit sparsam
verteilten ziselierten Blüten geschmückt
ist. (Vgl. Tafel VIII). Ähnliche Blüten auf
dem Deckelwulst umschließen ein einge-
setzte Münze. Die gegossene Daumenrast
hat die Gestalt eines Adlers mit ausge-
breiteten Schwingen.

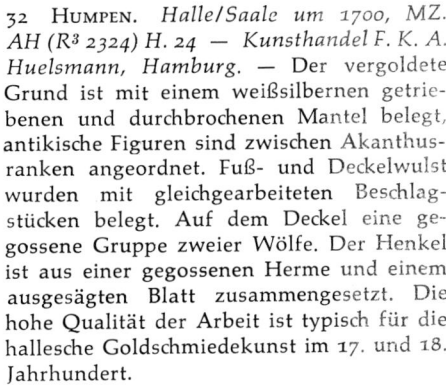

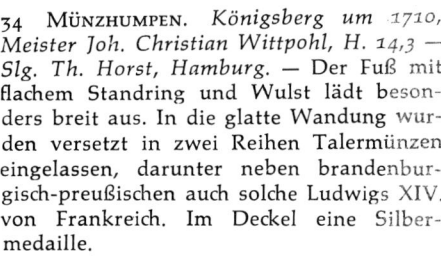

34 MÜNZHUMPEN. *Königsberg um 1710,
Meister Joh. Christian Wittpohl, H. 14,3 —
Slg. Th. Horst, Hamburg.* — Der Fuß mit
flachem Standring und Wulst lädt besonders breit aus. In die glatte Wandung wurden versetzt in zwei Reihen Talermünzen
eingelassen, darunter neben brandenbur-
gisch-preußischen auch solche Ludwigs XIV.
von Frankreich. Im Deckel eine Silber-
medaille.

35

36

37

35 HUMPEN. *Aarhus 1755, Meister Joh. Albertus Schitz, H. 20 — Slg. Th. Horst, Hamburg.* — Eine typisch skandinavische Form, die Kugelfüße werden von gekrönten Löwen gehalten. Auf der Deckelplatte graviertes Bandelwerkornament — vgl. Tafel XV und XVI — das eine Münze umgibt.

36 HUMPEN. *Augsburg 1762, Meister Joh. Christoff Treffler, H. 22 — ehemals Auktionshaus Lempertz, Köln.* — Gestaltung und Ornamentik dieses Humpens entsprechen einer um 50 Jahre zurückliegenden Stilstufe. Die geschweiften Godronen und der harfenförmige Henkel waren am Beginn des 18. Jahrhunderts gebräuchlich.

37 HUMPEN. *Danzig 1778, MZ. Meyer, H. 28,5 — ehemals Auktionshaus Weinmüller, München.* — Barocke Üppigkeit und Elemente des Rokoko sind hier miteinander vereint. Tierklauen halten die Volutenfüße, die mit Rocaillen an den Humpen angesetzt sind. Senkrecht aufsteigende geschweifte Falten enden mit Rocaillenwirbeln, die in ähnlicher Form auf dem Deckelwulst wiederkehren. Der gegossene Henkel ist als stilisierter Zweig gebildet.

38 HUMPEN. *Stockholm 1789, Meister Fredrik Ström, H. 26 — Göteborg, Röhsska Konstslöjdmuseet.* — Die übliche Grundform erfuhr hier durch die vasenförmige Gestaltung des Gefäßkörpers eine klassizistische Abwandlung Eine Blattranke und Perlstäbe entsprechen dem Stil der Zeit. Der Henkel aus verschlungenem Gezweig mit Blättern und Früchten ist ebenso gegossen wie die als Deckelknopf und Daumenrast dienenden Fruchtbündel auf Blattrosetten.

39 HUMPEN. *Sala/Schweden, Meister Hans Georg Grauroth (1756—90) H. 17,5 — Mora Anders Zorn Samlingarna.* — Hier erscheint die übliche skandinavische Form ins Rokoko abgewandelt. Von Löwentatzen gehaltene ellipsoide Körper erscheinen leichter als Kugelfüße. Sie S-förmig gewundenen Faltenzüge geben dem breit proportionierten Gefäß eine Beschwingtheit. Ein gepunztes Ornamentband zieht sich unter dem Lippenrand entlang. Die Daumenrast-Kugel und der Rücken des Henkels sind mit Früchten und Blättern geschmückt.

40 BIERKRUG. *London 1725, Meister Gabriel Sleath, H. 11,8 — Kunsthandel W. Meinz-Arnold, Hamburg.* — Der Typ dieser „mug" genannten Bierkrüge blieb in seiner Verbreitung fast ganz auf Großbritannien beschränkt, wo er im 18. Jahrhundert am häufigsten war. Neben den glatten Stücken, deren Schönheit im Umriß und in der Form des Henkels begründet ist, gibt es weniger begehrte mit getriebenen Ornamenten.

41 KRUG. *Exeter 1731, Meister Philip Elston, H. 19 — Slg. A. F. Harmstorf, Wedel.* — Wie dem Bierkrug verleiht auch diesem Gefäß der klare gespannte Umriß seine besondere Schönheit. Die einzigen „Zutaten" zur reinen Form sind der dem Henkel angefügte S-Schwung und die Profilierung der Ausgußschnauze.

42 DECKELKRUG. *Paris 1731/32, Meister Claude Alexis Moulineau, H. 27 — London, Victoria & Albert Museum.* — Die strenge Form wird durch zwei profilierte Reifen betont; der klassizistischen Haltung, die dem französischen Stil dieser Zeit eigen war, entsprechen die Godronen auf dem Fußwulst und Deckelrand und die gegossene Maske auf der Ausgußschnauze. Die gravierten Wappen darunter stören in diesem Falle die Klarheit der Form.

43 WEINKANNE. *London 1739, Meister Frederik Kandler, H. 34 — Kunstgewerbemuseum Berlin-Charlottenburg (Stiftung Preußischer Kulturbesitz).* — Nur Fuß und Deckel sind getrieben, alle übrigen Teile gegossen. Der üppige Dekor vereint in sich barocke Fülle mit einzelnen Formen des Rokoko. Geschickt wurden Rocaillen, Putten und Weinranken miteinander verbunden. Die allegorischen Figuren von Panther, Mänade und syrinxspielendem Faun als Ausguß, Henkel und Deckelfigur geben vollendet die Bestimmung der Kanne zu erkennen.

44 WEINFLASCHE. *London 1675/76, MZ.*
AM mit Krone, H. 34,3 — London, Victoria
& Albert Museum. — Die Form wurde der
Gestalt einer bauchigen Glasflasche nachgeahmt, sie wurde mit getriebenem und
zisiliertem Schmuck vollkommen überzo-
gen. Zwischen kräftigen Godronen steigen
stilisierte Blütenstengel auf, die Schulter-
zone trägt Fruchtgehänge, der Hals ist wiederum mit Laubwerk geschmückt, die engste
Stelle wird von einem profilierten Ring
umzogen, der flachgewölbte Deckel ist
godroniert.

45 WEINFLASCHE MIT SILBERMONTIERUNG.
Den Haag 1689, MZ. MAH, H. 34 — Lon-
don, Victoria & Albert Museum. — Eine
schöngeformte Glasflasche ist in der Schul-
terzone mit durchbrochenen Blumenranken
belegt, die durch Spangen mit dem aus
einer Hohlkehle gebildeten Fuß verbunden
sind. Die Mündung wird von einem Blüten-
fries umzogen, der mit herabgebogenen
Blattzipfeln an einem Ring der Flasche festgehalten wird. Der Stöpsel hat einen
getriebenen Kugelkopf.

46

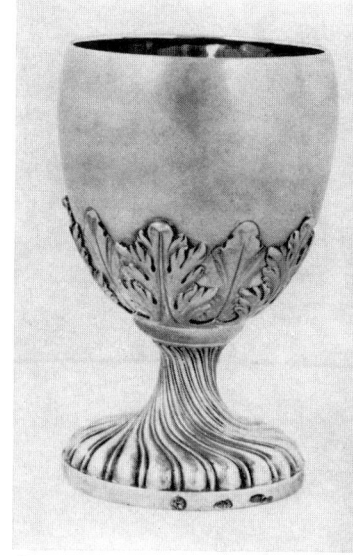

48

46 WEINKELCH. *Vermeil,*
London 1603/04, H. 12,7
— London, Victoria & Al-
bert Museum. — Auf
schlankem Balusterschaft
eine flache Schale mit einer diamantierten Ober-
fläche.

47 WEINKELCH. *London*
1616/17, MZ. CB, H. 21,6
— London, Victoria & Al-
bert Museum. — Auf
schlankem Balusterschaft
ein steilwandiger Kelch
mit getriebenen Blättern
und Blumen und stilisier-
ten gravierten Blüten.

48 POKAL. *Dublin um*
1770, Meister James Gra-
ham, H. 11,5 — London,
Viktoria & Albert Museum.
— Der Fuß und der kurze,
daraus aufsteigende Schaft
mit gedrehten Godronen.
Der Kelch ist gefaßt in
einen Kranz edelgeform-
ter Akanthusblätter.

49 POKAL. *Berlin 1826,*
ohne Marken, H. 31 —
Kunstgewerbemuseum Ber-
lin-Charlottenburg (Stif-
tung Preußischer Kultur-
besitz. — Der nach einem
Entwurf C. F. Schinkels
gefertigte Pokal (Vgl. Tafel XXXII) ist innen ver-
goldet.

47

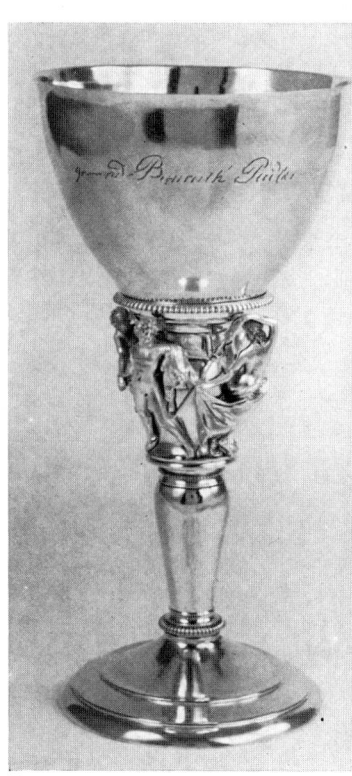

49

50

51

50 HÄUFEBECHER. *Nürnberg um 1600, Meister Hans Beutmüller (1588—1622) H. 9,1 — Göteborg, Röhsska Konstslöjdmuseet.* — Der Becher gehörte zu einem Satz von ursprünglich zwölf Stück. Über dem godronierten Unterteil ist in einer Landschaft die Weinernte dargestellt, eine geätzte Inschrift darüber charakterisiert die Szene als Monatsbild für Oktober.

51 BECHER IN RÖMERFORM. *Vermeil, Nürnberg um 1640, MZ. unleserlich, H. 7,8 — Prof. C. Crodel, München.* — Die Form gläserner Römer wurde — vor allem in Nürnberg — oft nachgeahmt. Dem Vorbild entsprechen die Nuppen am Schaft und die Wellenbänder, das getriebene Schweifwerk der Cuppa dagegen zeigt typische Metallformen.

52 BECHER. *Ulm, MZ. DK, datiert 1644 H. 5,7 — Privatbesitz Hamburg.* — Leicht konische Form, nur der verstärkte Lippenrand ist etwas nach außen geneigt. Zwischen glatt belassenen Randzonen ist die Wandung fein punziert in einem als Fischoder Schlangenhaut bezeichneten Muster.

53 BECHER. *Hamburg um 1650, Meister Claus Sülsen, H. 20 — Privatbesitz.* Hoher achtseitiger Becher, über dem flachen Fußrand zwei umlaufende Profilstäbe. Auf den Flächen gravierte Darstellungen mit Allegorien der vier Jahreszeiten, dazwischen Vögel in Kartuschen aus maureskenartigem Blattwerk.

54 BECHER. *Innen vergoldet, Sneek 1654, Meister Wyger Jansen, H. 12,1 — London, Victoria & Albert Museum.* — Typisch für die niederländische Herkunft sind die Schweifung der Wandung und die starke Auswärtsneigung des Mündungsrandes. Die Kartuschen mit der Beschlagwerkrahmung sind naiv, aber flüssig gezeichnet.

55 BECHER. *Köln um 1650, MZ. unleserlich, H. 16,5 — ehemals Kunsthandel Hamburg.* — Die besonders reiche Gravierung besteht aus einer Kombination von Fruchtgehängen und liegenden und hängenden Kartuschen, in denen fünf Städteansichten und die Verkörperungen der fünf Sinne dargestellt sind.

52

54

53

55

56 BECHER. *Augsburg um 1690, Meister Joh. Sigismund Aberell († 1732) H. 15 —Kunstgewerbemuseum Berlin-Charlottenburg (Stiftung Preußischer Kulturbesitz).* — Der gravierte Schmuck des teilvergoldeten Bechers aus einer Kombination von Spiralranken und hängenden Fruchtbündeln mit Vögeln ist mit vollendeter Meisterschaft über die Fläche verteilt.

57 BECHER. *Hamburg um 1690, Meister Jürgen Richels, H. 9 — Privatbesitz Hamburg.* — Dieser fußlose Becher gehört wie die folgenden drei einem kleineren Typus an. Die gut über die Fläche verteilte Gravierung zeigt Blüten und spiraliges Akanthuslaub.

58 BECHER. *Ringkøbing um 1710, Meister Povl Ottesen Kiaerulff (1706—1716) H. 9 — Kunsthandel W. Meinz-Arnold, Hamburg.* — Aus der gleichmäßig punzierten Oberfläche sind drei runde Medaillons ausgespart, in die stilisierte Blattrosetten graviert wurden.

56

57

58

59 BECHER. *Kiel vor 1671, Meister Nicolaus Claussen, H. 8,3 — A. F. Harmstorf, Wedel/Holstein.* — Der besonders schlank geformte Becher zeigt eine naiv und flüchtig ausgeführte, aber gut verteilte Gravierung von einzelnen Blüten, Kränzen und Behangmotiven.

60 BECHER. *Moskau Ende 18. Jahrhundert, H. 8,6 — Mora, Anders Zorn Samlingarna.* — Fruchtbündel und Troddeln an Bändern und ein Fries aus Akanthusblättern und Blüten auf dem Lippenrand dienen in Rußland noch ein Jahrhundert nach ihrer Erfindung in Westeuropa als Schmuck.

61 BECHER. *Emden 1667, Meister Dirck Roeloffs, Mora, Anders Zorn Samlingarna.* — Die geschweifte Wandung, der ausladende reichgeschmückte Fuß und ein Kranz oder Taustab mit Cherubsköpfen, der den Becher in seinem unteren Teil umschließt, charakterisieren einen Typ, der um 1600 in den Niederlanden entstand und in Ostfriesland und Skandinavien längere Zeit — zum Teil abgewandelt — weiterlebte.

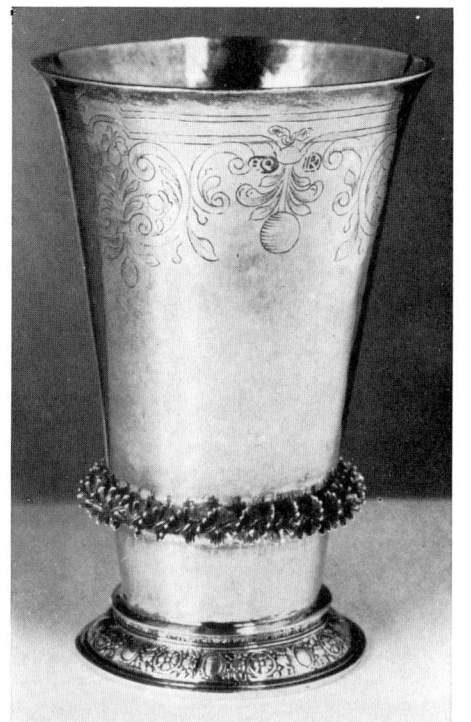

61

59

60

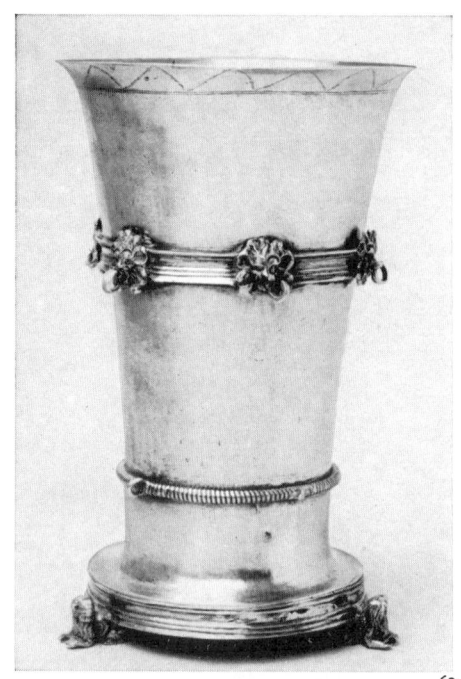

62

63

62 BECHER. *Bergen/Norwegen um 1620, Meister Lucas Steen, H. 15,7 — Göteborg, Röhsska Konstslöjdmuseet.* — Das niederländische Vorbild ist abgewandelt worden. Ein zweiter Kranz mit Löwenmasken ist Hauptschmuck, eine Gravierung erscheint nur am Lippenrand in zarten Strichen. Drei gegossene Löwen tragen den Becher.

63 BECHER. *Kopenhagen um 1650, Meister Albert Carstensen, H. 12,6 — Mora, Anders Zorn Samlingarna.* — Der kräftige Fuß ist in drei Abtreppungen aufgebaut. Über dem Tauring mit gegossenen Cherubsmasken ist die Wandung mit graviertem Schweifwerk geschmückt.

64 BECHER. *Stockholm um 1660, Meister Hans von Dort, H. 17,5 — Mora, Anders Zorn Samlingarna.* — Der weitausladende Fußwulst zeigt getriebenes Schweifwerk mit Masken, über dem gegossenen Band erscheint ein gravierter Apostel, unter dem Lippenrand Rollwerk-Ornamente.

64

65

66

65 BECHER. *Piteå 1762, Meister Johan Gadd, H. 11 — London, Victoria & Albert Museum.* — Drei gegossene Füßchen tragen den schön geschweiften Becher, dessen Wandung von zwei gleichartig profilierten Ringen umzogen ist. Die Gravierungen lehnen sich an Volkskunstmotive an.

66 BECHER. *Norwegen Ende 18. Jahrhundert, H. 15,3 — Mora, Anders Zorn Samlingarna.* — Der Aufbau entspricht grundsätzlich dem des nebenstehenden Bechers. Das gravierte Laub- und Bandelwerk auf gepunztem Grund war auf dem Kontinent 50 Jahre früher in Gebrauch. Typisch für Norwegen sind die angehängten runden „Schüsselchen".

67 BECHER. *Falun 1791, Meister Joh. Martin Loëll (1779—1786) H. 8,5 — Mora, Anders Zorn Samlingarna.* — Die Grundform des innen vergoldeten Trichterbechers wurde hier stark vereinfacht, man verzichtete auf die Ringe, der flache Fußrand zeigt ein Strahlenornament. Die Blütenranke ist in einem Tremolierstich graviert.

67

68 BECHER. *Vermeil, Augsburg 1747 bis 1749, MZ. IM (R 3953) H. 11,5 — Frau v. Schenck, Landsberg.* — Fußwulst und Wandung sind durch senkrechte Falten gegliedert, der Dekor besteht aus getriebenem und ziseliertem Muschelwerk. Die Grundform entstand in der Regencezeit in Frankreich.

69 BECHER. *Straßburg 1754, Meister Jean Stahl, H. 10 — London, Victoria & Albert Museum.* — Der Becher hat die typische Glockenform. Das ziselierte Ornament unter dem Lippenrand besteht aber aus C-Schwüngen und Muscheln des Rokoko.

70 BECHER. *Hamburg um 1670, MZ. HM, H. 16,7 — Frau Kröber, Kronberg/Taunus.* — Die Wandung des einfach geformten Bechers ist mit getriebenen Akanthusranken und Phantasieblüten auf gepunztem Grund bedeckt. Die Zeichnung des Dekors ist typisch für das Hochbarock in Hamburg.

71 BECHER. *Hamburg um 1680, Meister Leonhard Rothaer, H. 18 — Göteborg, Röhsska Konstslöjdmuseet.* — Der Typus wird oft als Stangenbecher bezeichnet, er wird durch die leicht geschweifte Wandung und den profilierten Fuß gekennzeichnet. Das weiche Akanthuslaub und die hochgetriebenen weitgeöffneten Tulpenblüten füllen fast die ganze Fläche.

72 BECHER. *Moskau 1740, MZ. C unter Dreizack, H. 15,1 — ehemals Auktionshaus Weinmüller München.* — Der aus Elementen des Bandelwerks und Rokoko-Motiven komponierte getriebene und ziselierte Dekor füllt die Fläche in unorganischer Gedrängtheit.

73 BECHER. *Moskau 1787, MZ. AAK, Kontrollstempel A. K., H. 8 — Kunsthandel W. Meinz-Arnold, Hamburg.* — Der kleine Becher ist besonders steilwandig, der getriebene Dekor besteht aus einer Kombination von Louis-XVI.-Behangmotiven mit Blütengehängen und Vögeln, die im Barock gebräuchlich waren.

68

69

70

71

72

73

74 Münzbecher. *Aalborg 1696, Meister Hans Clausen (1696—1728) H. 9,7 — Th. Horst, Hamburg.* — In die gepunzte Wandung des schweren Bechers sind Taler und kleinere Münzen der dänischen Könige Christian V. und Frederik III. eingelassen. In ein ovales Medaillon, das aus dem Grund ausgespart wurde, sind ein gekröntes Spiegelmonogramm und die Jahreszahl graviert. Die Verarbeitung von Münzen zu Bechern, Humpen und Pokalen war in der Renaissance und im Barock sehr beliebt.

75 Becher. *Augsburg um 1670, MZ. MP (R³ 662) H. 9,5 — Frau v. Schenck, Landsberg.* — Der kugelige Körper — den Tummlern verwandt — wurde auf drei Kugelfüße gesetzt. Die gewundenen Pfeifen der Wandung sind im Wechsel vergoldet. Die Zwickel über ihnen werden von gepunzten Palmetten gefüllt, in den Boden ist eine Blüte getrieben worden.

76

77

76 BECHER. *Nürnberg um 1660, Meister Joh. Höffler, H. 7,5.*

77 BECHER. *Mariestad um 1680, Meister Bengt Bengtsson d. Ä. H. 8,2 — beide Mora, Anders Zorn Samlingarna. — Die beiden*

Becher wurden nebeneinandergestellt, um die Einheitlichkeit des nordeuropäischen Stils im Hochbarock zu zeigen. Hier wurde sicherlich nach den gleichen Vorlagen gearbeitet; der schwedische Becher ist ein wenig unbeholfener in der Zeichnung.

78 BECHER. *Schwedisch, Ende 18. Jahrhundert, H. 6,6 — Kunsthandel W. Meinz-Arnold, Hamburg. — Aus der Gesamtform und dem ziselierten Blumendekor spricht ein starker Einfluß bäuerlicher Volkskunst.*

79

80

79 DECKELBECHER. *Dresden um 1680, Tobias Lange d. Ä., H. 16,5 — Mora, Anders Zorn Samlingarna.* — Der getriebene und ziselierte Dekor von Wandung und Deckel zeigt gurkenartige Gebilde, die von einem Pfeifenornament abgeleitet wurden. Die Kugelfüße und der Deckelknauf haben eine pflanzlich warzige Oberfläche.

80 DECKELBECHER. *Augsburg um 1700, Meister Joh. Wagner, H. 16 — Mora, Anders Zorn Samlingarna.* — In drei von Trophäen flankierten Kartuschen wurden Schlachtszenen nach Rugendas dargestellt. Die drei Kugelfüße und der Deckelknopf sind mit gegossenem durchbrochenen Laubwerk angesetzt.

81 DECKELBECHER. *Vermeil, Augsburg um 1700, Meister Joh. Christoph Treffler, H. 19,5 — Kunstgewerbemuseum Berlin-Charlottenburg (Stiftung Preußischer Kulturbesitz).* — Der untere Teil der Wandung und der Deckelwulst haben eine geschweifte Godronierung, darüber wurden in gepunztem Grund Akanthusranken graviert.

81

82

83

82 DECKELBECHER. *Augsburg 1696—1700,
Meister Phil. Jakob Drentwett, H. 18 —
ehemals Auktionshaus Lempertz, Köln. —*
In ovalen Medaillons sind zwischen Frucht-
gehängen die getriebenen Porträts von
Plato, Sokrates und Cimon dargestellt.

83 DECKELBECHER. *Wahrscheinlich Stockholm um 1700, H. 10,5 — ehemals Auktionshaus Lempertz, Köln. —* Wandung,
Deckel und Deckelknopf sind mit reichen
Filigranauflagen geschmückt. Derartige Becher wurden in Stockholm häufig angefertigt.

84 DECKELBECHER. *Hamburg 1732, Meister Joh. Gerhard von Holten, H. 17 —
Hamburg, Museum für Kunst und Gewerbe. —* Der einzige Schmuck des gut proportionierten Bechers besteht in der reichen Profilierung des Deckels.

84

86

87

85 DECKELBECHER. *Reval 1698, Meister Paul Schröder, H. 16,5 — ehemals Auktionshaus Lempertz, Köln.* — Der Fuß besteht aus Wulst und Kehle, über einem ausgezackten Rand die konische Wandung, die mit schwungvoll getriebenen Blütenzweigen geschmückt ist. Der flachgewölbte Deckel hat einen breiten Rand.

86 DECKELBECHER. *Osnabrück um 1730, Meister Johann Wilh. Voigt, IWV, H. 11,5 — Stadt Dortmund, Museum für Kunst- und Kulturgeschichte, Schloß Cappenberg.* — Vier Faltenpaare gliedern Wandung und Deckel des fußlosen Bechers. Laub und Bandelwerkgehänge sind in die Zwischenräume graviert. Ein zierlicher Baluster dient als Deckelknopf.

87 SCHÜTZENBECHER. *Dortmund 1777, Meister G. C. D. Möllenhoff, H. 13,9 — Stadt Dortmund, Museum für Kunst und Kulturgeschichte, Schloß Cappenberg.* — Auf stark eingezogenem Fuß steht der schöngeschwungene Becher, dessen Wandung durch vier scharfkantige Falten gegliedert wird. Ein Adler in schmalem Kranz, an einer Schleife aufgehängt, ist das Hauptbild. Unter dem profilierten Lippenrand und auf den anderen Feldern Blütenzweige und Gehänge.

85

88

89

88 DECKELBECHER. *Paris 1706/07, Meister Pierre Landalle, H. 12 — London, Victoria & Albert Museum.* — Auf den kleinen Fuß mit godroniertem Wulst ist über einer Kehle der Becher aufgesetzt. Ein glatter Ring gliedert die Wandung in zwei Zonen. In der unteren stehen auf punziertem Grund mit Laub- und Bandelwerk gefüllte Zungenornamente, in die obere hängen vom Lippenrand Lambrequins herab. Der Deckel hat Godronen auf Rand und Knauf und auf der Schulter Laub- und Bandelwerk.

89 DECKELPOKAL. *London 1683/84, MZ. IB mit Hirsch, H. 18,1 — London, Victoria & Albert Museum.* — Breitausladendes Gefäß auf niedrigem eingezogenem Fuß mit S-förmigen Henkeln. Am unteren Rand und auf dem flachen Deckel getriebenes Akanthuslaub, eine Blattknospe als Deckelknopf.

90 DECKELPOKAL. *London 1771/72, Louisa Courtauld & George Cowles, H. 37,2 — London, Victoria & Albert Museum.* — Der Pokal ist in seiner antikisierenden Form und mit den klassizistischen Schmuckmotiven ein hervorragendes Beispiel des Adam-Stiles.

90

91

92

93

91 PROBIERSCHALE. *Orleans 1775—81, Meister Pierre Hanappier, Dm. 7,5 — Kunsthandel Frau Paula Heuser, Hamburg.* — Diese einfache flache Schale, mit dem senkrechten Bandhenkel aus einem Stück getrieben, steht als Beispiel für eine umfangreiche Gruppe ähnlich gestalteter Stücke, ·bei denen Variationen vor allem in der Form des Henkels und dem Schmuck der Schale mit graviertem oder gepunztem Ornament möglich sind.

92 BRATINA. *Reste von Vergoldung, Danzig, Meister Nathaniel Preßding II. (1686 bis 1732) H. 6,1 — Kunsthandel W. Meinz-Arnold, Hamburg.* — Der kugelige Gefäßkörper mit senkrechtem Lippenrand ist mit Roll- und Knorpelwerkornamenten geschmückt. Eine kleine Eindellung des Bodens schafft eine Standfläche. Die Form ist in Rußland entstanden. Es gibt beträchtlich größere Gefäße, an diesem Beispiel ist der Einfluß der „Tummler" spürbar.

93 BRANNTWEINBECHER. *Moskau 1758, MZ. E E, H. 4,8 — Kunsthandel W. Meinz-Arnold, Hamburg.* — Der Typ ist von der Bratinaform abgeleitet. Bei der geringen Gesamthöhe mußten der Lippenrand höher und seine Neigung stärker werden, um ein bequemes Trinken zu ermöglichen. Der Dekor entspricht einer früheren westeuropäischen Stilstufe.

94 FAUSTBECHER. *Augsburg um 1710, MZ.*
verschlagen, H. 5 — Kunsthandel H. M.
Ritter, München. — In ihrem unteren Teil
sind die teilweise vergoldeten Becher —
diese Form wird auch als Tummler bezeichnet — mit geschweiften Godronen geschmückt. Parallel laufende eingestochene
Rillen umziehen den oberen Rand und
trennen eine breite glatte Fläche von der
godronierten Zone.

95 STURZBECHER. *Vermeil, Nürnberg, Mei-*
ster Hans Petzolt (1578—1633) H. 28,5 —
Nürnberg, Germanisches Nationalmuseum.
— Der Becher wurde für die Nürnberger
Familie Tetzel angefertigt, deren Wap-
pentier — eine Katze — hier auf einem Ast
kletternd als gegossener Griff angefügt
wurde. Ein Krönchen aus Akanthusblättern
umfaßt die Ansatzstelle des Astes, ein
Blattkelch das untere Ende des gedrückten
Bechers, auf den pflanzliche Darstellungen
graviert wurden. Unter dem profilierten
Lippenrand ist eine zweizeilige Inschrift
eingeätzt.

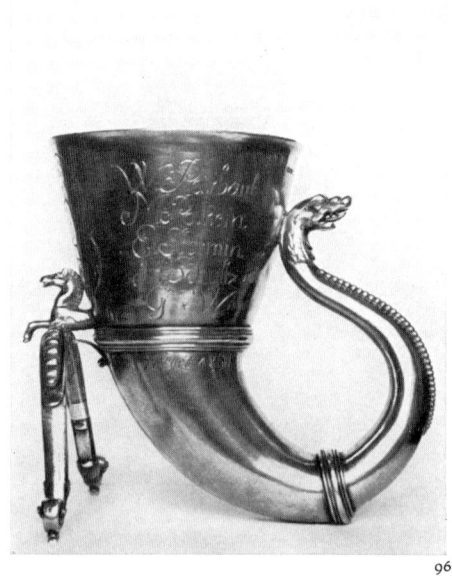

96 ZUNFTBECHER DER HUFSCHMIEDE. *Königsberg 1712, Meister Christian Ewald Schwerin, CES, H. 13 — Kunstgewerbemuseum Berlin-Charlottenburg (Stiftung Preußischer Kulturbesitz).* — Der Becher wurde einem Horn nachgebildet, als Berufszeichen verwendete man ein halbes springendes Pferd und einen Spornbügel als Stütze.

97 STURZBECHER. *London 1807/08, W. Burwash & R. Sibley, H. 14,6 — London, Victoria & Albert Museum.* — Der Becher in Form eines getriebenen und sorgfältig ziselierten Fuchskopfes diente als Trinkgefäß bei Jagden.

98 MÜHLENBECHER. *Dordrecht 1. Hälfte des 17. Jahrhunderts, H. 23 — Amsterdam, Rijksmuseum.* — Sturzbecher, auf dessen Griff eine Windmühle mit drehbaren Flügeln gesetzt wurde. Graviertes Beschlagwerk mit Ranken, Blüten und Fruchtbündeln schmückt den Becher.

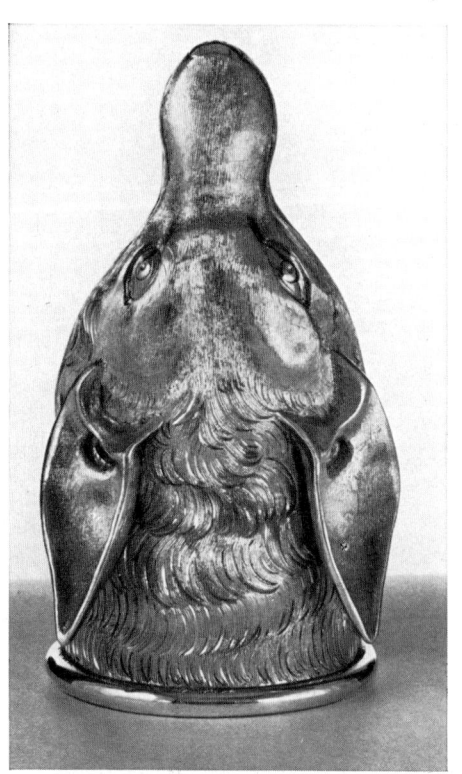

97

98

99 BRAUTBECHER. *Dordrecht 1621, MZ. FH mit Löwen, H. 21,6* — London, Victoria & Albert Museum. — Als Griffknauf des Sturzbechers dient ein Spangenkäfig, der einem Astrolabium ähnelt, in dem eine Schelle enthalten ist. Ein hockender Affe hält in einem Drahtbügel den kleinen Becher.

100 BRAUTBECHER. *Dublin 1706/08, Meister Joseph Walker, H. 17,5* — London, Victoria & Albert Museum. — Die normale Form des Brautbechers. Der „Rock" und der gegossene Oberkörper mit dem Kopf sind sorgfältig ziseliert.

101 BRAUTBECHER. *Bergen 1794, Meister Peder Christensen Beyer, H. 19,5* — London, Victoria & Albert Museum. — Der Rock ist mit Rokoko-Blumen geschmückt. Besonders reizvoll wurde der Oberkörper mit dem eingestemmten Arm und dem abstehenden Spitzenkragen gebildet.

100

99

101

102 TRINKSCHALEN. *Wertheim um 1660,
MZ. B, B. 18,8 — Göteborg, Röhsska Konst-
slöjdmuseet.* — Die vierpassigen ovalen
Schalen haben auf den Wandfeldern ge-
triebene Fruchtbüschel und im Boden eine
mythologische Szene. Auf der oberen ist
Arion auf dem Delphin, auf der unteren
Leda mit dem Schwan dargestellt.

103 WÖCHNERINNENSCHÜSSEL. *Augsburg,
Meister Georg Sedelmair (1707—36) Dm.
13 — Frankfurt/M., Museum für Kunsthandwerk.* — Geschweifte Godronen bilden den
Schmuck der teilweise vergoldeten Schüssel
und des mit drei Kugelfüßen versehenen
profilierten Deckels. Ein symmetrisches
Regenceornament war Vorlage für die ausgesägten waagerecht angesetzten Henkel.

104 TRINKSCHALE. *Frankfurt/Main um
1690, Meister Joh. Ludwig Schneider (?)
L. 15 — Frankfurt/Main, Museum für
Kunsthandwerk.* — Der Rand der innen
vergoldeten Schale ist vielpassig gebuckelt
und mit punzierten einfachen Ranken und
Palmetten geschmückt. In den Boden wurde
das Wappen der Familie Kühlhorn getrieben. Gegossene Henkel sind an den längeren Seiten senkrecht angebracht.

102

103

104

105 KOWSCH. („Kelle",
Branntweinschale) Ruß-
land, Mitte des 18. Jahr-
hunderts, L. 30,7 — Göte-
borg, Röhsska Konstslöjd-
museet. — die kräftige
glatte Wandung der ova-
len Schale läuft am einen
Ende in eine mit einem
gegossenen Adler bekrönte
Spitze aus. Am anderen
Ende steigt aus der Wan-
dung ein breiter Streifen
auf, der zu einem waage-
rechten Griff umgebogen
wurde. Eine Krone bildet
das Ende des mit symme-
trischem Blattwerk ge-
schmückten Griffes. Im
Boden der Schale in run-
dem Lorbeerkranz ein
Doppeladler.

105 a

105 b

106 TRINKSCHALE. („Kå-
sa") Vermeil, Falun 1735,
Meister Otto Henrik Sjö-
berg, H. 6,3 — Mora, An-
ders Zorn Samlingarna. —
Ein gewölbter Fuß trägt
die Schale, die in eine mit
einem gegossenen Knopf
und einem Ring besetzte
Spitze und in den waage-
rechten gegossenen Griff
ausläuft. Ein Wellenband
und Schweifwerk umzie-
hen den Gefäßkörper.

105

107 BRANNTWEINSCHALE.
*Dänemark 1641, ohne MZ.,
B. 18,4 — London, Victoria & Albert Museum. —*
Auf gewölbtem Fuß steht die bauchige glatte Schale mit graviertem Schweifwerk. Großflächige Henkel sind waagerecht angesetzt und werden durch senkrechte Schnörkel abgestützt.

108 BRANNTWEINSCHALE.
Kopenhagen, Meister Steen Pedersen (1620—1644?) H. 6,2 — Mora, Anders Zorn Samlingarna. — Ein niedriger Fuß trägt die zwölfpassige Schale. Auf die Wandfelder sind im Wechsel Fruchtgehänge und Rollwerkornamente graviert, im gleichen Stil gegossene Henkel sind senkrecht angesetzt.

109 BRANNTWEINSCHALE.
Halmstad 1702, Meister Baltzar Ekeström, H. 4,4 — Mora, Anders Zorn Samlingarna. — Auf einfachem Fuß steht der glatte Schalenkörper, dessen Wandung mit gepunzten Blüten und Ranken geschmückt ist. Die gegossenen Henkel im Ohrmuschelstil sind mit einem kleinen Cherubskopf besetzt.

110 BRANNTWEINSCHALE. *Emden 1652, Meister Sykke Wyb-*
ben, H. 9,2 — Bremen, Focke-Museum. — Ein gewölbter
sechspassiger Fuß trägt die sechspassige steilwandige
Schale. Die Felder des getriebenen Fußes sind alternierend
mit Cherubsköpfen und Fruchtbündeln auf Rollwerk-Schnör-
keln geschmückt, die Wandfelder zeigen in gravierten Roll-
werk-Kartuschen Darstellungen der Tugenden. Die Henkel
bestehen aus waagerechtem und senkrechtem Teil.

111 BRANNTWEINSCHALE. *Sneek um 1660, MZ. unleserlich,*
H. 8,8 — Hamburg, Altonaer Museum. — Fuß und Schale
sind über achteckigem Grundriß aufgebaut, die Felder des
Fußwulstes tragen wie bei der oben stehenden Schale im
Wechsel Cherubsköpfe und Fruchtbündel. Auf der Wandung sind in gravierten Schweifwerk-Kartuschen vier Tugenden und die vier Evangelisten dargestellt. Den kräftig
modellierten Henkeln fehlt der senkrechte Schnörkel.

112 BRANNTWEINSCHALE.
Emden 1691, Meister Marten Willems Oldeman, B. 25,4 — Hamburg, Altonaer Museum. — Typische Form der Branntweinschalen seit etwa 1685 mit ovalem gebuckeltem Fuß und entsprechend gestalteter Schale. Die zierlichen gegossenen Henkel sind S-förmig.

113 BRANNTWEINSCHALE.
Emden um 1785, Meister Jacobus Meinardi Swartte, B. 17,8 — Slg. Dr. Stracke, Emden. — Die Grundform der Emder Schale von 1691 (Abb. 112) ist hier dem Rokoko entsprechend abgewandelt, die Rillen zwischen den Buckeln sind geschweift, punzierte Blätter greifen auf die Flächen über.

114 BRANNTWEINSCHALE.
Esens/Ostfriesld. um 1790, Meister Gerd Claasen Tjardsen, B. 28 — Slg. Dr. Stracke, Emden. — Vier geschmiedete Füßchen tragen den mit ziselierten Rocaillen und geschweiften Falten geschmückten Schalenkörper.

115 BRANNTWEINSCHALE.
Otterndorf 1701, Meister Otto Friedrich Vollhagen, H. 8,8 — Hamburg, Museum für Kunst und Gewerbe. — Die von drei Kugelfüßen getragene Schale gehört dem Hamburger Typ an. Auf der Wandung erscheinen im Relief zwischen Putten und Laubwerk zwei Szenen aus der Josephs-Legende. Die gegossenen knorpeligen S-Henkel werden von dünnen Blättern gestützt.

116 BRANNTWEINSCHALE.
Krempe/Holstein 1714, Meister Nicolaus Jördens, Dm. 15,5 — Hamburg, Altonaer Museum. — Der gleiche Typ wie Abb. 115, auf der Wandung getriebenes Laub- und Bandelwerk. Die Henkel sind hier etwas leichter gebildet.

117 BRATINA. *Hamburg um 1620; Meister mit dem Adler, H. 10,5 — Hamburg, Museum für Kunst und Gewerbe.* — Die klassische Form der Bratina, die Wandung hat auf gepunztem Grund flach getriebenes Knorpelwerk und Fruchtbündel.

118 KÜHLGEFÄSS. *Neapel 2. Hälfte des 17. Jahrhunderts, ohne MZ., H. 14,3 — Besitz v. Stumm, Christianenthal.* — Rollwerk und Akanthuslaub auf gepunztem Grund verbinden sich mit den gegossenen Masken zu einer klassizistisch-barocken Dekoration.

119 WEINKÜHLER. *London 1775, Meister Frederick Kandler, H. 19,1 — London, Victoria & Albert Museum.* — Das steilwandige, mit gegossenen Widderköpfen besetzte Gefäß ist mit Stabbündeln, einem Wellenmäander und einem Palmettenfries, Motiven des Adam-Styles, geschmückt.

120 WEINKÜHLER. *Paris um 1800, Meister Jean Bapt. Claude Odiot, H. 18,5 — Graf H. J. v. Kleist.* — Gegossene Löwenmasken halten die Griffringe des glockenförmigen Gefäßes auf eingezogenem Fuß. Den oberen Rand umzieht ein geprägter Palmettenfries, unterhalb der Löwenmasken ist ein Blattfries angeordnet.

121 FLASCHENUNTERSETZER. *Berlin um 1790, Meister Wilm, Dm. 12 — Graf H. J. v. Kleist.* — Das gravierte Wappen in der Mitte wurde bewußt als Schmuck der glatten Fläche verwendet.

122 FLASCHENUNTERSETZER. *Berlin um 1810, Meister Carl Gottlob Jungerwirth, Dm. 12,8 — Privatbesitz Hamburg.* — Zwei ausgesägte Zickzackbänder rahmen eine gravierte Blattranke.

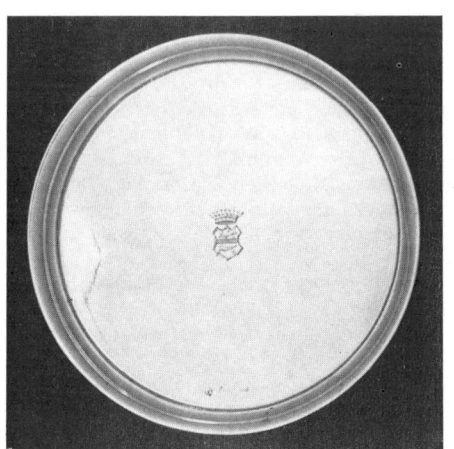

123

125

123 TEEMASCHINE. *Amsterdam 1718, MZ. Fortuna auf Globus, H. 38,5 — Rotterdam, Museum Boymans-van Beuningen.* — Der balusterförmige Körper steht auf drei kantigen Volutenfüßen, zwei Handgriffe sind am oberen Rand angebracht. Füße, Hähne, Handgriffe, der Deckelknopf und aufgesetzte Muscheln sind gegossen. Das Untergestell ist mit Gittern, der Körper mit durchbrochenem Bandelwerk geschmückt.

124 TEEMASCHINE. *Augsburg 1747—49, Meister Joh. Georg Kloße, H. 39,4 — ehemals Auktionshaus Weinmüller, München.* — Der Einfluß des Rokoko spricht aus den geschweiften Falten und den aus S-Schnörkeln zusammengesetzten Henkeln. Auf dem Deckelknopf eine gegossene Figur.

125 WASSERKESSEL MIT RECHAUD. *Frankfurt/Main um 1800, Meister Schott, H. 39,5 (mit Henkel) — Vera Steckner-Crodel, Hamburg.* — Die kugelige Kanne hat einen gegossenen Tierkopfausguß, ebenso wie der Schwan auf dem Deckel und die Blattfriese typisches Empire-Ornament.

124

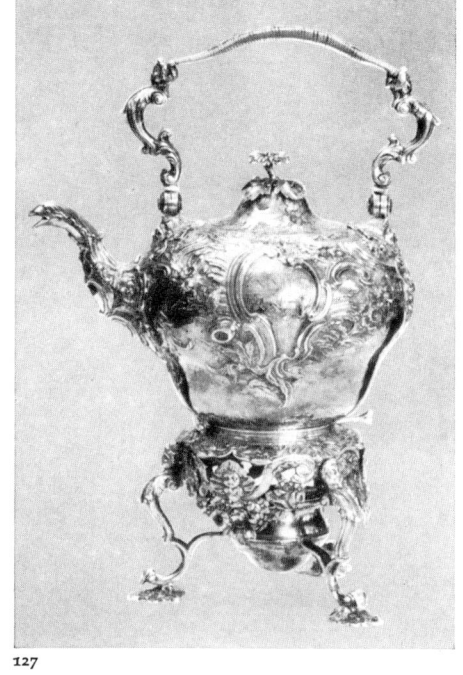

126   127

126 TEEMASCHINE. *Hamburg 1752—57, Meister Joh. Peter Friedrichs, H. 40* — *Hamburg, Museum für Kunst und Gewerbe.* — Die Ansatzstellen der Füße sind mit gegossenen Rocaillen geschmückt, die Henkel werden dagegen von Muscheln gehalten, die ebenso wie das durchbrochene Ornament des Deckels noch dem Regence-Stil angehören.

127 WASSERKESSEL MIT RECHAUD. *London 1754, Meister John Berthelot, H. 31,5* — *ehemals Auktionshaus Lempertz, Köln.* — Das mit Blüten und Maskarons besetzte Rechaud und der Kessel mit Tierkopfausguß bestehen aus getriebenen und gegossenen Teilen. Am Henkel dieselben barocken Motive wie an den Beinen, vollendetes Rokoko ist die große Wappenkartusche.

128 HEISSWASSERKANNE MIT RECHAUD. *Dublin 1791, Meister Joseph Jackson, H. 30,2* — *London, Victoria & Albert Museum.* — Die bauchige schlichte Form dieser Kanne ist im englischen Bereich charakteristisch für diesen Gefäßtyp.

128

129 WASSERKESSEL MIT RECHAUD. *Berlin um 1800, Meister Müller, H. 49,4 — Graf H. J. v. Kleist, Hamburg.* — Ein hölzerner Untersatz trägt die schlanken Füße des Kessels. Gegossene Schwäne halten Ketten, die zu Ösen geführt werden, an denen das Spirituslämpchen hängt. Akanthuslaub und Lorbeerfriese, Pinienzapfen und ein umflochtener Stab sind typische Ornamente des Klassizismus.

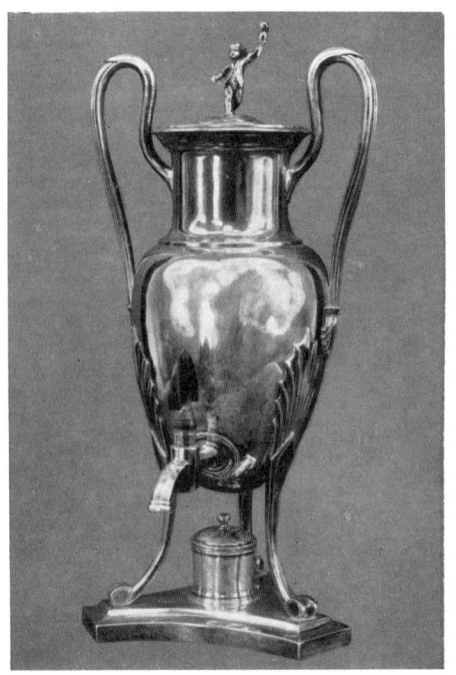

130 SAMOVAR. *Paris 1809—19, MZ. GAB, H. 30 — ehemals Auktionshaus Weinmüller, München.* — Auf einem Sockel stehen die in Voluten endenden Beine, die das amphorenförmige Gefäß tragen. Die Ansatzstellen der Beine sind als Muscheln gebildet, die der Henkel als Palmetten.

114

131

132

131 KAFFEEKANNE. *London 1681, MZ. GG, H. 24,8 — London, Victoria & Albert Museum.* — Diese Kanne mit dem schlanken konischen Körper und dem hohen kegeligen Deckel stellt den Typ dar, der nach der Einführung des Kaffees für Jahrzehnte in England bestimmend war.

132 KAFFEEKANNE. *Vermeil, Rom um 1725, Meister Angelo Spinozzi, H. 23,5 — Kunstgewerbemuseum Berlin-Charlottenburg (Stiftung Preußischer Kulturbesitz).* — Die Kanne mit birnförmigem Körper — achtseitig auf ovalem Grundriß — ist aus gegossenen Teilen zusammengesetzt. Der Henkel und die Maske am Ausguß sind noch barock, das Ornament auf seiner Rückseite gehört dem Regence-Stil an.

133 KAFFEEKANNE. *London 1736, Meister R. Beale, H. 21 — Privatbesitz Hamburg.* — Durch den reichen Rokoko-Dekor ist die strenge Haltung der frühen Formen dieses Typs wesentlich gemildert.

133

134/135 KLEINE UND GROSSE KAFFEEKANNE. *Augsburg 1755—57, Meister Joh. Christoph Engelbrecht, H. 13,5 und 15,5 — ehemals Auktionshaus Weinmüller, München.* — Fuß, birnförmiger Körper und flachgewölbter Deckel sind bei beiden Kannen gleich gestaltet, die Proportionen sind behäbig. Die leicht geschweiften Holzhenkel wurden im rechten Winkel zur Ausgußschnauze, die in einen „Regence-Tropfen" ausläuft, angebracht.

136 KAFFEEKANNE. *Turin um 1750, MZ. BP, H. 26 — Frankfurt/Main, Museum für Kunsthandwerk.* — Der birnförmige Körper steht auf scharf eingezogenem Fuß. Der kräftige harfenförmige Henkel und die Ausgußschnauze sind gegossen. Geschweifte Godronen bedecken die ganze Kanne. Die Arbeit steht Entwürfen Juste Aurel Meissoniers sehr nahe.

137 KAFFEEKANNE. *Paris 1757, Meister Charles Douze, H. 19 — London, Victoria & Albert Museum.* — Die birnförmige Kanne steht auf breit abgeplattetem Bo-

136

137

138

den. Aus einem gepunzten Wellenband steigen kräftige gedrehte Kanneluren auf, das Motiv wird am Deckel wiederholt. Die gegossene Schnauze ist mit einer schönen Rocaille der Kanne angefügt.

138 KAFFEEKANNE. *Vermeil, Bautzen um 1760, MZ. IFF im Dreipaß, H. 16,8 — Frankfurt/Main, Museum für Kunsthandwerk.* — Muschelwerk und Blütenzweige schmücken die Wandflächen der achtkantigen Kanne auf niedrigem Fuß. Der schnabelförmige Ausguß läuft bis zum Fuß herab. Das Deckelscharnier ist seitlich angesetzt.

139 KANNE. *Gold, Wien um 1750, Meister Anton Matthias Domanek, H. 25,7 — Wien, Kunsthistorisches Museum (Aus dem Frühstücksservice der Kaiserin Maria Theresia).* — Vier senkrechte Grate geben dem birnförmigen Körper einen fast rechteckigen Querschnitt. Der senkrechten steht eine ebenso ausgeprägte waagerechte Gliederung gegenüber. Aufgesetzte gegossene Rocaillen betonen die Gliederung.

139

140

142

141

140 KAFFEEKANNE. *Wolfenbüttel um 1765, Meister Heinrich Daniel Weigel, H. 25,7 — Wolfenbüttel, Heimatmuseum.* — Der schlanke birnförmige Körper auf glattem eingezogenen Fuß ist durch gewundene Falten gegliedert. Der schnabelförmige Ausguß endet in einem Tropfengehänge.

141 KAFFEEKANNE. *Augsburg 1773—75, MZ. MvB, H. 19 — Vera Steckner-Crodel, Hamburg.* — Die schlanke birnförmige Kanne wird durch vier Gruppen von je drei Falten, die über einen kräftig vorspringenden Rand auf den Deckel übergreifen, gegliedert. Das Deckelscharnier ist seitlich befestigt, der Ausguß mit einer Klappe abgedeckt.

142 KAFFEEKANNE. *Eutin um 1775, MZ. HHG, H. 18 — ehemals Slg. E. Schliemann, Hamburg.* — Wegen der hochgewölbten Form des Deckels wird dieser Typ Türkenkopfkanne genannt. Charakteristisch ist auch die scharfe Einziehung über dem schalenförmigen Unterteil.

143

144

143 KAFFEEKANNE. *Hamburg um 1770, Meister Joachim Hinrich Rohde, H. 27 —* *Hamburg, Museum für Kunst und Gewerbe.* — Die Türkenkopfkanne ist an Deckel und Ausguß mit ziselierten Blüten und Rocaillen geschmückt, die auch an den gegossenen Tüllen des Henkels verwendet wurden. Der gegossene Deckelknopf hat die Form einer Kelchknospe.

144 KAFFEEKANNE. *Dortmund um 1780, Meister G. C. D. Möllenhoff, H. 31,5 —* *Museum für Kunst und Kulturgeschichte der Stadt Dortmund, Schloß Cappenberg.* — Die glatte birnförmige Kanne ist mit lokkeren, weit herabhängenden Blütenfestons geschmückt, die für den Louis XVI.-Stil bezeichnend sind.

145 KAFFEEKANNE. *Paris 1780, Meister J. C. Roquillet-Desnoyers, H. 24,5 —* London, *Victoria & Albert Museum.* — Drei Huffüße tragen die birnförmige Kanne, die mit ziselierten Rocaillen- und Wellenbändern und geschweiften Falten bedeckt ist.

145

146 KAFFEEKANNE. *Paris 1781, Meister Claude Lacroix, H. 25* — *Kunstgewerbemuseum Berlin-Charlottenburg (Stiftung Preußischer Kulturbesitz).* — Die birnförmige Kanne steht auf drei Volutenfüßen. In den regelmäßigen Doppelreihen der Rocaillen am Bauch und dem oberen Rand machen sich ebenso wie an den Bandschleifen der Blütenzweige klassizistische Elemente bemerkbar, die der Rokoko-Grundform überlagert sind.

147 ZWEI KAFFEEKANNEN. *Augsburg 1785—1787, Meister Joh. Christ. Neuß, H. 19,5 und 25,6* — *Graf H. J. v. Kleist, Hamburg* — Die antikisierenden Zungenornamente am Unterteil der vasenförmigen Kannen und an den Deckeln und Ausgußtüllen sind ebenso wie der Perlkranz und die Festons typische Ornamente des Louis XVI.-Stils.

146

147

148

149

148 KAFFEEKANNE. *Göteborg 1786, Meister Joh. Malmstedt, H. 22,5 — Mora, Anders Zorn Samlingarna.* — Die gegossenen Löwentatzen und die geprägten Eierstäbe an den Rändern sind typische Ornamente der Zeit.

149 KAFFEEKANNE. *Altona um 1790, Meister Joh. Christian Harenberg, H. 14 — A. F. Harmstorf, Wedel/Holstein.* — Dem geschwellt-konischen Gefäß sind im rechten Winkel zueinander die konische Ausgußtülle und der Henkel angefügt. Blattrosetten halten den hölzernen Deckelknopf.

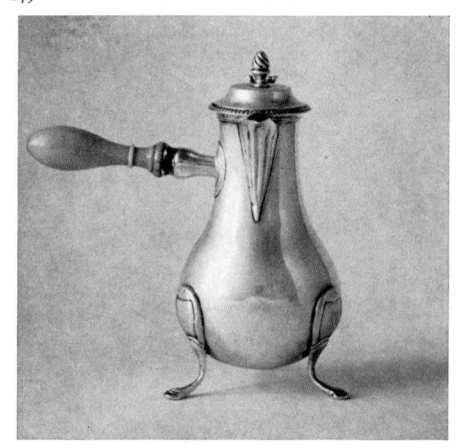

150

150 KAFFEEKÄNNCHEN. *Paris 1798, ohne MZ., H. 16 — Kunsthandel W. Meinz-Arnold, Hamburg.* — Derartige Kannen wurden oft als Paare für Kaffee und heiße Milch gebraucht, wobei die Henkel einmal rechts, beim Gegenstück links angebracht waren.

151 KAFFEEKANNE MIT RECHAUD. *Hamburg um 1795, Meister Joh. Huess, H. 25,5 — Hamburg, Altonaer Museum.* — Die klassizistischen Motive des Gitterrandes und der eckig gebrochenen Voluten an den Füßen sind ebenso typisch für die Zeit wie der zylindrische Körper der Kanne mit der schrägen Tülle.

151

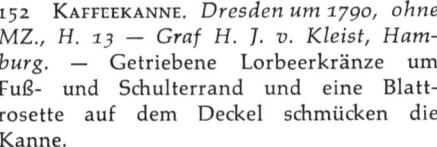

152 KAFFEEKANNE. *Dresden um 1790, ohne MZ., H. 13 — Graf H. J. v. Kleist, Hamburg.* — Getriebene Lorbeerkränze um Fuß- und Schulterrand und eine Blattrosette auf dem Deckel schmücken die Kanne.

153 KAFFEEKANNE MIT FILTEREINSATZ. *Wien 1825, Meister Walbröker, H. 17,6 — Vera Steckner-Crodel, Hamburg.* — Die vorstehenden Ränder sind mit geprägten Kymatien geschmückt, der Ausguß mit einem gegossenen Tierkopf.

154

154 KAFFEE- UND MILCHKANNE. *Würzburg um 1815, Meister Georg Stephan Dörffer, H. 19 und 15,5 — Frankfurt/Main, Museum für Kunsthandwerk.* — Reliefs mit Sphinxen, ein Athenakopf und ein Schwan bilden den Schmuck der Kannen, deren Holzhenkel wie Schlangen geformt sind.

155 KAFFEEKANNE. *Berlin um 1825, MZ. Peters, H. 13,5 — Graf H. J. v. Kleist, Hamburg.* — Ein kräftiger gerippter Wulst und zarte Perlstäbe umziehen die Kanne. Nach dem überreichen Dekor des Empire wird der Schmuck im Biedermeier zurückhaltender.

155

156 KAFFEEKANNE. *Hamburg 1857—63, Firma Brahmfeld & Gutruf, H. 24,5 — Kunsthandel W. Meinz-Arnold, Hamburg.* — Der Schmuck der bauchigen Kanne ist typisch für das sogenannte zweite Rokoko. Regencegitterwerk wird mit C-Schnörkeln und Akanthuslaubwerk verbunden, gegossene Eicheln bilden den Deckelknopf. Der Silberhenkel ist durch eingefügte Beinscheiben gegen Wärme isoliert.

157 KAFFEEKANNE UND SAHNEGIESSER. *Berlin vor 1850, MZ. Strube & Sohn, H. 22 und 5 — Frankfurt/Main, Museum für Kunsthandwerk.* — Die Kontur der glatten

156

Kanne ist besonders schön geschwungen, eine Anleihe an frühere Formen ist der Sporn des Elfenbeinhenkels. Das Sahnekännchen ist sehr gut der Form der Kanne angepaßt.

157

123

158 SCHOKOLADENKANNE. *London 1704, Meister William Fawdery. H. 25,4 — London Victoria & Albert Museum.* — Die Kanne ist im Aufbau den frühen Kaffeekannen verwandt, als Schokoladengefäß ist sie durch die Klappe auf dem Deckel gekennzeichnet, durch die der Quirl gesteckt wurde. Ausgeschnittene Regence-Ornamente umgeben die Ansatzstellen der gegossenen Ausgußschnauze und der Tüllen des rechtwinklig zum Ausguß angesetzten Henkels.

159 SCHOKOLADENKANNE. *Caen um 1770, MZ. DD, H. 20 — ehemals Auktionshaus Arne Bruun Rasmussen, Kopenhagen.* — Auch bei dieser Kanne entspricht die Form der der gleichzeitigen Kaffeekannen. Das Loch für den Quirl wird durch den Deckelknopf verdeckt, der zur Seite bewegt werden kann.

160 HEISSWASSERKANNE. *London 1777, Meister Walter Tweedie, H. 20* — *Kunsthandel W. Meinz-Arnold, Hamburg.* — Glatte Birnform auf niedrigem Standring. Durch den meist mit gespaltenem Peddigrohr umflochtenen Henkel und ihre im ganzen leichtere Konstruktion sind die Heißwasserkannen von den Kaffeekannen unterschieden.

161 WASSERKESSEL. *Kopenhagen 1786, Meister Thomas Andreas Westrup, H. 25 (mit Henkel)* — *ehemals Auktionshaus Arne Bruun Rasmussen, Kopenhagen.* — Der breit ausladende Kessel und sein Deckel werden durch wellenförmig geschweifte Falten gegliedert, die Schulter ist mit breiten Godronen geschmückt. Die Knospe auf dem Deckel und der gegossene Tierkopfausguß sind kennzeichnend für die klassizistischen Züge des Louis XVI.-Stils.

162 TEEKANNE. *Dublin 1715, Meister Anthony Stanley, H. 16,5 — London, Victoria & Albert Museum.* — Die Kanne von gedrungener Birnform hat eine zwölfkantig gebrochene Wandung, die Schnauze ist S-förmig geschwungen. Einfache Profile betonen die Schulter und die Ränder von Kanne und Deckel.

163 TEEKANNE MIT RECHAUD. *London 1705, Meister Simon Pantin, H. 14,9 — London, Victoria & Albert Museum.* — Der hochgewölbte Deckel der gedrungen-birnförmigen Kanne ist mit stilisierten Blättern belegt, der untere Teil der gegossenen Ausgußschnauze ist mehrkantig geformt. Die gegossenen S-förmigen Füße des Rechauds haben in der Mitte eine gratige Verdickung, zur Wärme-Isolierung sind sie auf Holzklötzchen gesetzt.

164 TEEKANNE. *Paris 1732, ohne MZ., H. 14,5 — London, Victoria & Albert Museum.* — Die birnförmige Kanne ist am Boden stark abgeflacht. Senkrecht verlaufende Falten gliedern Wandung und Deckel. Das ziselierte Ornament zeigt am Henkelansatz und der Tülle bereits Rocaille-Formen.

165 TEEKANNE. *Düsseldorf um 1740, MZ. unbekannt, H. 12 und Teekanne, Augsburg 1712—13, Meister Esaias Busch, H. 10 — beide ehemals Auktionshaus Lempertz, Köln.* — Die Gestaltung ist im Prinzip gleich, die größere Kanne hat auf flacherem Deckel einen Holzknopf. Ihre Wandung ist mit gravierten Regence- und Rokoko-Ornamenten geschmückt.

166 TEEKANNE. *Nürnberg um 1735, MZ. FBF, H. 14,3 — Privatbesitz Hamburg.* — Die elegant geführten Falten lassen die Kanne besonders schlank erscheinen, der schmalere Ausguß unterstützt diesen Eindruck.

167 TEEKANNE. *Danzig 1749, Meister Schlaubitz, H. 18 (mit Henkel) — Nürnberg, Germanisches Nationalmuseum. —* Der ausgefallene würfelförmige Körper läßt ein ostasiatisches Vorbild vermuten. Der S-förmige Ausguß ist wie bei den in dieser Zeit üblichen Kannen geformt, die Füßchen erinnern an Möbelfüße.

168 TEEKANNE. *Den Haag 1774, Meister Joh. van der Toorn, H. 15,2 — Hamburg, Museum für Kunst und Gewerbe. —* Die kugelige Kanne ist wie eine Melone gebildet, der Ausguß hat eine warzige Oberfläche wie ein Pflanzenstengel, Blätter bilden die Füße, eine Blattrosette den Deckel. Auch für diese Kanne dürfte ein ostasiatisches Porzellangefäß Vorbild gewesen sein.

169 TEEKANNE. *Kopenhagen 1777,*
Meister Andreas Rymand, H. 12,3 —
ehemals Auktionshaus Arne Bruun
Rasmussen, Kopenhagen. — Eine
quadratische Platte trägt den runden
Fuß der kugeligen Kanne, die mit
einem gebundenen Kranz, Godronen, einem Blattfries, Lotosknospen,
Perlstab und einer Lorbeerrosette
geschmückt ist. Der gegossene Tier-
kopf-Ausguß und der in Tierform
geschnitzte Henkel vollenden diesen
klassizistischen Dekor.

170 TEEKANNE. *Newcastle 1796,*
Meister John Langlands jr., H. 16,5
— Kunsthandel W. Meinz-Arnold,
Hamburg. — Die senkrechte Wand
über geschweift-ovalem Grundriß
und der tief angesetzte konische
Ausguß kennzeichnen einen verbreiteten Typ der englischen Teekannen
am Ende des 18. Jahrhunderts.

171 TEEKANNE. *Edinburgh 1823,*
Meister Alexander Edmonton, H. 11
— Kunsthandel W. Meinz-Arnold,
Hamburg. — Der glatte Körper der
Kanne ist stark gedrückt. Die kurze
breite Ausgußschnauze und der
Deckel fügen sich harmonisch der
Gesamtform ein.

172 TEESERVICE. *Augsburg um 1700, Vermeil und Email, Meister Philipp Küsel, LS und unbekannter Meister. — Hamburg, Museum für Kunst und Gewerbe. —* In einem achteckigen Kasten, der mit Sämischleder gefüttert ist, liegt das Service, das aus Teekanne, Teebüchse, zwei Dosen und zwei Tassen mit Untertassen besteht. (vgl. Farbtafel 3).

173 REISETEESERVICE. *London 1814, MZ. MS, H. 12,4 (Teekanne) — London, Victoria & Albert Museum. —* Das Service wurde in der Kampagne von Waterloo vom Herzog von Wellington benutzt. Die drei Teile haben die gleiche Schalenform, die Henkel können abgenommen und Sahnekanne und Spülkumme in die Teekanne gesetzt werden.

174 SAHNEKANNE. *London 1740, Meister John Pollock, H. 9 — Kunsthandel W. Meinz-Arnold, Hamburg.* — Die birnförmige Kanne auf drei gegossenen Füßchen hat einen lebhaft geschweiften Rand, der gegossene Henkel ist aus drei C-Schwüngen zusammengesetzt.

175 SAHNEKANNE. *Dublin um 1760, Meister William Hughes, H. 10,2 — London, Victoria & Albert Museum.* — Löwenmasken schmücken die Ansatzstellen der Füße, ein profilierter Ring umzieht die Kanne, deren Ausguß weit ausgezogen ist.

176 SAHNEKANNE. *Bergen 1794, Meister Andreas Blytt, H. 11,5 — Kunsthandel W. Meinz-Arnold, Hamburg.* — Die glatte Kanne von klassizistischer Form wird von einem plastischen Mäanderband umzogen. Der aus zwei Zweigen zusammengefügte Henkel ist mit gegossenen Blättern dem Gefäß angefügt.

177 SAHNEKANNE. *Hannover um 1820, Meister Matthias, H. 9 — ehemals Privatbesitz, Hamburg.* — Im Gegensatz zu den mit Schmuckformen überladenen Geräten der frühen Empirezeit setzten sich gegen ihr Ende glatte Formen durch, die in Aufbau und Umriß an antike Gefäße angelehnt sind.

178 MILCHKANNE. *Berlin um 1825, zwei MZ. übereinander, H. 17,8 — Graf H. J. v. Kleist, Hamburg.* — Die klassizistische Kanne mit hochgezogenem Henkel ist an Fußrand und Schulter von einem geprägten Flechtband, bzw. Palmettenfries umzogen, ein Perlstab und Godronen bilden den weiteren Schmuck.

179   180

179 TEEDOSE. *London 1735, Meister Jonathan Newton, H. 13 — Kunsthandel W. Meinz-Arnold, Hamburg.* — Die senkrechten Wände des an den Schmalseiten abgerundeten Behälters sind am Fuß und an der Schulter profiliert. Der zylindrische Hals hat eine gewölbte Verschlußkappe mit gegossenem Deckelknopf. Zum Nachfüllen kann der Boden seitlich herausgezogen werden.

180 TEEDOSE. *Dresden 1734, Meister Christian Gottlob Irminger, H. 10,7 — Graf H. J. v. Kleist, Hamburg.* — Das glatte rechteckige Gefäß hat eine leicht gewölbte Oberseite, in deren Mitte der flache zylindrische Verschluß eingefügt ist.

181 TEEDOSE. *Hamburg um 1745, die Dekoration von Joh. Friedrich Schröder, datiert 1797, H. 13,2 — Slg. Th. Horst, Hamburg.* — Der rechteckige, an den Kanten abgefaste Körper der Dose steigt in einem Buckel auf, dem der zylindrische Verschluß aufgesetzt wurde. Der in naiver Manier gravierte Dekor zeigt Formen des späten Louis XVI.-Stils.

181

133

182 TEEDOSE. *Hamburg um 1770, MZ. AS., H. 14,3 — Hamburg, Museum für Kunst und Gewerbe.* — Die Dose hat die gleiche Form wie die auf Abb. 181. Die Verschlußhaube ist von einer gegossenen Blume bekrönt, Rocaillen und Blütenzweige wurden in die Wandung graviert.

183 TEEDOSE. *Itzehoe um 1780, Meister Hinrich David Rieck, H. 8,6 — Kunsthandel W. Meinz-Arnold, Hamburg.* — Der rechteckige Kanister hat einen Schiebedeckel, der mit einem kleinen Balusterknopf versehen ist.

184 TEEBÜCHSE. *London 1773, Louisa Courtauld & George Cowles, H. 8,9 — London, Victoria & Albert Museum.* — Der würfelförmige Caddy ist an den Kanten mit Mäanderbändern besetzt, drei Seiten sind mit chinesischen Schriftzeichen geschmückt, die vierte trägt ein Wappen, über dem ein Schloß für den Schiebedeckel mit Blütengriff eingebaut wurde.

182

183

184

185 SCHRAUBFLASCHE. *Stuttgart um 1640,
Meister Jeremias Peffnhauser, H. 30,2 —
Göteborg, Rösska Konstslöjdmuseet.* — Die
zylindrische Dose auf drei Kugelfüßen zeigt
auf der Wandung eine Reliefdarstellung
vom Tode Gustav Adolfs von Schweden
in der Schlacht bei Lützen. Der Griff des
Schraubdeckels ist mit einem Scharnier befestigt. Auf die Wülste an der Flasche und
am Deckel wurden Akanthusfriese ziseliert.

186 FLASCHE. *Vermeil, Paris 1669, MZ.
PDN mit Lilie, H. 17,5 — London, Victoria & Albert Museum.* — Die gegossene
quadratische Flasche ist auf den vier Seiten
mit einem symmetrisch aufgebauten Blütenzweig auf gepunztem Grund geschmückt.

187 DECKELDOSE. *Vermeil, Augsburg um
1670, MZ. MP im Kreis, H. 13 — Frau v.
Schenck, Landsberg/Lech.* — Die Wandung
der zylindrischen Dose und der Deckel mit
dem Knopf in Gestalt eines stilisierten
Pinienzapfens sind mit einem Flächenmuster von flachen Pyramiden, dem sogenannten Diamantschnitt, bedeckt.

186

185

187

188 SCHRAUBFLASCHE. *Breslau um 1670,
Meister Hans Jachmann, H. 15 (ohne Griff)
— Frankfurt/Main, Museum für Kunsthandwerk.* — Die über den drei Kugelfüßen runde Flasche wird durch sechs ovale
Buckel in einen sechspassigen Querschnitt
übergeführt, die ziselierten Blumen gehören
zu den beliebtesten Schmuckformen der
Zeit.

189 SCHRAUBFLASCHE. *Breslau um 1670,
MZ. unbekannt, H. 12,5 — ehemals Auktionshaus Lempertz, Köln.* — Sechspassige
Form ohne Fuß, an der Schulter waagerecht
eingezogen. Den Schmuck der Wandung
bilden ähnliche Blumen wie bei Abb. 188.

190 DOSE. *Vermeil und Email, Nürnberg
um 1650, Emailplatten von Georg Strauch,
H. 15 — Besitz v. Stumm, Christianenthal.*
— In die Wandflächen der quadratischen
Dose mit abgeschrägten Kanten, die mit
Regenceornamenten belegt sind, wurden
Kupferplatten mit weißgrundigem Maler-
email eingelassen. In leuchtenden Farben
sind Früchte, Blüten und Vögel dargestellt.

191

192

193

191 ZUCKERSCHALE. *Wien 1742, Meister Fr. Ignat Muethreich, H. 8,5 — ehemals Auktionshaus Weinmüller, München.* — Die geschwungene Schale und der gewölbte Fuß sind passig geschweift.

192 ZUCKERSCHALE. *Dublin um 1760, Meister William Thompson, H. 6,6 — London, Victoria &Albert Museum.* — Eigenartig ist an dieser Schale die Verbindung der Rocaillen, C-Schnörkel und Blüten auf der Wandung mit den gegossenen Löwenmasken der Füße.

193 ZUCKERSCHALE. *München 1825, Meister Louis Wollenweber, Dm. 16,2 — Kunsthandel W. Meinz-Arnold, Hamburg.* — Kugelige Schale auf profiliertem Fuß, am oberen Ring des Fußes und dem Schalenrand geprägte Bänder mit Palmetten, bzw. Blüten.

194 ZUCKERKORB MIT BLAUEM GLASEINSATZ. *London 1772, MZ. CH, H. 9,2 — London, Victoria & Albert Museum.* — Mehrere Reihen des gleichen Gittermusters durchbrechen die Wandung von Fuß und Korb, vier Festons hängen von seinem Rande herab.

194

195 ZUCKERSCHALE. *Hapsal/Estland um 1760, Meister Christian Friedrich Nürnberg, B. 14,3 — Slg. Th. Horst, Hamburg.* — Die Wandung der ovalen Schale auf vier gegossenen Füßchen wird durch acht senkrechte Rillen gegliedert, der Rand ist in einem Regencemuster ausgezackt.

196 ZUCKERSCHALE. *Stockholm 1764, Meister Isak Sauer, B. 22 — ehemals Auktionshaus Arne Bruun Rasmussen, Kopenhagen.* — Stark gewundene Falten durchziehen die Wandung der ovalen Schale auf vier gegossenen Füßen. Die Griffe an den Schmalseiten sind mit ziselierten Rocaillen besetzt.

197 ZUCKERSCHALE. *London 1800, Peter, Anne & William Bateman, B. 13 — Privatbesitz Düsseldorf.* — Auf quadratischer Platte und rundem, stark eingezogenem Fuß steht die schiffchenförmige Schale mit hohem beweglichen Bügelhenkel. Die Form dieser „Sugarboats" war um 1800 in England sehr beliebt.

198 ZUCKERDOSE. *London, 1683, MZ. JS,
B. 21,6 — London, Victoria & Albert Museum.* — Die ovale Dose mit bauchiger
Wandung steht auf Volutenfüßchen. Der
Klappdeckel mit profiliertem Rand kann
durch ein Vorhängeschloß gesichert werden. Auf Rand und Deckel sind Chinoiserien mit Vögeln graviert, ein geringel-
ter, schlangenförmiger Draht ist als Griff
auf den Deckel gelötet.

199 ZUCKERDOSE. *Paris 1732, MZ. ILD,
H. 14 — London, Victoria & Albert Museum.* — Die hohe Dose auf rundem Fuß
und der über einer Einziehung breit ausladende Deckel sind durch senkrechte Falten gegliedert. Stabbündel und Blütenfestons an Bandschleifen bilden den
Schmuck, der gegossene Deckelknopf ist
aus drei Muscheln und einer Knospe zusammengesetzt (vgl. Teekanne Abb. 164).

200 ZUCKERDOSE. *Leipzig um 1760, ohne
MZ., B. 12,5 — Frau v. Schenck, Lands-
berg/Lech.* — Die Wandung der ovalen
Dose und der Deckel haben geschweifte
Umrisse und sind mit ziselierten Blumen
bedeckt. Ein gegossener Blütenzweig dient
als Griff.

201 ZUCKERDOSE. *Danzig um 1745, MZ, IÖD, B. 14 — Slg. Th. Horst, Hamburg.* — Das Kästchen hat einen lebhaft bewegten Grundriß, der senkrechten Zarge ist ein Deckel aufgesetzt, in dessen Wulst die Grundrißgliederung in Falten weitergeführt wird. Auf die Deckelfläche wurden Rocaillen graviert, die gegossenen Füße zeigen noch Regence-Formen.

202 ZUCKERDOSE. *Rostock um 1745, MZ. VVM, B. 23 — Vera Steckner-Crodel, Hamburg.* — In der Gestaltung des Grundrisses und des Deckels ist diese Dose sehr ähnlich der oben abgebildeten (Abb. 201). Auch diese Dose ist mit einem Schloß versehen. Die niedrigen Füße sind gespalten und in zwei Voluten aufgerollt, an den Schmalseiten sind zwei gegossene Scharnierhenkel angebracht.

203 ZUCKERDOSE. *Moskau 1755, MZ. undeutlich, B. 21 — ehemals Auktionshaus Weinmüller, München.* — Bauchig ovale Form mit gewölbtem, profiliertem Deckel auf vier Volutenfüßen. Senkrechte Falten werden von ziselierten Blüten und Rocaillewerk auf Wandung, Deckelwulst und Deckelfläche überspielt.

204 ZUCKERDOSE. *Berlin 1750, Meister Christian Ludwig Pintsch, im Dreipaß, B. 13 — Slg. E. Schliemann, Hamburg.* — Ovale Form mit bauchig geschweifter Wandung und Klappdeckel. Die vier gegossenen Füße enden in Muscheln, breite ziselierte Rocaillen schmücken die Langseiten von Dose und Deckel.

205 ZUCKERDOSE. *Rostock um 1760, Meister Carl Wilhelm Michaelis, B. 14,5 — Privatbesitz Hamburg.* — Ovale Dose mit bauchiger Wandung, geschweifte Falten gliedern Unterteil und Deckel, auf dem sie in der Mitte zusammenlaufen. Die Abbildung zeigt das Scharnier der Rückseite.

206 ZUCKERDOSE. *Marseille 1763, MZ. FEF, B. 16 — ehemals Auktionshaus Arne Bruun Rasmussen, Kopenhagen.* — Die ausladend geschweifte und am Deckel reich profilierte Dose hat vier gegossene Beine, seitliche Griffe und einen Deckelknopf in der Gestalt von Blütenzweigen, Blättern und Früchten.

207 ZUCKERDOSE. *Marseille 1775, Meister J. Allies, H. 15 — Privatbesitz Hamburg.* — Die ziselierten Rocaillen auf der im Querschnitt runden Dose sind in ihrer gleichmäßigen Reihung typisch für den Stil der „Transition", des Übergangs vom Rokoko zum Louis XVI.-Stil, dem die gravierten Motive angehören.

208 ZUCKERDOSE. *Madrid um 1770, MZ. JSFI im Rhombus, B. 19 — ehemals Auktionshaus Weinmüller München.* — Die bauchige Dose ohne Füße hat einen flachen Boden, der flach ansteigende profilierte Deckel ist mit einer ebenen Fläche geschlossen.

209 ZUCKERDOSE. *Petersburg 1776, MZ. ICH, B. 16 — ehemals Auktionshaus Weinmüller, München.* — Die Dose ist innen vergoldet. Die übliche Grundform wird durch Falten, die auf der Wandung und dem Deckel in entgegengesetzter Richtung geschweift sind, gegliedert.

210 ZUCKERDOSE. *Karlstadt 1787, Meister Wilhelm Smedberg, H. 18,8 — London, Victoria & Albert Museum.* — Das Unterteil der Dose mit den hochgezogenen Henkeln ist in Anlehnung an einen antiken Kantharos gestaltet. Perlstäbe, ein Lorbeer- und ein Palmettenfries und der Pinienzapfen als Deckelknopf sind typische Motive des Klassizismus, der hier vom englischen Adam-Style beeinflußt wird.

211 ZUCKERDOSE. *Norrköping 1788, Meister Anders Brandt, H. 24,2 — ehemals Auktionshaus Arne Bruun Rasmussen, Kopenhagen.* — Die Grundform ist die gleiche wie auf der nebenstehenden Abbildung. Durch die gerundeten Henkel und das schlankere Unterteil wirkt die Dose zierlicher. Als Deckelknopf dient eine Blattrosette in einer Vase, der Wandung ist ein gegossenes Medaillon aufgesetzt.

212 ZUCKERDOSE. *Breslau 1808, Meister Andreas Gottfried Petsch, B. 16,2 — Vera Steckner-Crodel, Hamburg.* — Die rhombische Dose ist auf dem schwach gewölbten Deckel mit einem Drahtgeschlinge belegt, das in einer Blüte zusammenläuft. Der obere Rand wird von einem geprägten Fries umzogen, zwei Sterne flankieren das Schlüsselloch. Die vier Füße erinnern an Möbelfüße.

213 TREMBLEUSE. *Vermeil, Augsburg 1755—57, Meister Joh. Jacob Adam, B. 25,5 — Kunstgewerbemuseum Berlin-Charlottenburg (Stiftung Preußischer Kulturbesitz)* — Der getriebene und ziselierte Untersatz in Form von drei Blättern trägt zwei Fassungen aus durchbrochenem Rocaillenwerk, in die eine Tasse aus Meißner Porzellan und ein geschliffenes Glas eingesetzt sind. Ein aus Blüten und Blättern zusammengesetzter Schaft trägt ein Blatt, das zur Aufnahme von Backwerk oder Zuckerwerk diente.

214 TREMBLEUSE. *Vermeil, Augsburg 1755—57, Meister Joh. Jacob Adam, B. 24 — Kunsthandel Herbert M. Ritter, München.* — Der Untersatz ist aus zwei Blättern gebildet, die am Rand stellenweise mit C- und S-Schnörkeln besetzt wurden. Die Fassungen für Tasse und Glas sowie der Griff des Untersatzes sind aus Rocaillen und Blüten gefügt.

144

215   216

215 DECKELVASE. *London 1675, MZ. WW
mit Lilie, H. 35,9 — London, Victoria & Albert Museum.* — Die Grundform der reich
mit Akanthuslaub und Blüten auf punziertem Grund geschmückten Vase ist von
Porzellan- und Fayence-Gefäßen bestimmt.

216 DECKELVASE. *Berlin um 1785, MZ. IS,
H. 25,5 — Graf H. J. v. Kleist, Hamburg.* —
Die Patera-Ornamente am eingezogenen
Fuß und die Gestaltung der Gitter am
durchbrochenen Korb zeigen den Einfluß
des Adam-Stils.

217 TAFELAUFSATZ IN POKALFORM. *Berlin
um 1820, Meister Gottlob Ludwig Howaldt,
H. 22,3 — Graf H. J. v. Kleist, Hamburg.* —
Drei gegossene, befiederte Adlerklauen tragen den Sockel mit Akanthusfries, auf dem
drei Delphine die mit Lorbeerfriesen geschmückte Doppelhenkelvase halten.

217

218 TAFELAUFSATZ. *Augsburg 1757—59,
MZ. LR, B. 55 — Frankfurt/Main, Museum
für Kunsthandwerk.* — Auf eine achtfach
geschweifte, von Rocaillefüßen getragene
Sockelplatte wurde in der Mitte eine Laube
aus Gitterwänden gesetzt. Wein- und Blütenranken wachsen an ihr empor, ein von
Gitterrocaillen getragener Korb bildet ihr

Dach. Inmitten der Laube steht eine Gärt-
nerin, vor ihr auf den Knien liegt ein
Gärtner. Links von der Laube ist ein
Springbrunnen mit Delphinen, rechts ein
bepflanzter Blumentopf aufgestellt. An den
Laubenwänden und hinter der Gärtnerin
Putten mit Gartengeräten.

219 BLAKER. *Augsburg 1737—39, Meister Joh. Ludwig Biller, H. 58 — Frankfurt/Main, Museum für Kunsthandwerk.* — Reiches Muschelwerk in den Formen des frühen Rokoko, noch mit Akanthuslaub durchsetzt, umgibt die blanken, kartuschenförmigen Mittelfelder der Blaker, über denen eine Krone schwebt. Posauneblasende Engel sind zu beiden Seiten angeordnet. Am unteren Teil der Rahmung wurden die zwei Kerzenarme angebracht, die auf blattwerkbesetzten Stielen kelchförmige Tropfschalen und Tüllen tragen. Die asymmetrische Komposition des einzelnen Blakers wurde bei dem Gegenstück des Paares in spiegelbildlicher Umkehrung verwendet.

220

220 KANDELABER. *Berlin um 1825, Meister J. W. Peters, H. 62,8 — Graf H. J. v. Kleist, Hamburg. —* Auf einer quadratischen Fußplatte tragen vier Adlerfüße eine kannelierte Säule mit korinthischem Kapitell, Adlerköpfe an der Basis halten Festons. Auf der Säule tragen drei Delphine die Arme mit den Tropftellern und Tüllen. An den Knauf des in der Mitte stehenden sind die sechs äußeren mit Akanthusspiralen geschmückten, angefügt.

221 GIRANDOLEN. *Kopenhagen 1739, Meister Niels Johnsen, H. 30 — ehemals Auktionshaus Arne Bruun Rasmussen, Kopenhagen.* — Auf passig geschweiftem, von Falten durchzogenen Fuß erhebt sich der schlanke, in seinem oberen Teil achtseitig gebrochene Balusterschaft, dem radial mit S-förmig gekrümmten Armen die Tüllen mit breiten Tropftellern angefügt wurden. Ein reichprofilierter Zapfen überhöht die Ansatzstelle am Schaft.

222 GIRANDOLEN. *Amsterdam 1770, Meister J. Siotheling, H. 42 — Privatbesitz, Hamburg.* — Fuß und gestreckter Balusterschaft sind mit Muschelwerk und Blüten geschmückt. Die drei über einem waagerechten Blattkelch aus einem gemeinsamen Schaft sich entwickelnden Leuchterarme haben die raumgreifenden Bewegungen lebender Pflanzenranken.

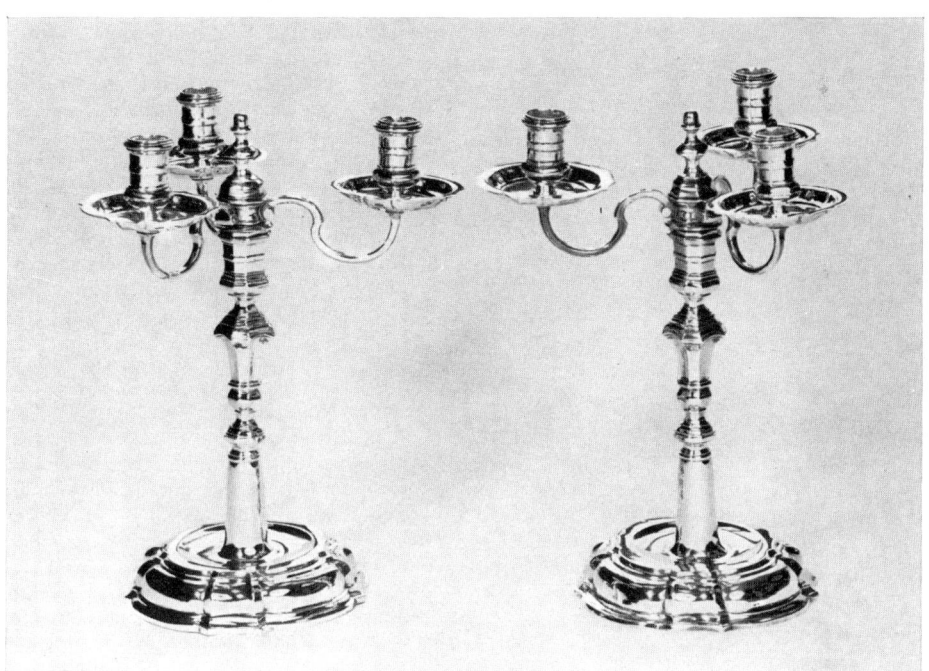

221

222

149

223 GIRANDOLE. *Kopenhagen 1781, Meister Thomas Andreas Westrup, H. 40 — ehemals Auktionshaus Arne Bruun Rasmussen. Kopenhagen.* — Auf quadratischer Plinthe steht eine mit Festons geschmückte Basis, dem eingezogenen Sockel ist der Schaft mit gedrehten Riefeln aufgesetzt. Zwei vasenförmige Knäufe folgen darüber, dem oberen sind die Arme angefügt, deren Tüllen die gleiche Vasenform haben wie der untere Knauf. Drei Blätter und eine Blüte bilden die Bekrönung.

224/225 GIRANDOLEN. *Drei- und zweiarmig, Augsburg 1787—89, Meister Joh. Christian Neuß, H. 51,6 und 47,2 — Graf H. J. v. Kleist, Hamburg.* — Ein Lorbeerkranz umzieht die Basen, auf denen die glatten Plinthen ruhen, daraus steigen die kannelierten Schäfte auf, die am oberen Ende mit langen Gehängen geschmückt sind. Ein glattes Zwischenstück trägt die Arme, deren seitliche eine mäanderartige Brechung haben. Ein Vasenknauf in der Mitte trägt einen Strauß oder nimmt die dritte Kerzentülle auf.

223

224

225

150

226 227

226 LEUCHTER. *Middelburg um 1690, MZ.
PE, H. 23,5 — London, Victoria & Albert
Museum.* — Aus der quadratischen abgeschrägten Platte mit eingetiefter Mitte
steigt ein kurzer runder Sockel, der einen
quadratischen Nodus mit quadratischem
Schaft und ebensolchem Tropfteller trägt.
Ziselierte Blätter und ausgesägte Ornamente dienen als Schmuck.

227 LEUCHTER. *Paris 1706, Meister Louis
Dupérier, H. 21,5 — London, Victoria &
Albert Museum.* — Die quadratische, an
den Ecken stark abgeschrägte Platte trägt
auf rund eingetiefter Mitte den achtseitig
gebrochenen Balusterschaft. Der Fuß ist
getrieben, der Schaft gegossen. Der ziselierte Schmuck besteht aus Bandelwerk,
Perlstäben und Blattkränzen.

228 LEUCHTER. *Rom um 1720, ohne MZ.,
H. 12,7 — Frau v. Schenck, Landsberg/
Lech.* — Die Mitte der flachen, achtfach
geschweiften Fußplatte mit Wulstrand
steigt kegelförmig auf, darauf steht der
kurze Balusterschaft mit hoher Tülle.

228

230

229

229 LEUCHTER. *Paris 1723, Meister Daniel Coppin, H. 21 — London, Victoria & Albert Museum.* — Der achtseitige, reichprofilierte Fuß trägt auf stumpf-kegelförmigem Sockel den achtseitigen Balusterschaft.

230 LEUCHTER. *Dublin 1726, ohne MZ., H. 15,3 — London, Victoria & Albert Museum.* — Der achtseitige prismatische Fuß trägt den achtseitigen Schaft mit runder Tülle.

231 LEUCHTER. *London 1728, MZ. undeutlich, H. 11,4 — Kunsthandel W. Meinz-Arnold, Hamburg.* — Einer runden Eintiefung des sechsseitigen Fußes entsteigt ein Kegelstumpf mit rundem Nodus, der Balusterschaft mit runder Tülle ist sechsseitig.

232 LEUCHTER. *Emden 1743, Meister Joh. Schuirmann, H. 18,6 — Besitz des Verfassers.* — In die Ecken des quadratischen Fußes sind kräftige Doppelwülste eingefügt. Aus rund eingetiefter Mitte steigt ein schlanker Sockel, der den achtkantigen Balusterschaft mit kräftiger Tülle trägt.

231

232

233 LEUCHTER. *Halle/ Saale?, Mitte des 18. Jahrhunderts, H. 17,5 — ehemals Auktionshaus Lempertz, Köln.* — Die Ecken des besonders hoch getriebenen Fußes sind mit breiten Doppelwülsten versehen. Ein schlanker Kegelstumpf trägt den achtseitigen Schaft, dessen Nodus auf vier Seiten gekehlt ist.

233

234 LEUCHTER. *Preetz um 1765, Meister Peter Gerhard Johannsen, H. 14 — A. F. Harmstorf, Wedel/ Holstein.* — Quadratischer Fuß mit abgeschrägten Ecken. Der Kegelstumpf, der den achtseitigen Balusterschaft trägt, hat einen schmalen profilierten Ring.

234

235 LEUCHTER. *Preetz um 1770, Meister Peter Gerhard Johannsen, H. 14 — Kunsthandel W. Meinz-Arnold, Hamburg.* — Die runde Fußplatte mit aufgelötetem Rand. Ein Kegelstumpf trägt den Schaft, dessen oberer Nodus an vier Seiten gekehlt ist.

236 LEUCHTER. *Paris 1752, Meister Louis Joseph Lehendrick, H. 28 — ehemals Auktionshaus Lempertz, Köln.* — Ein flacher Fußrand ist durch plastische Ornamente mit dem glockenförmigen Sockel verbunden, über flachem Nodus Balusterschaft mit kräftiger Tülle und Tropfschale, Muschelwerk, Akanthus und Blüten als Schmuck.

235

236

153

237 LEUCHTER. *Amsterdam 1766, Meister Joh. Siotheling, H. 26 — Amsterdam, Rijksmuseum.* — Der hohe glockenförmige Fuß trägt über einer scharfen Einziehung den schlanken Balusterschaft. Die Tülle mit dem waagerechten Tropfteller hat die Form eines Blütenkelches. Gewundene Falten schmücken den ganzen Leuchter, die der Tülle sind denen des Schaftes entgegengesetzt gedreht. Außer den Falten dienen nur wenige Blüten und Rocaillen als Dekoration.

238 LEUCHTER. *Dresden um 1765, Meister C. D. Schrödel, H. 23,4 — Slg. E. Schliemann, Hamburg.* — Eine hohe Zarge trägt den sechspassig geschweiften Fuß, dem eine Rosette aus sechs geschweiften Blättern aufgelegt ist, wie sie ähnlich am Balusterknauf des Schaftes und der Tülle wiederkehren. Auffällig ist die hohe Zarge des Fußes.

Rechte Seite:

239 LEUCHTER. *Hamburg um 1770, Meister Joh. Conrad Otersen, H. 23 — Hamburg, Museum für Kunst und Gewerbe.* — Der ausladend-glockenförmige Fuß, mit gewundenen Falten, Muschelwerk und Blüten bedeckt, trägt Schaft und Tülle, die auf gleiche Weise geschmückt sind.

240 LEUCHTER. *Gotha um 1770, MZ. GA, H. 10,9 — Vera Steckner-Crodel, Hamburg.* — Geschweifte Falten gliedern das schalenförmige Unterteil auf senkrechtem Fußring und den Schaft. Ein schlanker Kegelstumpf trägt den niedrigen Baluster, der unter dem Nodus stark eingezogen ist.

154

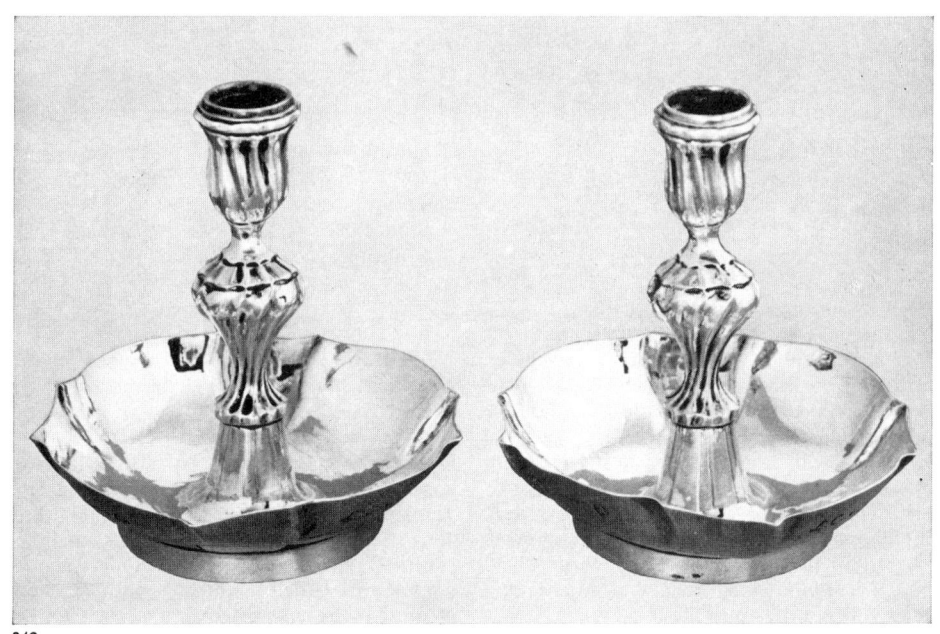

239

240

241 LEUCHTER. *Berlin um 1775, MZ. IS und Müller, H. 21,6 — Graf H. J. v. Kleist, Hamburg.* — Ein Lorbeerkranz umzieht den Wulst des niedrigen glockenförmigen Fußes. Auf seinem oberen Teil halten Widdermasken Tuchfestons. Ein godronierter flacher Knauf leitet über zum vierkantigen, nach oben ,breiter werdenden Schaft, der mit Blütenrosetten und Festons geschmückt ist, die an den Ecken durch Ringe geführt sind. Die Tülle wird von einem Akanthuskelch umfaßt.

242 LEUCHTER. *Sheffield 1774, G. Ashforth & Co., H. 29,2 — London, Victoria & Albert Museum.* — Widdermasken halten auf der breiten Kehlung des quadratischen Sockels Festons. Ein niedriges, mit Pateren besetztes Zwischenstück trägt den kannelierten Schaft, der zur Mitte hin eingezogen und mit einem Flechtband versehen ist. Vier langgestreckte Bocksfüße am Schaft tragen Widdermasken. Die runde kannelierte Tülle ist am unteren Ende von einem Mäander umzogen.

243 LEUCHTER. *Augsburg 1793—95, MZ.*
FB in Ligatur, H. 25,5 — Graf H. J. v.
Kleist, Hamburg. — Aus der quadratischen
Fußplatte steigt ein glockenförmiger, mit
Lorbeerblättern besetzter Sockel, der den
kannelierten Schaft mit einer kleinen qua-
dratischen Deckplatte trägt. Die Tülle ist
vasenförmig und mit Festons behängt.

244 LEUCHTER. *Braunschweig um 1795,*
Meister Joh. Balthasar Meyer, H. 26 — Slg.
E. Schliemann, Hamburg. — Die reine Ro-
koko-Form dieser Leuchter ist für die Zeit
ungewöhnlich. Typisch für die Braun-
schweiger Herkunft ist die Form des drei-
passig geschweiften, hoch aufsteigenden
Fußes.

243

244

245

246

245 (links) LEUCHTER. *Porto um 1800, MZ. FG, H. 19 — ehemals Auktionshaus Weinmüller, München.* — Godronen schmücken Fuß und Tülle, Kannelierungen den Schaft der klassizistischen Leuchter.

245 (rechts) LEUCHTER. *Frankfurt/Main 1800, Meister Wilhelm Conrad Hessenberg, H. 20 — ehemals Auktionshaus Weinmüller, München.* — Die glatten Füße von ovalem Grundriß tragen die polygonalen Schäfte, die mit Lorbeer- und Weinlaubfriesen geschmückt sind.

246 (links) LEUCHTER. *Kassel um 1820, Meister Georg Friedr. Weigel, H. 21 — ehemals Auktionshaus Weinmüller München.* — Die runden glockenförmigen Füße sind am oberen Teil mit Akanthuslaub geschmückt, die glatten konischen Schäfte werden unter den Tropftellern von einem Palmettenfries umzogen.

246 (rechts) LEUCHTER. *Prag 1817, MZ. PR, H. 18,5 — ehemals Auktionshaus Weinmüller, München.* — Die Füße steigen in einem schlanken Kegelstumpf auf, ein breiter Ring leitet zum konischen Schaft über, dem die schlanken Kelche der Tüllen aufgesetzt sind. Blütenzweige in Palmetten und ein Schuppenmuster sind auf Fuß, Schaft und Tülle ziseliert.

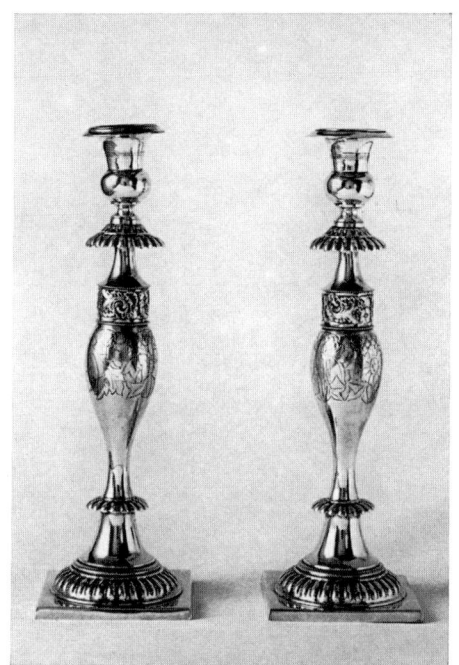

247

247 LEUCHTER. *Breslau 1845, Meister Bruck, H. 30,5 — Kunsthandel W. Meinz-Arnold, Hamburg.* — Die blasig aufgetriebenen Schäfte und die gravierten und gepreßten Pflanzenformen als Schmuck sind typisch für die Zeit des Biedermeier, die sich von der Strenge des Klassizismus entfernt hat.

248 LEUCHTER. *Brüssel um 1900, Meister Frans Hosemans, H. 36 — Hamburg, Museum für Kunst und Gewerbe.* — Zweige umschlingen eine nackte Frauengestalt aus Elfenbein, distelartige Blüten bilden die Kerzentüllen. Die Verbindung des eleganten Linienspieles mit naturalistischen Formen ist typisch für den Jugendstil.

248

249 Präsentierschale.
*Utrecht 1609, Meister
Christian van Vianen, L.
15,7 — Amsterdam, Rijks-
museum.* — Symmetrisch
angeordnetes Knorpelwerk
umgibt das ovale Innen-
feld der Schale, in dem
Wellen und Fische darge-
stellt sind. In die Rah-
mung wurden die Rücken-
ansichten menschlicher
Körper, zwei Lämmer und
Gesichter hineinkompo-
niert. Das Knorpelwerk
hat zum Teil eine fleischi-
ge, zum Teil eine lappige
Struktur.

250 Runde Platte. *Prag
1612, Meister Paul van
Vianen, Dm. 20,6 — Rot-
terdam, Museum Boy-
mans-van Beuningen.* — In
sorgfältig zisiliertem Relief ist auf der Innenfläche
der Schale die Geschichte
von Susanne und den bei-
den Alten dargestellt. Das
Relief wird von einem
Lorbeerkranz gerahmt, der
oben und unten gebunden
und an beiden Seiten durch
Früchte getrennt ist. Auf
einem Stein am unteren
Rande der Darstellung
sind die Initialen des
Künstlers und die Jahres-
zahl angebracht, eigent-
liche Goldschmiedemarken
fehlen.

251 TELLER. *Amsterdam 1629, MZ. Vogelklaue, Dm. 31 — Rotterdam, Museum Boymans-van Beuningen.* — Die Seiten des achteckigen Tellers sind einwärts gebogen und haben eine profilierte Kante. Im runden Spiegel steht inmitten eines Arabeskengeschlinges ein Falkner, auf der Fahne sind Landschaften dargestellt.

252 OVALE PLATTE. (links) *Frankfurt/Main?, um 1660 ohne MZ., B. 40,5* TELLER. (rechts) *Vermeil, Augsburg um 1660, MZ. SV, Dm. 36,5 — ehemals Kunsthandel Weinmüller, München.* — Die Fahnen der getriebenen Platten sind mit Früchten geschmückt, in den Spiegeln sind ein Kinderbacchanal und mit einem Löwen spielende Putten dargestellt.

251

161

253

254

255

253 TELLER. *Hamburg um 1670, Meister Friedrich Biesterveld, Dm. 30 — ehemals Privatbesitz, Hamburg.* — Der äußere Rand ist zur Erhöhung der Stabilität wellenförmig gebogen. Vier Vögel und Fruchtbündel schmücken im Relief die Fahne, in die Mitte des Spiegels wurde ein Tempel, umgeben von doppelter Kreislinie, graviert.

254 TELLER. *Augsburg um 1685, Meister Abraham Waremberger, Dm. 30,5 — Besitz v. Stumm, Christianenthal.* — Auf der Fahne sind drei Muscheln und drei Fruchtbündel in gleichmäßigen Abständen zwischen Ranken mit Beeren angeordnet. Der Spiegel ist sechspassig geschweift und mit gravierten Früchten geschmückt.

255 TELLER. *Rotterdam 1691, unbekannter Meister, Dm. 34,5 — Rotterdam, Museum Boymans-van Beuningen.* — Vier Putten sind auf der Fahne zwischen Spiralranken mit Blüten dargestellt.

Rechte Seite:

256 OVALE PLATTE. *Norrköping 1711, Meister Wolters Sievers, B. 32 — Mora, Anders Zorn Samlingarna.* — Die Fahne zeigt Akanthusranken mit Füllhörnern und Fruchtbündeln; im Spiegel, der von zwei Perlstäben umzogen ist, wurde die Allegorie der Hoffnung dargestellt.

257 OVALE PLATTE. *Nürnberg um 1715, Meister Joh. Leonhard Eyssler, B. 40 — Hamburg, Museum für Kunst und Gewerbe.* — Zarte Godronen schmücken den Randwulst der geschweiften Platte, ein Perlstab leitet zur Fahne über, ein zweiter zum Spiegel, in dessen ovalem Mittelfeld ein sitzender Putto einen Kranz windet. Bandelwerk auf gepunztem Grund umzieht das Oval und schließt sich an den äußeren Perlstab an.

256

257

258 TAZZA. *Zürich um 1605, ohne MZ., H. 17 — Frankfurt/Main, Museum für Kunsthandwerk.* — Der breite Wulst des Fußes und das glockenförmige Mittelstück sind godroniert, der Balusterknauf ist mit Godronen, Muscheln und Löwenmasken geschmückt. In den Boden der außen glatten Schale ist ein Relief eingefügt, das eine Allegorie des Herbstes — eine Landschaft mit Ernteszenen — zeigt.

259 TAZZA. *Utrecht 1607, Meister Paul van Vianen, H. 16 — Amsterdam, Rijksmuseum.* — Knorpelwerk umrahmt auf dem glockenförmigen Fuß, dem Balusterschaft und der Unterseite der Schale Veduten. Im Innern ist ein Relief mit der Darstellung des Parisurteils angebracht.

260

260 KREDENZTELLER. *Schwerin 1738, Meister Hans Joachim Drummer, Dm. 25 — Vera Steckner-Crodel, Hamburg.* — Der aus flachem Ring und Wulst gebildete Fuß trägt die glatte Platte, deren runder Spiegel von einem lebhaft geschweiften, mit kräftigem Profil versehenen Rand umzogen ist.

261 KREDENZTELLER. *Dresden um 1760, ohne MZ. Dm. 26 — Kunsthandel W. Meinz-Arnold, Hamburg.* — Auf hochgewölbtem, durch senkrechte Falten gegliedertem Fuß ist die geschweifte Platte mit profiliertem Rand befestigt.

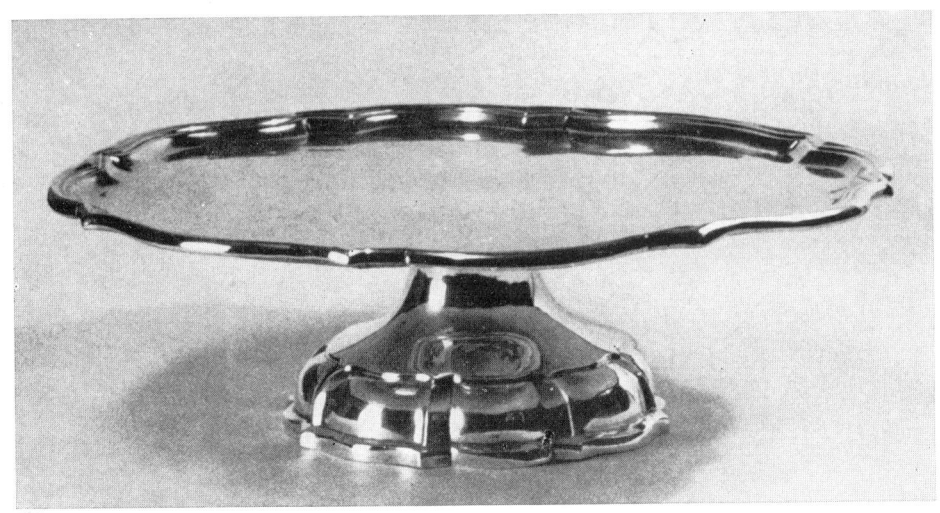

261

262 TABLETT. *Dublin 1735, Meister William Townsend, Dm. 17 — Kunsthandel W. Meinz-Arnold, Hamburg.* Das gegossene Tablett auf vier Volutenfüßen hat einen breiten, geschweiften, durch Falten und muschelartige Gebilde gegliederten Rand.

263 PRÄSENTIERSCHÜSSEL. *Kopenhagen 1750, Meister Jerome Paul Lenoir, B. 45 — ehemals Auktionshaus Arne Bruun Rasmussen, Kopenhagen.* — Die flache Schüssel mit geschweiftem Rand ist an den Schmalseiten mit gegossenen Henkeln versehen. Vier Gruppen von je vier geschweiften Falten durchziehen den Rand von der profilierten Kante bis zur glatten Innenfläche.

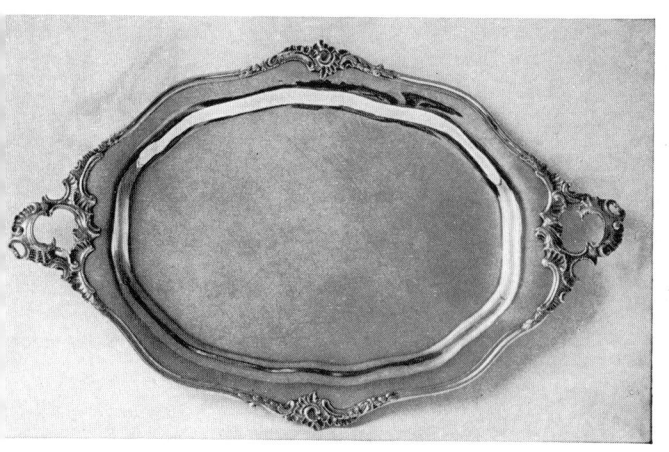

264 TABLETT. *Kopenhagen 1758, Meister Joh. Henrik Røschke, B. 60 — Slg. E. Schliemann, Hamburg.* — An die Schmalseiten der geschweiften Platte sind gegossene Henkel angefügt, deren Rocaillewerk auf die profilierte Kante übergreift; ähnliche Ornamente schmücken die Mitte der Langseiten.

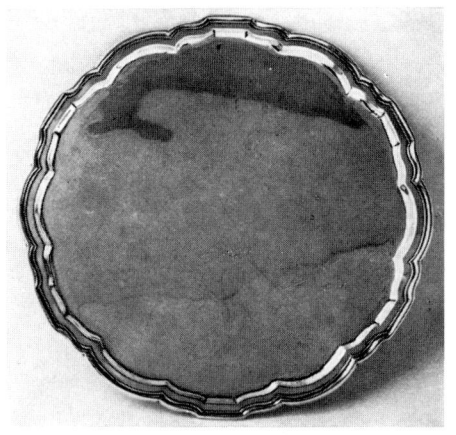

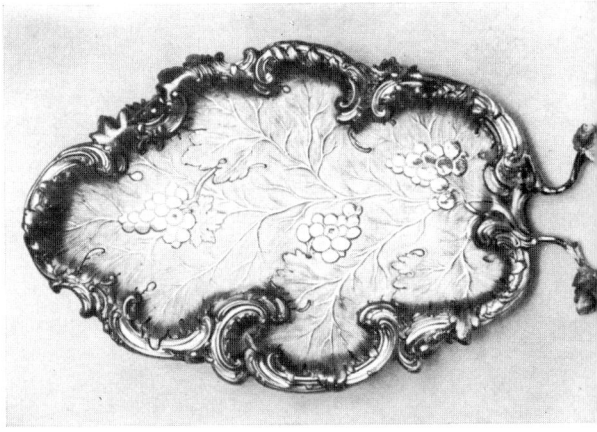

265 TABLETT. *Braunschweig 1760, ohne MZ., Dm. 29,7 — Slg. E. Schliemann Hamburg.* — Eine profilierte Kante und ein schmaler aufgebördelter Rand umziehen — gebrochen in gekurvte und gerade Linien — die glatte Innenfläche.

266 TABLETT. *Vermeil, Augsburg um 1770, Meister Joh. Christian Neuß, B. 35,2 — Kunstgewerbemuseum Berlin-Charlottenburg (Stiftung Preußischer Kulturbesitz).* — Das gegossene und ziselierte Tablett wird von kräftig modellierten C-Schwüngen gerahmt, auf die die Spitzen der Weinblätter übergreifen, die zusammen mit Trauben die Innenfläche bedecken.

267 TABLETT. *London 1774, Meister John Scofield, Dm. 32 — Kunsthandel W. Meinz-Arnold Hamburg.* — Dem äußeren und dem inneren Rand des runden Tabletts sind

Perlstäbe aufgesetzt, die auch die Kanten der Füße begleiten, welche aus einer Palmette gebildet sind, die in einer Volute endet.

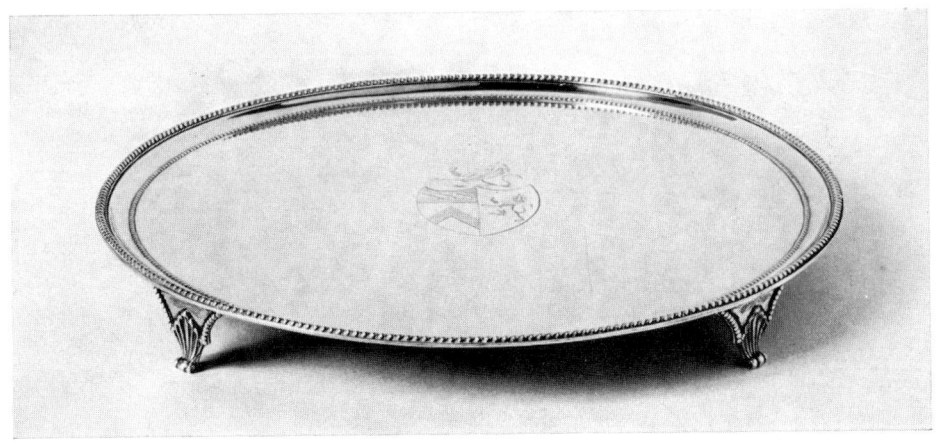

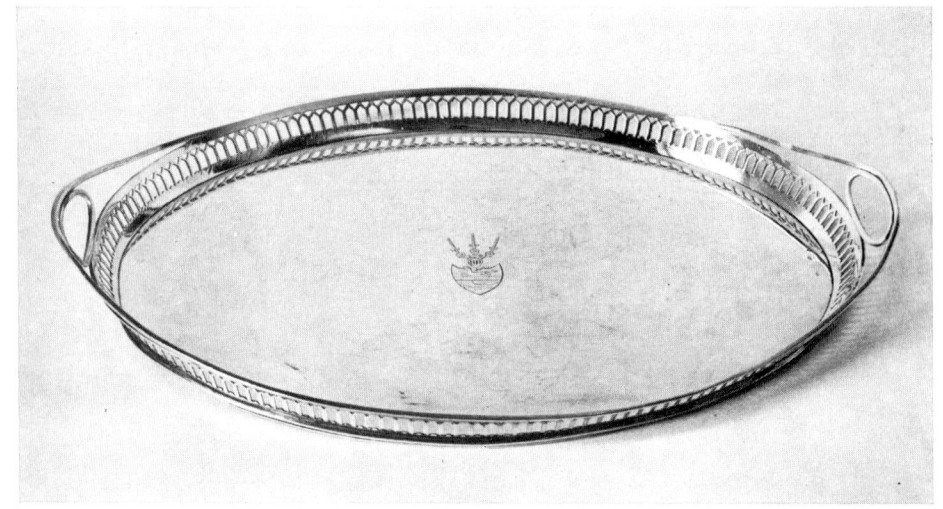

268

268 TABLETT. *Berlin um 1790 MZ. AW, B. 43,7 — Graf H. J. v. Kleist, Hamburg.* — Das ovale Tablett wird von einem leicht geneigten Gitter umrahmt, dessen oberer Rand sich an den Schmalseiten frei über die eingefügten Griffe erhebt.

269 TABLETT. *Lissabon um 1790, MZ. AMS, Dm. 17 — Vera Steckner-Crodel, Hamburg.* — Das zierliche Gitter des runden Tabletts auf drei ausgeschnittenen Füßen zeigt ein Muster aus Rosetten und einem Wellenband.

269

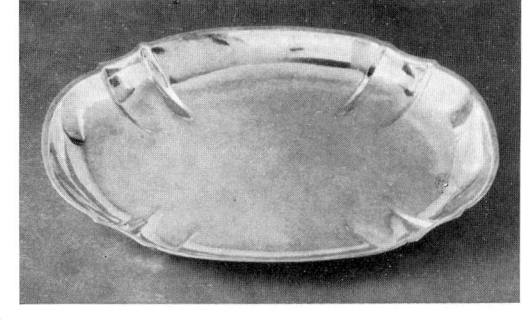

270 GEBÄCKSCHALE. *Bergen um 1775,*
Abraham Messing Wwe., B. 22,2 —
Slg. E. Schliemann, Hamburg. — Der
Rand der passig geschweiften ovalen
Schale wird durch vier Faltenpaare
gegliedert.

271 GEBÄCKSCHALE. *Königsberg*
1777, Meister Philipp Zimmermann,
B. 27,6 — ehemals Privatbesitz, Ham-
burg. — Die ovale Schale mit stei-
lem, an der Kante gewellten Rand
hat an den Schmalseiten Henkel in
Gestalt gegossener Blütenranken.
Eine getriebene Ranke, umgeben von
vier Akanthusblättern, schmückt den
Boden.

272 GEBÄCKSCHALE. *Norddeutsch*
1772, ohne MZ., B. 15,5 — Besitz des
Verfassers. — Die geschweifte ovale
Schale, durch vier Faltenpaare gegliedert, ist mit ziselierten Rocaillen
und Blütenzweigen geschmückt. Sie
wird von drei gegossenen Füßen getragen.

273 GEBÄCKSCHALE. *Norddeutsch*
um 1790, ohne Marken, B. 16,3 —
Privatbesitz Hamburg. — In die Mitte eines naiv-unbeholfen dargestell-
ten Plattfisches wurde die ovale, von
einem Perlstab umzogene Schale
eingetieft.

274 SCHÜSSEL MIT PASSIG GESCHWEIFTEM RAND. *Berlin 1750—1760, Meister J. Voigt. Dm. 25,5 — Graf H. J. v. Kleist, Hamburg.* — Der reichgegliederte Umriß aus auswärts und — zwischen scharfen Ecken — einwärts schwingenden Bögen wird mit geraden Falten in den schwach ansteigenden Rand eingeführt. Das gravierte Wappen hat hier eine große Bedeutung als Dekorationselement.

275 GEMÜSESCHÜSSEL. *Augsburg 1775—1777, Meister Joh. Christian Neuß. B. 27 — Graf H. J. v. Kleist, Hamburg.* — Die in weitem Bogen eingezogenen Seiten stoßen an den Ecken in flachem Winkel zusammen, wodurch der Umriß in schöner Weise gespannt wird.

276 PASTETENPLATTE. *Augsburg 1795—1797, Meister Joh. Christian Neuß. Dm. 30 — Graf H. J. v. Kleist.* — Die Platte wird von einem schmalen Perlrand umzogen, das ausgesägte Gitterwerk besteht aus geschwellten Stäben, die sich in gravierten Blütenrosetten spitzwinklig kreuzen.

277 OVALE PLATTE. *Augsburg 1757—1759, Meister Adolf Carl Holm. L. 44,3 — Graf H. J. v. Kleist. —* Die innere Begrenzung der Fahne ist ein glattes Oval, ihre leicht profilierte äußere Kante dagegen ist aus längeren und kürzeren geschweiften Bögen zusammengesetzt, wie sie von den „Rosentellern" bekannt sind.

278 OVALE PLATTE. *Straßburg 1772, Meister Alberti, L. 38 — ehemals Auktionshaus Weinmüller, München. —* Das strenge, an den Schmalseiten abgeflachte Oval und die Profilierung des Randes mit einem bandumwundenen Stab entsprechen dem Louis XVI.-Stil, der bei dieser Straßburger Arbeit schon sehr früh konsequent verwirklicht wurde.

279 TELLER. *Paris 1787, MZ. undeutlich.
Dm 28 — Slg. E. Schliemann, Hamburg.* —
Der Teller mit dem reichprofilierten, fünf-
passig geschweiften Rosenblattrand ist typisches Beispiel für eine Form, die vom
2. Viertel des 18. Jahrhunderts bis weit
ins 19. Jahrhundert hinein immer wieder
in allen Ländern Europas, besonders häufig in Frankreich und Deutschland, angefertigt wurde.

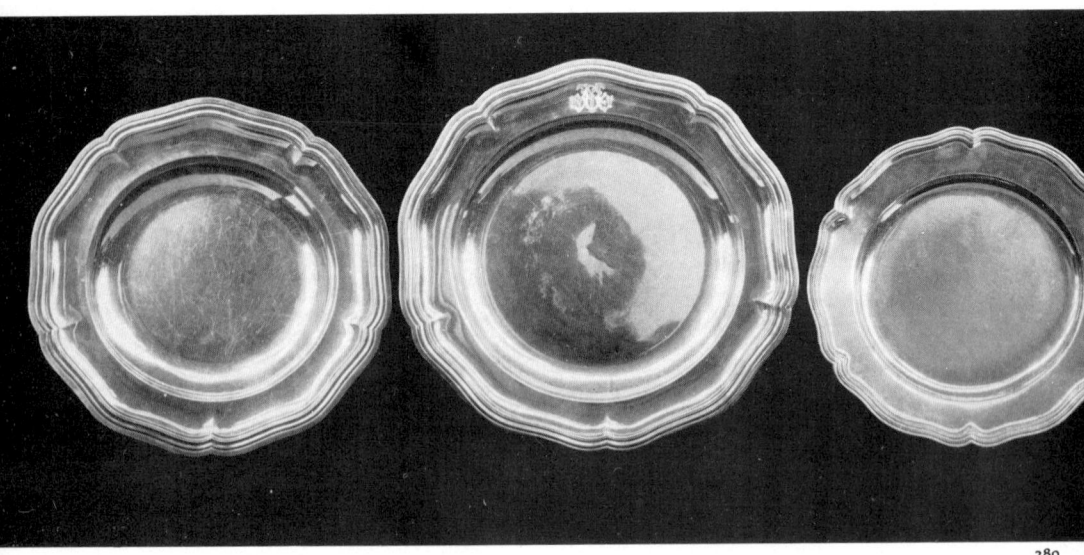

280

281

280 TIEFER TELLER (links). *Frankreich 1762—1768, MZ. L-L, Dm. 27.* RUNDE PLATTE (mitte). *Frankreich, nach 1838, Dm. 30.* EINER VON SECHS TELLERN (rechts). *Augsburg 1737—1739, Meister Gottlieb Mentzel. Dm. 25 — alle ehemals Auktionshaus Weinmüller, München.*

281 WASSERBECKEN UND GIESSKANNE. *Prag 1613, Meister Paul van Vianen. Becken 41 × 52, Kanne H. 34 — Amsterdam,* *Rijksmuseum.* — Im Spiegel der Platte ist die Geschichte von Diana und Aktäon dargestellt, auf der Wandung der Kanne die **Verführung der Kallisto durch Zeus.** Paul van Vianen war Goldschmied am Hof Kaiser Rudolfs II. in Prag, sein älterer Bruder Adam gilt als der Erfinder des Knorpelwerks, das bei der abgebildeten Arbeit in vollendeter Durchbildung den Rand der Platte und Fuß und Hals der Kanne schmückt.

282 WASSERBECKEN UND KANNE. *Vermeil, Hamburg um 1650, Meister Hinrich Ohmsen, B. 50 — Privatbesitz, Hamburg. —* Hamburg stand im 17. Jahrhundert unter starkem niederländischen Einfluß, der an diesen beiden Stücken besonders deutlich erkennbar ist. Die Kanne und die Platte zeigen getriebene Knorpelwerkmasken und phantastische Seewesen. Der Henkel und der Putto auf dem Deckel sind gegossen.

283 HELMKANNE. *Vermeil, Köln 2. Hälfte 17. Jh. Meister wahrscheinlich Johann Rütgers. H. 27 — ehemals Auktionshaus Weinmüller, München. —* Die geschlossenen oder enghalsigen Gießkannen wurden von Typen mit weiter Öffnung abgelöst. Von der Form eines umgekehrten Helmes hat das hier abgebildete Stück seine Bezeichnung. Gegenüber dem Hochbarock ist der Schmuck der passig aufgebauten Kanne sehr viel zurückhaltender.

284 GIESSKANNE. *Spanien um 1600, H. 21,3 — Göteborg, Röhsska Konstslöjdmuseet.* — An der teilweise vergoldeten, aus getriebenen und gegossenen Teilen zusammengesetzten Kanne fällt der an sich schöne, aber zu große Henkel auf. Sechs gegossene Beschlagstücke und der Ausguß in Form einer Faunsmaske sind dem Gefäßkörper angefügt.

285 WASSERBECKEN UND GIESSKANNE. *Padua Anfang 18. Jh. MZ. RT. Dm. 39, H. 23 — ehemals Auktionshaus Weinmüller, München.* — Trotz des reichbewegten Umrisses des Beckens ist es doch — wie die Kanne — von klassisch strenger Form, die durch das Bandelwerkornament auf gepunztem Grund betont wird.

286 WASCHSCHÜSSEL UND GIESSKANNE.
*Augsburg 1771—73, MZ. ICT, L. 42,5 H.
(Kanne) 23,3 — Graf H. J. v. Kleist, Hamburg. —* Der Rand der ovalen Schüssel ist passig geschweift, die eingetriebenen Falten reichen vom Rand nur ein Stück in die Wandung hinab. Fuß und Körper der Kanne wurden völlig glatt belassen, der Umriß und der Verlauf des oberen Randes sind lebhaft bewegt. Einziger aufgesetzter Schmuck ist ein kleines ziseliertes Blatt am gegossenen Henkel.

287 WASSERBECKEN. *Amsterdam 1647, Meister Joh. Lutma, Dm. 70 — Amsterdam, Rijksmuseum.* — Die aus der Grundform eines Sechsecks entwickelte Schale ist ein Meisterwerk des Knorpelstils. Knorpelwerkmasken umschließen auf der Fahne wie Kartuschen Darstellungen von Putten auf Seeungeheuern; jeweils drei ähnlich gestaltete Paare sind einander zugewandt.

Die Mitte des Spiegels nimmt ein großes Wappen des niederländischen Admirals Cornelius Tromp in einem Kranz von Muscheln ein. In dem Raum zwischen Muschelkranz und Fahne bewegt sich ein Zug phantastischer Seewesen mit Neptun und Amphitrite. Alle Details der Treibarbeit sind mit gleicher Sorgfalt und Meisterschaft behandelt.

288 GEBÄCKKORB. *Amsterdam 1770, Meister Reynier Brandt, B. 38 — Amsterdam, Rijksmuseum.* — Aus Gitterrocaillen, Blüten, Ähren und Früchten ist die Wandung des ausladenden ovalen Korbes zusammengesetzt. Die C-Schnörkel-Füße sind organisch in die Wandung eingefügt.

289 GEBÄCKKORB. *London 1771, Meister Richard Mills, B. 35,4 — London, Victoria & Albert Museum.* — Der flache Boden des ovalen Korbes wird von einem gekordelten Draht eingefaßt. Das nach außen geneigte Gitter der Wandung ist mit lockeren Ähren- und Blütensträußen belegt, eine Blütenranke bildet den oberen Rand. Ein kräftiges Flechtband ist als Bügelhenkel an Scharnieren befestigt.

290 GEBÄCKKORB. *Kopenhagen 1792, Meister Th. Andersen Westrup, B. 34,6 — ehemals Auktionshaus Arne Bruun Rasmussen, Kopenhagen.* — Auf einem senkrechten, von Perlstäben eingefaßten Gitterrand steht der ovale Korb. Das enge Gitterwerk der am oberen Rande nach außen geneigten Wandung ist mit Festons an Patera-Ornamenten belegt. Der Bügelhenkel gleicht dem des Londoner Korbes auf Abb. 289, wie überhaupt ein starker englischer Einfluß spürbar ist.

291 TERRINE. *Danzig um 1735, Meister Michael Dietrich, Dm. 28,1 — Hamburg, Museum für Kunst und Gewerbe.* — Der runde, stark eingezogene Fuß ist durch drei Wülste profiliert. Das halbkugelige Unterteil der Terrine ist mit kräftigen Godronen geschmückt. An Scharnieren sind die gegossenen Henkel in Form von Fadenschlaufen befestigt. Die breiten Profile des Deckelrandes leiten über zu einem godronierten Buckel, auf den ein gegossener Blütenzweig als Griff gelötet wurde.

292 Terrine mit Untersatz. *Augsburg 1759—61, Meister Gottfried Bartermann, H. 52 — Hamburg, Museum für Kunst und Gewerbe. —* Die gegossenen Füße und Henkel der Terrine und des zugehörigen Untersatzes sind als Gitterrocaillen gebildet, weitere Rocaillen auf dem Rand der Platte und auf Terrine und Deckel. Ein Adler auf einem Ast dient als Deckelgriff.

293 Terrine. *Berlin um 1765, Meister Georg Wilhelm Marggraff, B. 41 — Kunstgewerbemuseum Berlin-Charlottenburg (Stiftung Preußischer Kulturbesitz). —* Die glatte Terrine hat gegossene Füße und Henkel, die Zitrone auf dem Deckel ist vergoldet. Das Stück wurde einem Sèvres-Porzellan nachgebildet.

294 KLEINE TERRINE. *Breslau um 1750, ohne MZ., B. 23,5 — Privatbesitz Hamburg.* — Geschweifte Falten durchziehen die Wandung der Terrine und den flachen Deckel. Die Rocaillefüße und die Henkel sind gegossen, ebenso ein Fruchtzweig auf dem Deckel.

295 TERRINE. *Breslau um 1770, Meister Karl Gottfried Haase, B. 44,4 — ehemals Auktionshaus Arne Bruun Rasmussen, Kopenhagen.* — Dem glatten Körper der Terrine sind gegossene Gitterrocaillen als Füße und Blattzweige als Henkel angesetzt. Auf dem geschweiften, in der Mitte gebuckelten Deckel liegt eine Birne mit Stiel und Blättern.

296

298

296 TERRINE MIT UNTERSATZ. *Paris 1770,*
Meister Robert Jacques Auguste, H. 36,3
— Hamburg, Museum für Kunst und Ge-
werbe. — Der runde Untersatz ist über-
reich mit ziselierten und gegossenen klas-

sizistischen Motiven dekoriert. Als typische Elemente des Louis XVI.-Stils wurden
Lorbeerkränze, Perlstäbe, Festons, Widder-
köpfe, Akanthuslaub, Palmettenfriese und
gebundene Stäbe verwendet.

297

297 TERRINE. *Dublin 1791, Meister Joseph*
Jackson, B. 27 — London, Victoria & Al-
bert Museum. — Die Terrine wurde nach
dem Vorbild eines antiken Kantharos geformt. Godronierte Ränder an Fuß und
Gefäßkörper, Festons mit flatternden Bändern, eine Blattrosette und ein schräg ge-
riefelter Knauf bilden den Schmuck.

298 TERRINE MIT UNTERSATZ. *Berlin um*
1790, Meister Carl Heinrich Klemm, H. 52,8
— Graf H. J. v. Kleist, Hamburg. — Aus
der Mitte des Untersatzes erhebt sich ein
Sockel, auf dem die wie ein Kantharos gestaltete Terrine steht. Mit gegossenen Masken sind die Henkel befestigt, ein gegossener Ast, zu einem Griff gebogen, krönt den
Deckel. Geprägte Bänder von Kränzen,
Akanthuslaub und Masken, z. T. mit mat-
ter Oberfläche, schmücken Untersatz, Terrine und Deckel.

299 TERRINE MIT UNTERSATZ. *Hamburg um 1800, Meister Joh. Huess, B. 49 — Hamburg, Museum für Kunst und Gewerbe.* — Ein Perlstab umzieht den oberen Rand des in flacher Kehle aufsteigenden Untersatzes, Perlstäbe bilden auch den Schmuck der Terrine mit eckig gebrochenen Kantharoshenkeln. Ein geprägter Fries von Akanthusspiralen läuft unter dem Rand entlang, der Knauf hat die Form einer Kelchknospe.

300 TERRINE MIT UNTERSATZ. *Berlin um 1800, Meister Friedrich August Nieß, H. 56 — Kunstgewerbemuseum Berlin-Charlottenburg (Stiftung Preußischer Kulturbesitz).* — Diese Terrine weicht nur in Details von der in Abb. 298 gezeigten ab. Am deutlichsten werden die Unterschiede am oberen Abschluß des Deckels und dem Knauf.

301 DECKELSCHÜSSEL. *Augsburg um 1685, MZ. P. S, B. 19,9 — Frau v. Schenck, Landsberg/Lech.* — Flachgetriebene Buckel und Wülste schmücken die runde Henkelschale auf vier Kugelfüßen und den Deckel, dessen Knopf in Form eines stilisierten Pinienzapfens gegossen ist. Die waagerecht angefügten Henkel sind aus kräftigem Blech geschnitten.

302 DECKELSCHÜSSEL. *Perpignan um 1725, Meister J. Navier, B. 27,5 — London, Victoria & Albert Museum.* — An die steilwandige Schüssel sind große Henkel waagerecht angefügt, deren punzierte Oberflächen ein gegossenes Muschelornament tragen. Der gewölbte Deckel mit breitem Knauf zeigt auf punziertem Grund alternierend Lambrequins und Blattzungen, auf die Bandelwerk und Behangmuster ziseliert wurden.

303 DECKELSCHÜSSEL MIT UNTERSATZ. *Paris 1730, Meister Sebastian Igonet, B. 30 — (Schüssel) — Kunstgewerbemuseum Berlin-Charlottenburg (Stiftung Preußischer Kulturbesitz).* — Die Ränder des geschweiften Tellers und des Terrinendeckels werden durch Astragale betont. Deckelknauf ist eine Blattknospe auf einer Wirbelrosette von Akanthusblättern. Die Gravuren des Deckels und die gegossenen Auflagen der Henkel zeigen schon Rokoko-Formen.

304 DECKELSCHÜSSEL. *London 1817, J. E. Terry & Co., Dm. 23 — Kunsthandel W. Meinz-Arnold, Hamburg.* — Die Ränder von Schüssel und Deckel sowie dessen Mitte und eine breite Zone auf dem Wulst sind godroniert. Eine gegossene Kelchknospe ist als Griff aufgesetzt.

305 SCHÜSSELRING. *Dublin um 1760, Meister Isaac D'Olier, Dm. 21,3 — London, Victoria & Albert Museum.* — Die Wandung ist zwischen Fuß- und oberem Rand gleichmäßig eingezogen. In durchbrochenes Muschelwerk sind Blüten und Delphine eingefügt.

306 RECHAUD. *Bologna (?) um 1725, Meister Guadagni (späterer Stempel?), L. 24* — *Kunstgewerbemuseum Berlin-Charlottenburg (Stiftung Preußischer Kulturbesitz).* — Ovaler profilierter Körper. An gegossenen Masken ist der zusammengesetzte Griff befestigt. Zwei Schienen aus Ebenholz umrahmen die ausgesägten Ornamente des Deckels. Im Innern ein kupfernes Kohlebekken.

307 SCHÜSSELKREUZ. *London 1764, Meister William Plummer, L. 29,2* — *A. F. Harmstorf, Wedel/ Holstein.* — Ein Tischgerät, das in England fast ausschließlich in der zweiten Hälfte des 18. Jahrhunderts angefertigt wurde. Zwei Schenkel des Kreuzes sind am Spirituslämpchen in der Mitte fest angebracht, die beiden anderen an einem Ring, der um das Lämpchen drehbar ist. Die federnden Füße sind verschiebbar.

308 Wärmglocke mit runder Platte.
Pforzheim um 1750, Meister DG, Dm. 35
— ehemals Auktionshaus Weinmüller,
München. — Geschweifter Umriß, die
Glocke mit gewundenen Falten. Ein gegossener Zapfen mit flammenden Rocaillen-
Formen dient als Griff, er wächst aus einer
gleichfalls gegossenen Rosette von Akanthusblättern heraus.

309 Wärmeglocke mit runder Platte.
Dresden 1767, Hofgoldschmied Carl Friedr.
Schrödel, Dm. 32 — ehemals Privatbesitz,
Hamburg. — Die Glocke nimmt die Schweifung der Platte nur an ihrem unteren Rande auf, ihr Umriß ist durch kräftig ein- und
auswärts schwingende Kurven bestimmt.
Der große gegossene Fruchtzapfen-Griff
unterstreicht die „klassische" Haltung.

310 SAUCIERE. *Hannover, Meister J. D. Dill, B. 25 — Frankfurt/Main, Museum für Kunsthandwerk.* — Die Oberkante und die Ausgußschnauzen sind in bewegtem Umriß geführt. Die bei allem Schwung strenge Form ist bezeichnend für den Regence-Stil.

311 SAUCIERE. *London 1740, Meister David Hennel, L. 16 — A. F. Harmstorf, Wedel/Holstein.* — Drei gegossene Huffüße tragen den durch senkrechte Falten gegliederten Körper mit schöngeschwungenem Ausguß. Der mit einem Akanthusblatt belegte Henkel ragt weit über das Gefäß.

312 SAUCIERE. *London 1749, Meister Paul de Lamerie, B. 13 — Privatbesitz, Hamburg.* — Vier gegossene Füße tragen den gedrungenen, nach oben eingezogenen Körper, an dessen hochgezogenen hinteren Rand der knorpelige Henkel mit seinem oberen Ende angreift. Ziselierte Regence-Ornamente schmücken die Wandung.

313 SAUCIERE. *Newcastle 1747, Meister Isaac Cookson, L. 13,7 — Kunsthandel W. Meinz-Arnold, Hamburg.* — Über der glattgewölbten Wand schließt der eingezogene Rand mit lebhaften Kurven ab. Die relativ ruhige und behäbige Form ist typisch für viele englische Geräte der Rokoko-Zeit.

314 SAUCIERE. *Bergen 22. Mai bis 21. Juni 1769, Meister Morten Angell, L. 18 — Privatbesitz, Hamburg.* — Tiefangesetzte Volutenfüße tragen die durch geschweifte Falten gegliederte Schale. Der Henkel ist aus einem Blechstreifen gebildet.

315 SAUCIERE. *Otterndorf um 1790, Meister Peter Nicolaus Meyer, L. 15,5 — Privatbesitz Hamburg.* — Der besondere Reiz dieses Stückes, das einer bäuerlichen Gegend entstammt, liegt in der Verbindung einer frühen Grundform mit den vom Louis XVI.-Stil bestimmten Ornamenten des gegossenen Henkels.

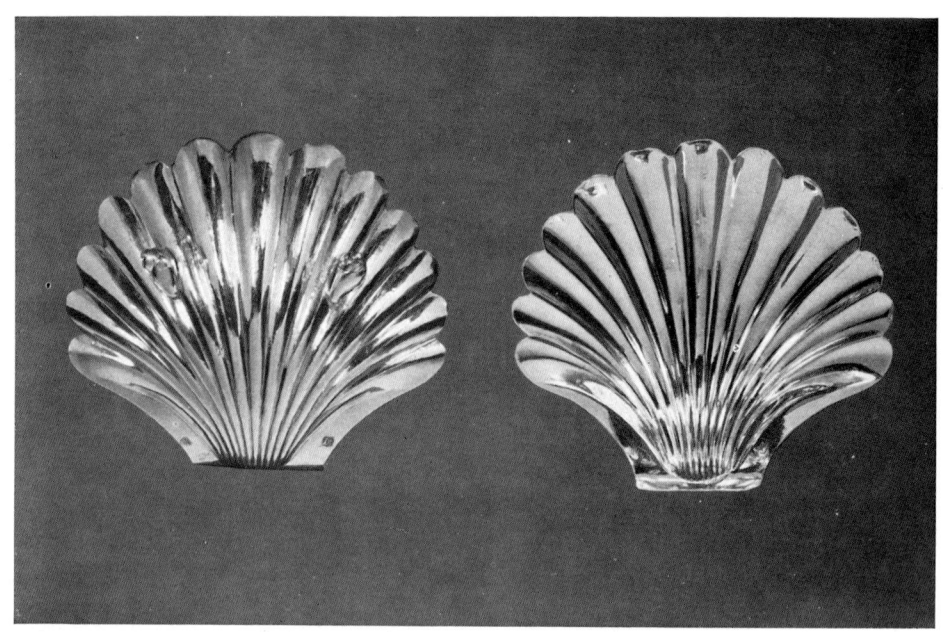

316 EIN PAAR BUTTERMUSCHELN. *London 1774, Meister Parker & Wakelin, B. 12 — Kunsthandel W. Meinz-Arnold, Hamburg.* — Eine Naturform war Vorbild für diese beliebten Butterschalen. Die zwei Füße — bei dem linken Stück zu erkennen — sind in Gestalt von gegossenen Schneckenhäusern angefügt.

317 KASSEROLE. *1798, Meister John Emes, Dm. 10,3, H. 12,2 — Kunsthandel W. Meinz-Arnold, Hamburg.* — Kasserolen in dieser Form mit Ausgußschnauze wurden für heiße Saucen gebraucht. Die glatte und schlichte Silberarbeit erhält durch den relativ großen hölzernen Griff und den Deckelknopf einen besonderen Akzent.

318 KASSEROLE. *Graz 1807, MZ. AR, nicht aufgelöst. L. 34,5, H. 19 — Kunstgewerbemuseum Berlin-Charlottenburg (Stiftung Preußischer Kulturbesitz).* — Die drei klassizistischen Huffüße kontrastieren mit dem flächigen Rosenfries und dem Strauß auf dem Deckel. Ungewöhnlich ist der silberne Griff.

319 KASSEROLE MIT RECHAUD. *St. Petersburg (Leningrad) Werkstatt des Carl Fabergé, MZ. SW. H. 15,3 — Privatbesitz, Hamburg.* — Die sparsam verwendeten Schmuckmotive des streng gebauten Gerätes — Tierfüße, Palmettenfries und Pinienknauf — wurden dem klassischen Bereich entlehnt. Griff und Knopfring aus Elfenbein.

320 KASSEROLE. *Kopenhagen 1823, Hofgoldschmied Nicolai Christensen. Dm. 16, H. 11 — Slg. E. Schliemann, Hamburg.* — Der einzige Schmuck des ungewöhnlich schweren Gerätes sind die Profile an Deckelrand und -knopf.

318

319

320

321 ZUCKERSTREUER. *London 1708, Meister Thomas Fowler, H. 23,2 — London, Victoria & Albert Museum.* — Die hohe Haube des achtkantigen balusterförmigen Gerätes hat ausgesägte Streulöcher in Form von Regence-Ornamenten. Zwei Muster wurden alternierend verwendet. Als Bekrönung ist ein gegossener runder Balusterknauf aufgesetzt.

322 GEWÜRZSTREUER. *Dublin 1715, Meister David King, H. 7,9 — London, Victoria & Albert Museum.* — Das kleine Gefäß ist in Form eines Humpens gebildet, in den flachgewölbten Deckel, der ohne Scharnier aufgesetzt ist, sind runde Löcher eingebohrt.

323

324

323 ZUCKERSTREUER. *Hamburg um 1730,
Meister Jacob Schenck, H. 17,5 — Hamburg, Museum für Kunst und Gewerbe.* —
Der balusterförmige Körper steht auf
einem profilierten Wulstfuß. Die Streulöcher der mit einem flachen Ring abschließenden Haube sind zu einem Regence-Ornament geordnet.

324 ZUCKERSTREUER. *Westdeutsch ? um
1740, MZ. AIR, H. 18 — ehemals Privatbesitz, Hamburg.* — Der Gefäßkörper hat
die Gestalt eines umgekehrten Balusters,
die — noch einmal umgekehrt — in der
Haube wiederholt wird. Rocaillen und Blüten schmücken Fuß, Wandung und Haube;
die Streulöcher sind in versetzten Reihen
angeordnet.

325 GEWÜRZSTREUER. *Moskau 1776, MZ.
unleserlich, H. 18,5 — Slg. Th. Horst,
Hamburg.* — Geschweifte Falten gliedern
das balusterförmige Gefäß vom Fuß bis
zur Haube. An den gegossenen Henkel ist
mit einem Scharnier die Haube angefügt,
unter der ein Streudeckel sitzt.

325

326

327

326 ZUCKERSTREUER. *Amsterdam 1780, Meister Hendrik Griste, H. 14,4 — Slg. E. Schliemann, Hamburg.* — Der birnförmige Körper ist am unteren Rande von ziseliertem Muschelwerk eingefaßt, aus dem schwungvoll geführte flache Falten aufsteigen. Die Haube ist auf ihrer Oberseite mit Muschelwerk geschmückt.

327 ZUCKERSTREUER. *Bremen Ende 18. Jahrhundert, ohne MZ., H. 21 — ehemals Auktionshaus Lempertz, Köln.* — Fuß, Körper und Haube sind durch gewundene Falten gegliedert, die sternförmigen Streulöcher wurden durch ein graviertes Muster verbunden.

328

329

328 ZUCKERSTREUER. *Kiel 1792, Joh. Friedrich Rachau, H. 9,6 — A. F. Harmstorf, Wedel/Holstein.* — Dem glatten zylindrischen Körper ist eine gewölbte Haube aufgesetzt, deren Streulöcher rund, blüten- und blattförmig sind und sich einem gravierten Muster einfügen.

329 ZUCKERSTREUER. *Haderslev um 1800, Meister Hinrich Petersen, H. 20,6 — Hamburg, Altonaer Museum.* — Auf quadratischer Platte und rundem Fuß steht der urnenförmige Körper, der mit Flechtbändern, Perlstäben, Lorbeerkränzen und Festons reich geschmückt ist.

330 ZUCKERSTREUER UND SENFTOPF. *Celle um 1725, Meister Heinrich Joh. Brenner, H. 20 und 13,8 — A. F. Harmstorf, Wedel/Holstein.* — Achteckige Füße, die eine runde Eintiefung haben, tragen die unten von einem stilisierten Blattkranz umfaßten Gefäße. Der Zuckerstreuer ist balusterförmig, die ausgesägten Streulöcher der hohen Haube haben die Form von Regence-Ornamenten.

331 PFEFFERSTREUER UND SENFTOPF. *Celle um 1815, Meister Knefeld, H. 12,3 und 13,1 — Privatbesitz Hamburg.* — Die urnenförmigen Körper auf quadratischen Fußplatten sind von geprägten Bändern mit Ranken und Früchten umzogen. Der Stiel des Senflöffels ist mit einem Porträt des Herzogs von Wellington geschmückt.

332

333

332 SENFTOPF MIT GLASEINSATZ. *Paris 1773, Meister Vincent Bréaut, H. 10 — London, Victoria & Albert Museum.* — Die Festons und Bandschleifen des gegossenen Mantels sind typische Elemente des Louis XVI.-Stils.

333 MUSKATREIBE. *Birmingham 1819, Meister J. Welmore, L. 6 und Senftopf mit Glaseinsatz, Newcastle 1779, Langlands & Robertson, H. 5,5 — Kunsthandel W. Meinz-Arnold, Hamburg.* — Die Schönheit beider Stücke ist durch gute Proportionen und zarte Profile bestimmt.

334

334 SENFTOPF. *Weimar um 1910, Hofjuwelier Theodor Müller, H. 8,3 — Hamburg, Museum für Kunst und Gewerbe.* — Umriß von Gefäß und Henkel sowie das Bandwerk am oberen durchbrochenen Teil der Gefäßwand und des Deckels in Jugendstilformen. Der Entwurf stammt aus dem Umkreis von Henry van de Velde.

335 GEWÜRZGEFÄSS. *Urspünglich Chrismatorium, München um 1700, ohne MZ. H. 4,8 — Kunsthandel W. Meinz-Arnold, Hamburg.* — Zwei der zylindrischen Gefäße sind fest miteinander verbunden, das dritte ist mit einem Haken angefügt. Die innen vergoldeten Büchsen haben halbkugelige Böden.

335

336 SALZGEFÄSS. *Vermeil, Utrecht 1622, Meister Adam v. Vianen, H. 20 — Rotterdam, Museum Boymans-van Beuningen.* — Sockel und Schale zeigen Formen eines fleischigen Knorpelstils, zu dessen Hauptmeistern A. v. Vianen gehörte. Als Trägerfigur dient eine auf einem Faun reitende Mänade, die sich an einen Rebstock lehnt, dessen Laubwerk die Unterseite der mit Traubenfestons behängten Schale umrankt.

337 SALZSCHALE. *Utrecht 1624, Meister Franssoys Eelioet, H. 14 — London, Victoria & Albert Museum.* — Die zwei Jahre nach der Arbeit Vianens (vgl. Abb. 336) entstandene Schale zeigt im Gegensatz zu deren hochbarocken Formen noch solche der späten Renaissance. Die geraden dreieckigen Körper von Sockel und Oberteil sind mit Palmettenfriesen und Arabesken geschmückt.

338 SALZSCHALE. *Utrecht 1625, Meister Thomas Bogaert (Zuschreibung) H. 8 — London, Victoria & Albert Museum.* — In das weicher als bei Vianen gebildete Knorpelwerk sind Delphine geschlungen. Über die Köpfe der drei aus kräftigen Ecksporen herauswachsenden Büsten hängt ein fransenbesetztes Tuch herab.

336

337

338

339 SALZSCHALE. *Vermeil, Augsburg um 1625, Meister Melchior Bayr, Dm. 9,2 — Kunsthandel W. Meinz-Arnold.* — Ein sechspassig geschweifter Wulst umgibt die halbkugelige Vertiefung. Auf den Wulst wurden Palmetten und Rollwerkornamente ziseliert. Drei zierliche Rollwerkspangen sind als Füße angesetzt.

340 SALZSCHALEN. *Vermeil, Bolsward 1689, Meister Claes Baerdt, H. 7 — Amsterdam, Rijksmuseum.* — Über einem schmalen Standring steigt aus einem kräftigen Wulst ein glatter Schaft auf, der die von einem Wulst umgebene Schale trägt. Fuß- und Schalenrand sind mit ziselierten Fruchtbüscheln und Blütenzweigen geschmückt.

341 SALZSCHALE. *Wolfenbüttel um 1745,*
Meister Christian Diederich Hoffmann,
H. 4,7 — Wolfenbüttel, Heimatmuseum. —
Die Schale ist einer Muschel nachgebildet
und auf drei gegossene, einfach geformte
Tierklauen gesetzt.

342 SALZSCHALE. *Turin um 1750, MZ. un-*
deutlich, B. 9,2 — Fräulein v. Stumm, Chri-
stianenthal. — Der schwach nach innen
geneigte Standring schwingt sich in kurzen
Bögen aus- und einwärts, die Wand, die
die ovale Schale umschließt, ist mit getriebenem und zieliertem Muschelwerk und an
den Schmalseiten mit Blättern geschmückt,
die wie das Muschelwerk in der Mitte der
Langseiten in die Schale hineingreifen.

343 SALZSCHALE. *Augsburg 1771, MZ. drei*
X im Kleeblatt, B. 9,4 — Kunsthandel W.
Meinz-Arnold, Hamburg. — Der lebhaft
bewegte, durch scharf eingezogene geschweifte Falten gegliederte Fuß, der aus
Platte, schmaler Kehle, breitem Wulst und
einem Plättchen, das zu einer glatten Kehle
überleitet, gebildet wird, trägt die innen
vergoldete ovale Schale.

344 SALZSCHALE. *Wismar um 1790, Meister
unbekannt, H. 3,5 — Privatbesitz Hamburg.*
— Die innen vergoldete ovale Schale wird
von einem Rahmen getragen, der mit
Festons und ovalen Medaillons an Bandschleifen behängt ist. Die gegossenen Füße
haben die Gestalt von Tierklauen mit Kugeln.

345 SALZSCHALE. *London 1795, Meister
Abraham Petersen, B. 15 — Kunsthandel
W. Meinz-Arnold, Hamburg.* — Auf ovalem
Fuß steht die bootförmige Schale mit hoch-
gezogenen, eckig gebrochenen Henkeln. Die
Form erinnert an griechische Trinkschalen.

346 SALZSCHALE. *Linköping 1795, Meister
Nils Tornberg, H. 5,4 — Mora, Anders Zorn
Samlingarna.* — Ein runder Fuß auf qua-
dratischer Platte trägt die bootförmige
Schale, deren Kantharos-Henkel ebenso wie
Fuß- und Schalenrand mit Perlstäben be-
legt sind. Antikisierende Medaillons
schmücken die Wandung.

347 SALZSCHALEN MIT BLAUEM GLASEINSATZ, (außen) *Paris um 1800, ohne MZ., B. 8,* SALZSCHALE MIT BLAUEM GLASEINSATZ (Mitte), *engl. Kolonie um 1800, B. 8,8 — Kunsthandel E. J. Kratz, Hamburg.* — Bei den Pariser Schalen tragen gerade, verjüngte Beine die profilierten ovalen Ringe der Fassung, an ihren oberen Enden sind im Bogen hängende Ketten befestigt. Bei dem Stück in der Mitte wird die Glasschale von einem klassizistischen Gitter umgeben. Die vier Füße enden in stilisierten Bockshufen.

348 SALZSCHALEN. *Berlin um 1820, ohne MZ. H. 16 — Graf H. J. v. Kleist, Hamburg.* — Geprägte Tierklauen tragen die Sockelplatte. Zwei gegossenen Delphinen sind auf die erhobenen Schwänze die mit geprägten Palmettenfriesen umzogenen runden Schalen aufgesetzt. Der gegossene Griff aus Blütenkranz, gegenständigen Schwänen und Rankenspiralen ist mit gepreßten Weinlaubstreifen an der Sockelplatte befestigt.

349 HUILIER. *Vermeil, Wien 1737, ohne MZ., B. 29 — ehemals Auktionshaus Lempertz, Köln. —* Einer blattförmigen, an den Rändern aufgebogenen Platte sind in Rocaillenformen durchbrochene Körbchen aufgesetzt, die die geschliffenen Flaschen aufnehmen. Zwischen ihnen trägt ein gegossener Delphin auf seinem Schwanz ein niedriges Körbchen.

350 HUILIER. *Paris 1765, Meister Jean Francois Bouchat, B. 26 — ehemals Auktionshaus Arne Bruun Rasmussen, Kopenhagen. —* Ein bootförmiger Untersatz auf gegossenen Füßen trägt die zwei sehr leicht gebildeten Körbchen zur Aufnahme der geschliffenen Flaschen mit silbernen Stöpseln. Die Gitterstäbe der Körbchen sind symmetrisch aus C-Schnörkeln zusammengesetzt und erinnern an Bandelwerk-Ornamente. Über den aufgebogenen Mitten der Langseiten sind runde Vertiefungen zur Aufnahme der Stöpsel angebracht.

351 Huilier. *London 1810, MZ. CC, H.
25,1 — London, Victoria & Albert Museum.*
— Eine bauchige Wanne mit vier an den
Ecken angebrachten Füßen und geschweiftem
oberem Rand nimmt die vier geschliffenen

Flaschen, zwei Streugefäße und einen Senftopf mit silbernen Verschlüssen auf. An
einer runden Stange, die aus der Mitte der
Wanne aufsteigt, ist der geschweifte Griff
mit einer Palmette angesetzt.

352 LÖFFELSCHALE. *Ost-deutschland 2. Hälfte 18. Jahrhundert, H. 13 — Kunsthaus Lempertz, Köln.* Auf weitausladendem Fuß erhebt sich eine flache Schale mit leicht gewundenen Falten. Ein aus der Mitte aufsteigender balusterförmiger kantiger Schaft trägt eine Platte mit bogenförmigen Ausschnitten zur Aufnahme von sechs Löffeln. Als Griff dient das gegossene Figürchen eines Kriegers mit Pfeife und Schale in den Händen.

353 TOASTSTÄNDER. *London 1793, Meister Samuel Hennell, H. 13 — Kunsthandel W. Meinz-Arnold, Hamburg.* — Ein Tafelgerät, das in der zweiten Hälfte des 18. Jahrhunderts entstand und bei dem sich Form und Funktion völlig entsprechen.

354 FISCHHEBER. *Celle um 1740, Meister Wickert, L. 21,7 (Silberteil) — A. F. Harmstorf, Wedel/Holstein.* — Dieser Fisch- oder Pastetenheber ist ausgezeichnet durch die Klarheit seines Umrisses und des ausgesägten Regence-Ornamentes. Bei diesem Stück wie bei den meisten Arbeiten der Celler Hofgoldschmiede in dieser Zeit wird in gleicher Weise französischer und englischer Einfluß spürbar.

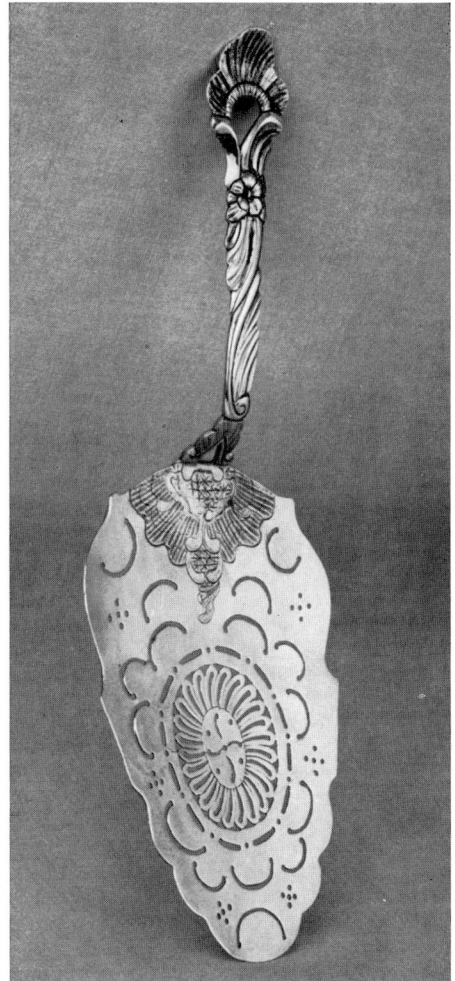

355 FISCHHEBER. *Kopenhagen 1781, Wardein, F. Fabritius, Meister Jens Sveistrup, L. 27,8 — Privatbesitz, Hamburg.* — Der gegossene und ziselierte Griff zeigt noch Elemente des Rokoko, die „klassizistische" Wirbelrosette auf dem Blatt dagegen entspricht dem Louis XVI.-Stil.

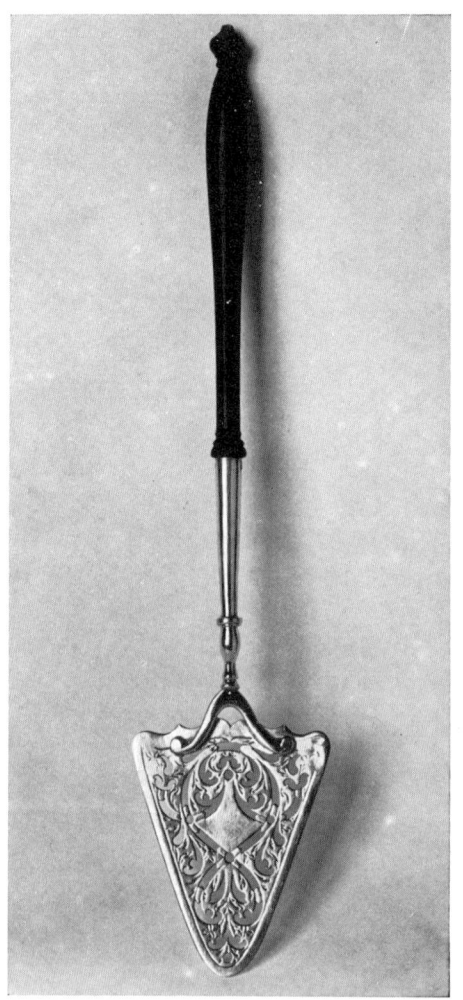

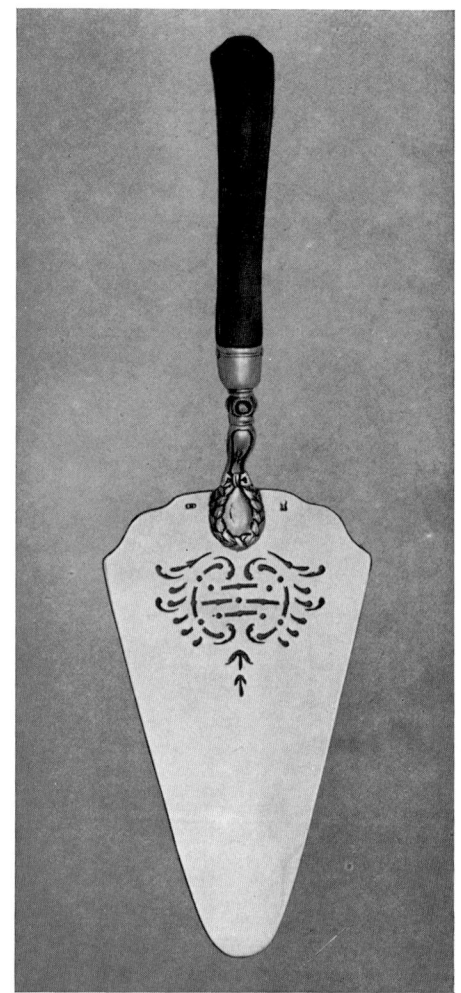

356 FISCH- ODER PASTETENHEBER. *London*
1772, Meister WT, L. 14,9 (Silberteil) —
Kunsthandel W. Meinz-Arnold, Hamburg.
— Typisch für die hervorragende Qualität
der englischen Arbeiten ist an diesem Stück
die Verbindung von klarer Strenge des
Aufbaus — Umriß und Gestaltung des
Stieles — mit dem Reichtum und der Eleganz des ausgesägten und gravierten Orna-
ments. Der Griff ist aus Ebenholz gedrechselt.

357 FISCHHEBER. *Augsburg 1781—1783,*
Meister Johann Jacob Adam (1748—1792)
L. 21 (Silberteil) — Graf H. J. v. Kleist,
Hamburg. — J. J. Adam war in seiner Zeit
einer der bedeutendsten Meister in Augsburg. An dem hier gezeigten Gerät verbinden sich der sparsam ausgesägte Dekor
in der großen wohlproportionierten Fläche
mit dem gebundenen Lorbeerkranz am Ansatz des Griffes zu einer Einheit, obwohl
das eine Ornament noch dem Rokoko
nahesteht, das andere dagegen zu den
Stilelementen des Louis-Seize gehört.

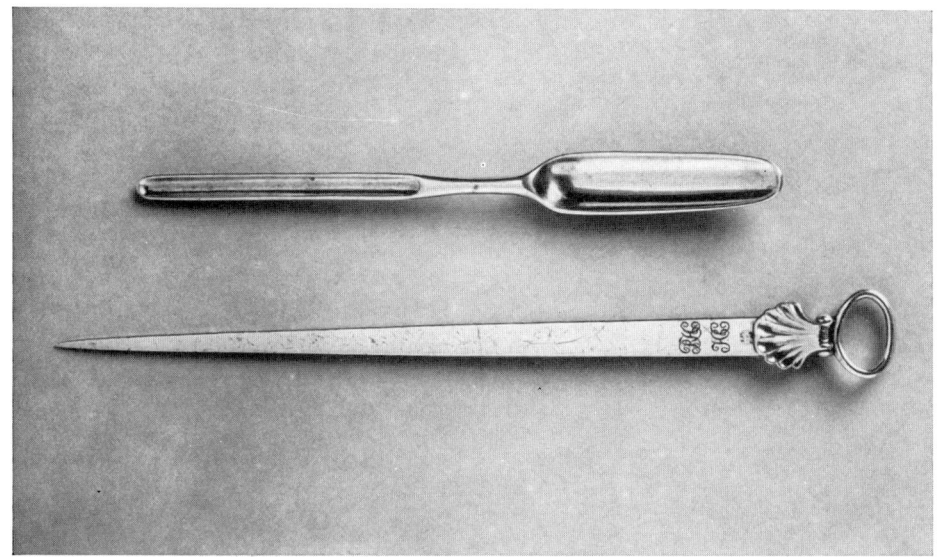

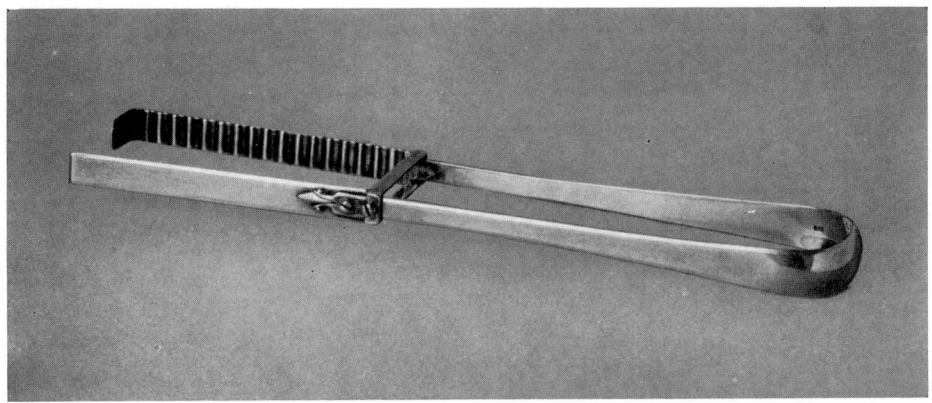

358 MARKLÖFFEL. *London 1767, Meister Lewis Herne, L. 21,8 — und Fleischspieß, London 1759, ohne Meistermarke, L. 28,2 — Kunsthandel W. Meinz-Arnold, Hamburg.* — Marklöffel und Fleischspieß sind typisch englische Geräte. Die Schönheit des Löffels wird bestimmt durch das Verhältnis der Glieder zueinander. Der Fleischspieß erhält seinen einzigen Schmuck in Form einer Muschel. Beide Stücke sind gegossen.

359 SPARGELZANGE. *London 1784, Meister George Smith, L. 27,5 — Kunsthandel W. Meinz-Arnold, Hamburg.* — Die Formgebung dieser Spargelzange ist völlig durch ihre Funktion bedingt, der einzige Schmuck besteht in der ausgesägten und mit zwei eingestochenen Linien versehenen Befestigung der Führungsschiene.

360 ZWEI SAUCENKELLEN. (links) *Hamburg um 1810, unbekannter Meister, L. 19,5 — Altonaer Museum in Hamburg.* — (rechts) *Rußland, datiert 1831, Meister Bergwitz, L. 18,8 — Besitz U. u. M. Gratenau Hamburg.* — Bei beiden Kellen sind die Laffen innen vergoldet. Die Kelle mit der muschelförmigen Laffe hat einen Perlrandstiel, der zu den beliebtesten Besteckmustern der Zeit gehörte. Der Stiel der rechten Kelle mit ovaler Laffe hat am Ende des spatenförmigen Stieles eine aufgesetzte Muschel.

361 SAUCENKELLE. *Tondern 1787, Meister Andreas Nissen, L. 18,7 — Slg. E. Schliemann, Hamburg.* — Die Laffe von ovaler Grundform hat weit in die Mitte hineingetriebene Falten; der Stiel ist am Ende mit einer gravierten Rocaille geschmückt.

362 OLIVENLÖFFEL. *Nordholland um 1850, Firma Benten & Zonen, L. 24,5 — Graf H. J. v. Kleist, Hamburg.* — Die Gestaltung des Stieles und der ausgesägten Ornamente der Laffe erfolgte im sogenannten zweiten Rokoko-Stil.

360

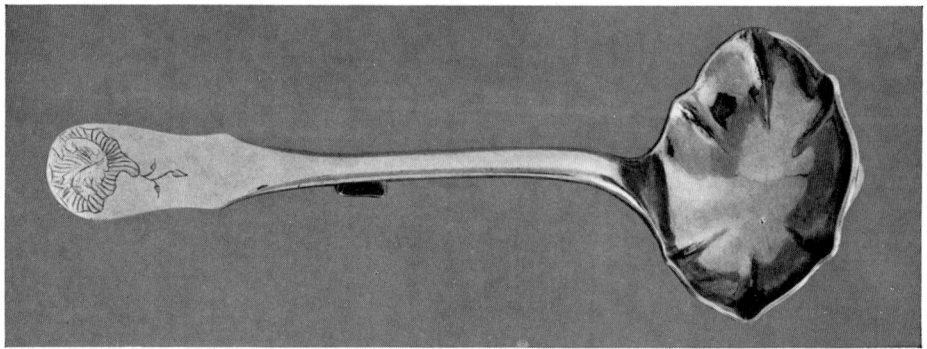

361

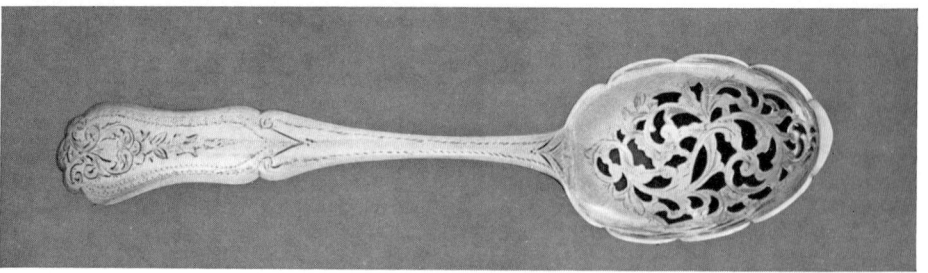

362

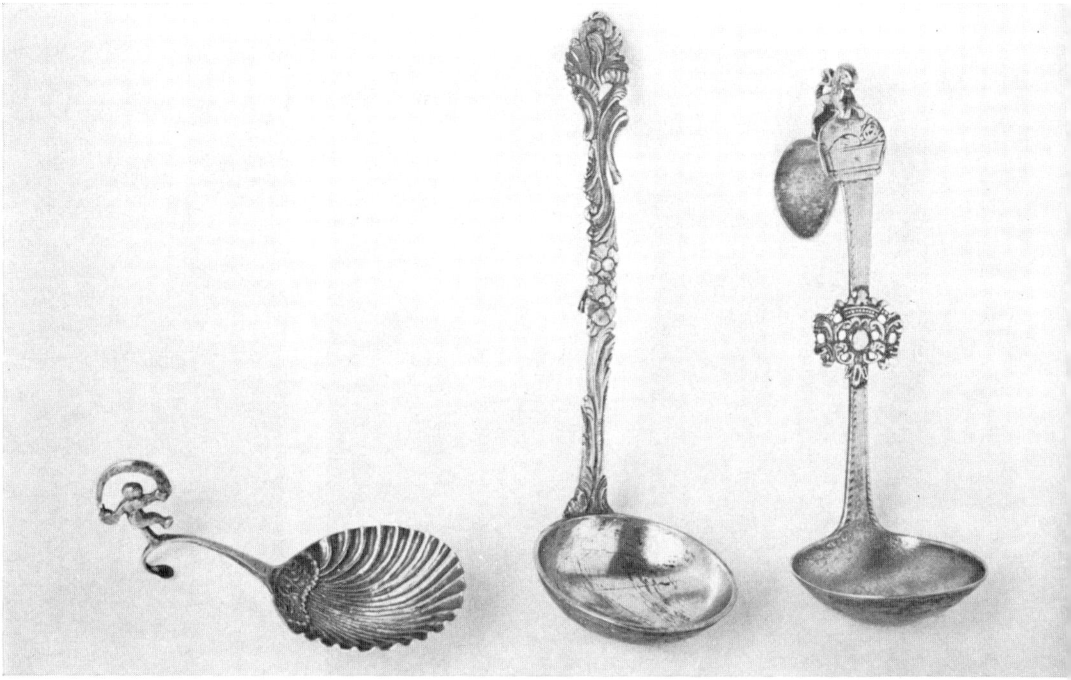

363

363 DREI SAHNELÖFFEL,
alle norddeutsch, rechts
außen Tönning 1791 bis
1799, Meister P.W.Brandt,
die anderen um 1800, L.
8,6, 15,5 und 14,5 — Altonaer Museum in Hamburg.
Löffel dieser Form werden
nur an der norddeutschen
und dänischen Küste ver-
wendet.

364 ZUCKERSTREULÖFFEL.
Kopenhagen 1781, Ward-
ein C. Fabritius Monats-
stempel 20. 3. — 20. 4.,
Meister Joh. Henrich Ke-
meter, L. 22,5 — Privat-
besitz Hamburg. —

365 ZUCKERZANGE. Ton-
dern Ende 18. Jahrhundert,
Meister Andreas Christian
Bödewadt, Bürger 1761,
gest. 1815, L. 13,1 — Altonaer Museum in Hamburg.

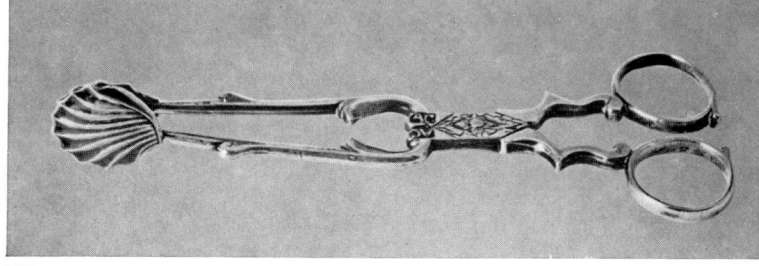

364

365

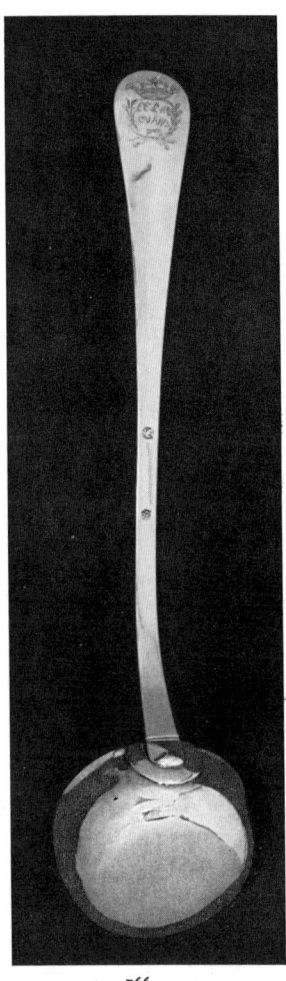
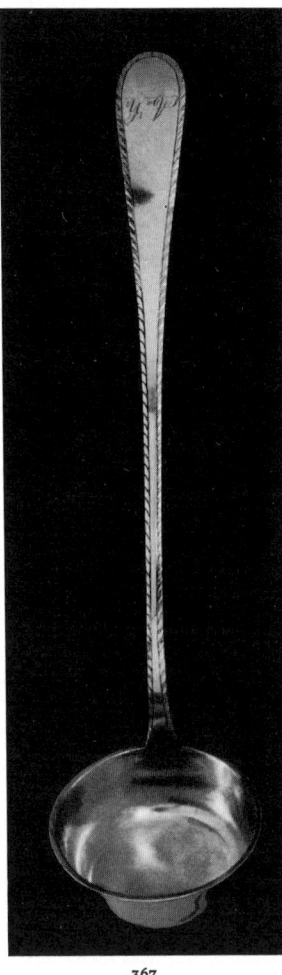
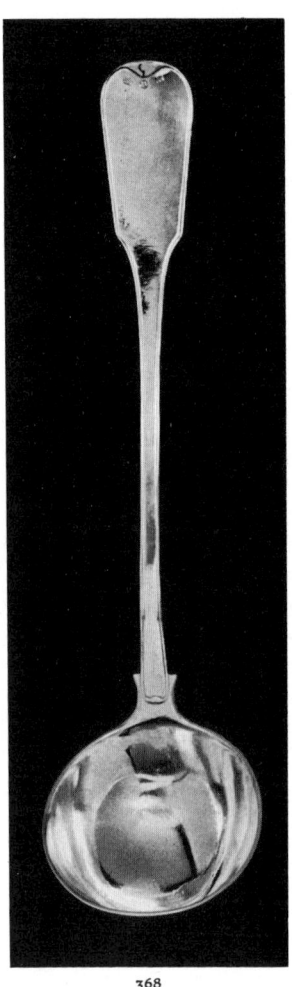

366   367   368

366 Suppenkelle. *Potsdam um 1760, L. 36,2 — Graf H. J. v. Kleist, Hamburg.* — Der Stiel, der sich zum abgerundeten Ende gleichmäßig verbreitert, ist mit einer Verstärkung an die runde, tiefgewölbte Laffe angefügt.

367 Suppenkelle. *Dresden 1774, MZ. CAL, L. 41,8 — Graf H. J. v. Kleist, Hamburg.* — Die Kanten des schmalen Stieles mit abge-

rundetem Ende haben eine Gravierung, die im Englischen als Feder-Muster bezeichnet wird.

368 Suppenkelle. *Breslau um 1800, MZ. JAT, L. 35,6 — Graf H. J. v. Kleist, Hamburg.* — Der Stiel verbreitert sich am Ende spatelförmig. Eine eingestochene Rille läuft parallel zu den Kanten. Dieser Dekor wird als „Fadenmuster" bezeichnet.

369 BUTTERSCHAUFEL. *Reval um 1750, MZ. HR, L. 18,9 — Privatbesitz Hamburg.* — Der kräftige, in seinem schmalen Teil runde Stiel verbreitert sich zum abgerundeten Ende gleichmäßig. Die eiförmige Schaufel ist mit kräftigen Querriffeln versehen.

370 FISCHHEBER. *Altona um 1810, Meister Hans Nicolaus Heier, L. 34,3 — Hamburg, Altonaer Museum.* — Das asymmetrische spitze Schaufelblatt ist mit ausgesägten und gravierten Ranken und Bogenlinien geschmückt. Der in die Stieltülle eingenietete Elfenbeingriff ist in seinem oberen Teil geriffelt.

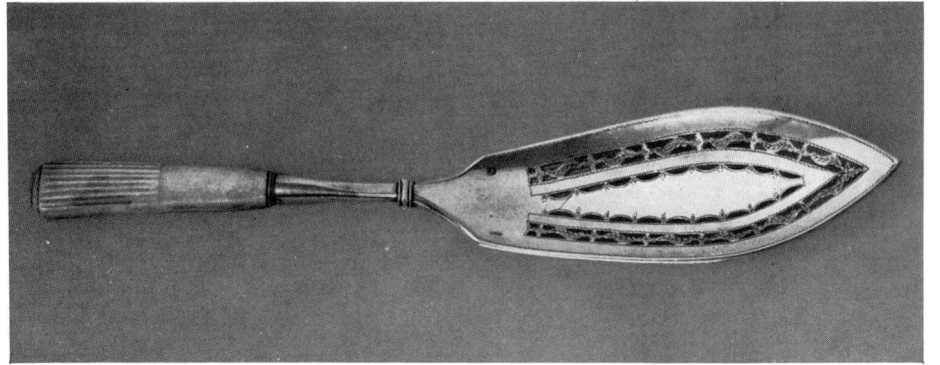

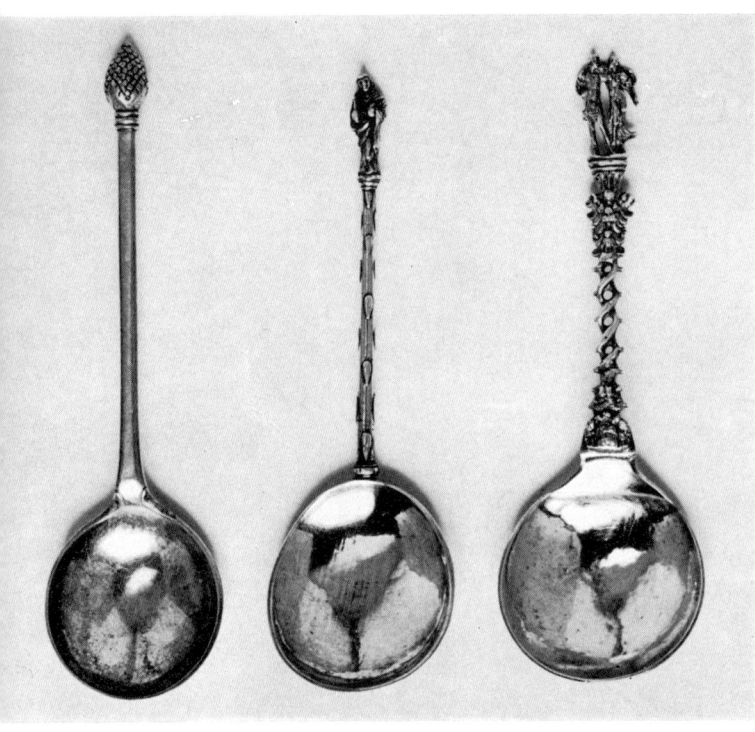

371 DREI LÖFFEL. *Norddeutschland und Niederlande, 17. Jahrhundert, L. ca. 17,5 — Hamburg, Altonaer Museum.* — An die runde Laffe des linken Löffels wurde ein gerader Stiel mit einem Pinienzapfen gesetzt. Der Stiel des mittleren Löffels ist mit tropfenförmigen Schuppen besetzt, Abschluß ist eine Apostelfigur. Beim rechten Löffel steht ein Paar, die Arme einander über die Schultern gelegt, auf dem Ende des Stieles aus zwei verdrehten Stäben und Palmetten. Die Laffe hat einen fast rechtwinklig gebogenen Ansatz.

372 LÖFFEL (links). *Salzburg um 1600, L. 15;* LÖFFEL MIT BUCHSBAUMLAFFE (rechts). *München um 1600, L. 16 — Prof. C. Crodel, München.* — Die spitz-eiförmige Laffe ist der Oberseite des stark gebogenen Stieles aufgesetzt, der unter der Laffe so abgeflacht ist, daß der Löffel gestellt werden kann. Das obere Ende schließt mit einem geschweiften Schild. Der Löffel mit der hölzernen Laffe ist in gleicher Weise geformt.

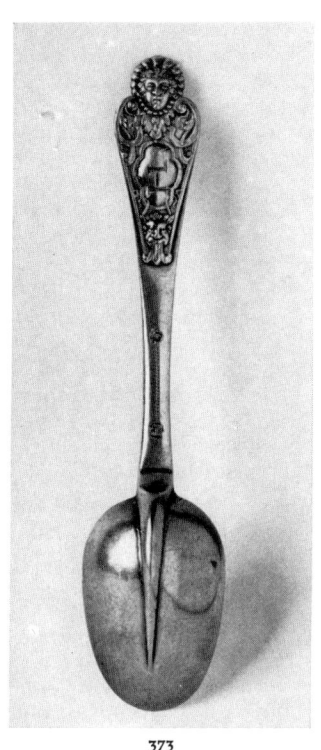
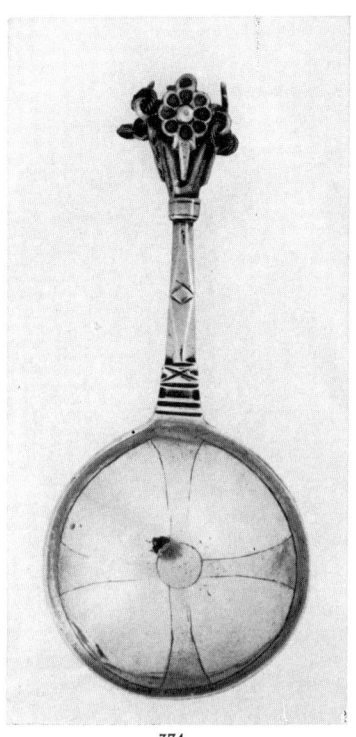

373   374   375

373 LÖFFEL. *Österreich um 1700, MZ. Hausmarke, L. 19,4 — Hamburg, Altonaer Museum.* — Das Stielende des gegossenen Löffels zeigt auf der Unterseite Roll- und Beschlagwerk mit Masken. Der Stiel greift mit einer langausgezogenen Spitze weit auf die Unterseite der Laffe über. Diese Form wird im Englischen als „rat-tailed" bezeichnet.

374 SOGENANNTER KRONENLÖFFEL. *Karlskrona 1711, Meister Casimir Friedrich Meidt, L. 14,5 — Mora, Anders Zorn Samlingarna.* — In die runde Laffe wurde ein Kreuz graviert, der Stiel ist in Holzschnitzmanier gestaltet, ein Krönchen auf seinem Ende wurde mit Rosetten und Drahtringen in Ösen geschmückt.

375 LÖFFEL. *Växjö 1768, Meister Hakan Breckenberg, L. 13,5 — Mora, Anders Zorn Samlingarna.* — In die Laffe wurde ein Akanthusornament graviert, der flache Stiel hat am Ende einen weiblichen Kopf.

376 VORLEGEBESTECK.
*Amsterdam um 1700, ohne
MZ., L. 32,5 (Messer) —
Hamburg, Altonaer Museum.* — Die Gestalt des
Heiligen Georg zu Pferde
wurde so eng zusammengefaßt, daß sie sich in die
Form der Griffe fügte.

377 VORLEGEBESTECK. *Datiert 1774, ohne Marken,
L. 26 (Messer) — Hamburg, Altonaer Museum.* —
Die gewundenen Falten
der gegossenen Griffe haben am oberen Ende ziseliertes Muschelwerk.

378 REISEBESTECK IM ETUI.
*Vermeil, Augsburg 1743
bis 1745, Meister Joh. Bartermann; GEWÜRZDOSE um
1735, Meister Joh. Engelbrecht, L. (Etui) 27 — ehemals Auktionshaus Lempertz, Köln.* — Das Etui
enthält ein dreiteiliges Eßbesteck, eine Vorlegegabel,
einen kombinierten Eier-
und Marklöffel und eine
Gewürzdose. Die Stiele
haben die Grundform des
sogenannten Fadenmusters,
auf die Enden wurde Muschelwerk graviert. Der
Dosendeckel zeigt graviertes Bandelwerk.

379 ESSBESTECK. *Augsburg um 1700, ohne MZ.,
L. 20,2 (Messer) — Prof.
C. Crodel, München.* —
Ausgesägtes und graviertes weißsilbernes Rankenwerk, das noch die
Vorbilder von Arabesken
erkennen läßt, wurde den
vergoldeten Stielen von
Gabel und Löffel aufgelegt und umfaßt den Griff
des Messers.

377   376

214

378

379

380

381

382

380 GABEL UND LÖFFEL. *Den Haag um 1750, MZ. ES, L. 20,4 (Löffel); Löffel. Dublin 1745, MZ. verschlagen, L. 21 — Kunsthandel W. Meinz-Arnold, Hamburg.* — Die Grundform der Stiele ist die gleiche, ein Grat auf der Oberseite der Stielenden ist bei dem Löffel aus Dublin besonders kräftig ausgebildet.

381 BESTECK UND OBSTBESTECK. *Dresden 1774, MZ, CAL, L. 23 (Messer) — Graf H. J. v. Kleist, Hamburg.* — Die Stiele von Löffel und Gabel zeigen das sogenannte Federmuster, die Griffe des Messers und des Obstbestecks sind abgeflacht achtkantig.

382 TAFELBESTECK UND GEMÜSELÖFFEL. *Augsburg 1791—93 und 1793—95, MZ. APG, L. 24 (Messer) — Graf H. J. v Keist, Hamburg.* — Das Besteck zeigt die am weitesten verbreitete Form des Fadenmusters.

383

384

383 Gemüselöffel, Teelöffel und Tafelbesteck. *Breslau um 1800, MZ. JAT, L. 32
(Gemüselöffel) — Graf H. J. v. Kleist, Hamburg.* — Das Besteck zeigt eine Abwandlung des klassischen Fadenmusters mit
dichter am Rand verlaufendem „Faden"
und einer kleinen Zunge am Stielende.

384 Dessertbesteck. *Berlin um 1840, Meister Hossauer, L. 22,7 (Messer) — Privatbesitz Hamburg.* — Das Muster der Griffe
ist in England unter der Bezeichnung
„Kings-Pattern" entstanden und zeigt ein
Fadenmuster, das auf den violinförmigen
Enden mit einer Muschel besetzt ist.

385 Tafelbesteck und Dessertlöffel.
*Berlin um 1840, Meister Joh. Friedrich De-
messieur, L. 25 (Messer) — Graf H. J. v.
Kleist, Hamburg.* — Das Besteck hat Faden-
mustergriffe, die Grundform ist durch zwei
gegenläufige Spiralen auf dem Stielende
variiert. Für die Zeit sind die scharfen
Ecken der Gabel charakteristisch.

385

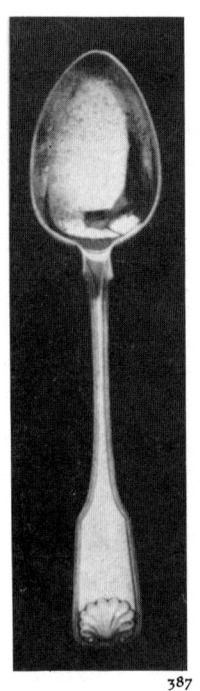

386

387

386 DESSERTBESTECK. *Vermeil, Posen um 1850, Meister Blau, L. 18,4 — Privatbesitz Hamburg.* — Die Form, das sogenannte Spatenmuster, zeigt die Grundform des Fadenmusters, man verzichtete aber auf jede Gravierung. Die Klinge des Messers ist aus Silber. Typisch für die Zeit sind die kleinen seitlichen Auswüchse am unteren Stielende von Löffel und Gabel.

387 LÖFFEL. *Kopenhagen 1839, Meister H. L. Schmidt, L. 22,2 — Besitz des Verfassers.* — Das Fadenmuster wurde um eine Muschel auf dem Stielende bereichert.

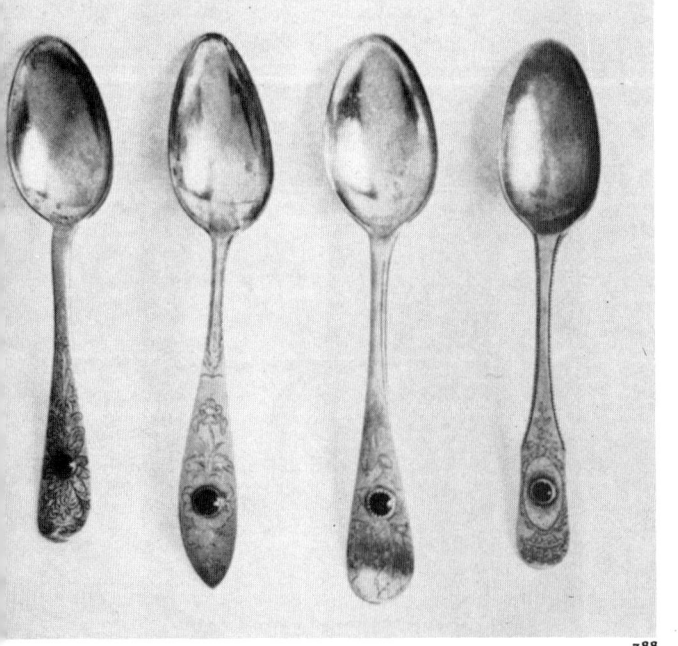

388

388 VIER LÖFFEL. *Schleswig-Holstein, 1795—1830, L. 22—24 — Hamburg, Altonaer Museum.* — In Nordwestdeutschland liebte man es, mit facettierten Glasflüssen die Stielenden zu schmücken, die dann noch eine Gravierung, meist mit Blütenmustern erhielten.

389 BESTECK. *Wien um 1900, Entwurf
C. O. Czeschka, Ausführung Wiener Werkstätten, L. 21,3 — Frankfurt / Main, Museum
für Kunsthandwerk.* — Mit seinem klaren,
großzügigen Umriß und dem z. T. geometrischen, z. T. vegetabilen Dekor ist
das Besteck typisch für den Stil der Wiener
Werkstätten. In die Griffenden wurden
Malachit-Stücke eingesetzt.

390 BESTECK. *Entstanden 1925 in Itzehoe
nach Entwürfen von Wenzel Hablik. L.
zwischen 21,5 und 10,8 — Hamburg, Museum für Kunst und Gewerbe.* — Die Modelle waren ursprünglich für eine Serien-
fabrikation bestimmt, ihr Stil zeigt Einflüsse der Wiener Werkstätten und des
Bauhauses.

389

390

391 WACHSSTOCKBEHÄLTER.
*Kopenhagen vor 1726,
MZ. unleserlich, Wardein
C. Ludolf, B. 8,5 — Slg.
Petersen, Aabenraa.* —
Vier gespaltene Voluten-
füßchen tragen die Dose
von hufeisenförmigem
Querschnitt, die in der
Mitte geteilt und am Bo-
den durch ein Scharnier
zusammengehalten ist. Die
Kanten sind von Profilen
umzogen, die Flächen mit
ziselierten Rocaillen be-
deckt. In die Mitte der
Oberseite ist ein Loch ge-
schnitten, durch das der
Wachsfaden geführt wurde.

392 WACHSSTOCK. *Schwe-
rin um 1765, unbekannter
Meister, H. 16 — ehem.
Privatbesitz, Hamburg.* —
Drei Füße tragen den ge-
schweiften flachgewölbten
Sockel, den ziselierte Blüten und Muschelwerk be-
decken. Ein kräftiger runder Stab, um den der
Wachsfaden gewickelt
wurde, trägt eine runde
Platte, über der eine
Klemmvorrichtung mit
gravierten Rocaillen den
Faden hielt. Auf die Spitze
des Schaftes ist eine ge-
gossene Blattknospe ge-
setzt.

393 WACHSSTOCK. *Süd-deutschland um 1760, ohne Marken, H. 10,5 — Vera Steckner-Crodel, Hamburg.* — Ein getriebener Apfel mit gegossenem Stiel und ziselierten Blättern wird am Boden durch ein Scharnier zusammengehalten. Auf seine Oberseite ist ein kleines Röhrchen gesetzt, durch das der Wachsfaden geführt wurde.

394 WACHSSTOCK. *Hamburg um 1800, Meister Joh. David Rothe, H. 14,5 — Hamburg, Altonaer Museum.* — Auf eine ovale Platte mit einer Grifföse am Rande ist ein Bügel aufgesetzt; um einen waagerechten Stift, der durch ihn hindurchgeführt ist, wurde der Wachsfaden gewickelt, dessen Ende durch ein Röhrchen auf der muschelförmigen Haube herausgezogen wird. Seitlich am Bügel hängt ein Löschhütchen.

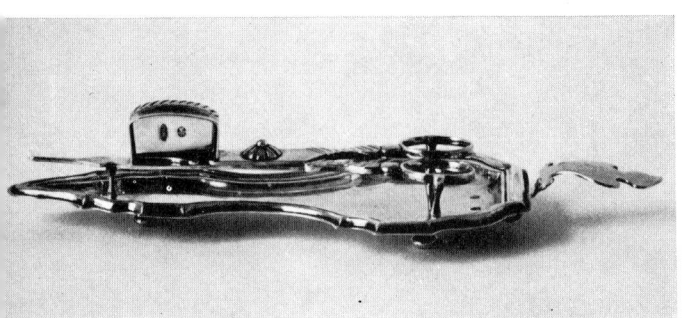

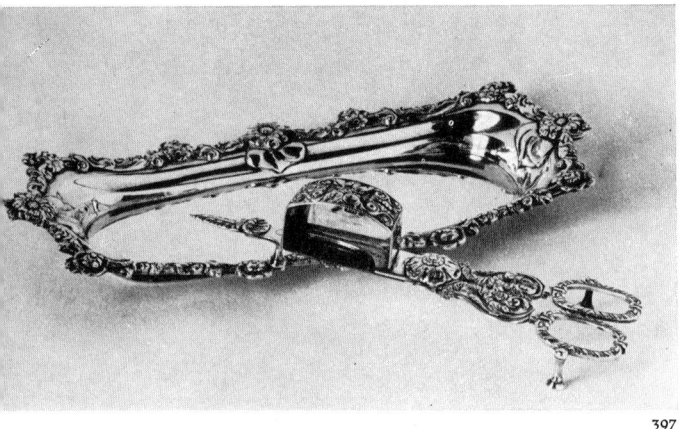

396

397

395

395 LICHTPUTZSCHERE MIT STÄNDER. *London 1696, MZ. TB, H. 10,8 (Ständer ohne Schere) — London, Victoria & Albert Museum.* — Die quadratische, an den Ecken abgeschrägte Platte hat einen godronierten Wulst, ein gedrungener Balusterknauf trägt einen rechteckigen Behälter mit geschweiften Schmalseiten zur Aufnahme der Schere.

396 LICHTPUTZSCHERE MIT TABLETT. *Nürnberg um 1735, MZ. FBF, L. 23,7 — Privatbesitz Hamburg.* — Die Schere hat drei Füßchen, die Nietung der beiden Schenkel ist godroniert Das Tablett auf Kugelfüßen hat eine gestreckt-dreieckige Form mit geschweiftem Umriß und profiliertem Rand.

397 LICHTPUTZSCHERE MIT UNTERSATZ. *London 1819, MZ. W. E, L. 25,3 — Dr. Ing. Schünemann, Hamburg.* — Das rechteckige Tablett, dessen Rand an den Enden ansteigt, ist an den Kanten mit ziselierten Blüten geschmückt, die in ähnlicher Form auch auf der Schere angebracht wurden.

398 SCHREIBZEUG. *Kopenhagen 1723, Meister Philipp Lorenz Weghorst, B. 29 — ehemals Auktionshaus Arne Bruun Rasmussen, Kopenhagen.* — Auf das passig geschweifte Tablett sind zwei Kerzentüllen aufgesetzt, runde Vertiefungen nehmen Tintenfässer, Streusandbüchse und die Tischglocke auf. Zwei Löschhütchen und eine Lichtputzschere vervollständigen die Garnitur.

399 SCHREIBZEUG. *Hamburg 1693, unbekannter Meister, B. 17.* — Ein rechteckiger Kasten auf Kugelfüßen, darin Tintenfaß und Sandstreubüchse, hat eine halbkreisförmige Rückwand, die das gravierte, von Löwen gehaltene Hamburger Wappen trägt.

398

399

401

402

400 SCHREIBZEUG. *Rom um 1795, MZ. FP, B. 24 — ehemals Auktionshaus Weinmüller, München.* — Ein ovales Tablett mit hohem Rand trägt Tintenfaß, Sandbüchse und ein Gefäß zur Aufnahme der Federn. Antike Vasen und Urnen waren Vorbilder für die Formen, Mäander und Tiermasken bilden den Schmuck.

401 TINTENFASS UND SANDBÜCHSE. *Paris 1713, Meister Antoine Jossey, H. 5,3 — Frankfurt/Main, Museum für Kunsthandwerk.* — Die gegossenen Gefäße haben Schraubdeckel mit umklappbaren Griffen.

402 TINTENFASS UND SANDBÜCHSE. *Rom um 1740, MZ. achtstrahliger Stern, H. 7,9 — Slg. Th. Horst, Hamburg.* — Die senkrechten Zargen stehen auf quadratischem Grundriß mit abgefasten, profilierten. Ecken. Die Deckel wurden vertieft eingesetzt.

403 TISCHGLOCKE. *Hamburg um 1740, Mei-*
ster Hinrich P. Göldener, H. 9,9 — Ham-
burg, Museum für Kunst und Gewerbe. —
Der Rand der Glocke ist profiliert, der
Griff hat die Form eines Balusters.

404 TISCHGLOCKE. *Amsterdam 1766, Mei-*
ster Jan Pondt, H. 14,5 — Slg. E. Schlie-
mann, Hamburg. — Gewundene Falten und
ziselierte Blätter schmücken die Glocke, der
Griff ist balusterförmig aus Blattknospen
zusammengesetzt.

405 SANDUHR. *Hamburg 1678, Meister*
Leonhard Rothaer I., H. 20 — Hamburg,
Senat der Freien und Hansestadt. — Fünf
Stützen aus korkenzieherartig gewundenen
Blechstreifen tragen die runden Platten,
die mit ausgezackten Zargen die Sanduhr
halten, deren Mitte von einem gekordelten
Draht umzogen ist.

405

403

404

225

406

406—411 TEILE EINER TOILETTE-GARNITUR *Augsburg um 1720, MZ. runde Blüte (R3 757) — ehemals Kunsthandel Frau Paula Heuser, Hamburg.* — Gießbecken mit Wasserkarne (B. 42, H. 17) ovale Dose (B. 18) Bürste (B. 7) rechteckiger Kasten (B. 22,5)

Räuchergefäß (B. ca. 17) Leuchter und Lichtputzschere mit Tablett (H. 10,5, L. 26). Bis auf die Bürste wurden alle Teile mit gegossenen durchbrochenen Rankenbändern oder -flächen belegt. Zu der Garnitur gehört noch ein Spiegel.

407

408

409

410

411

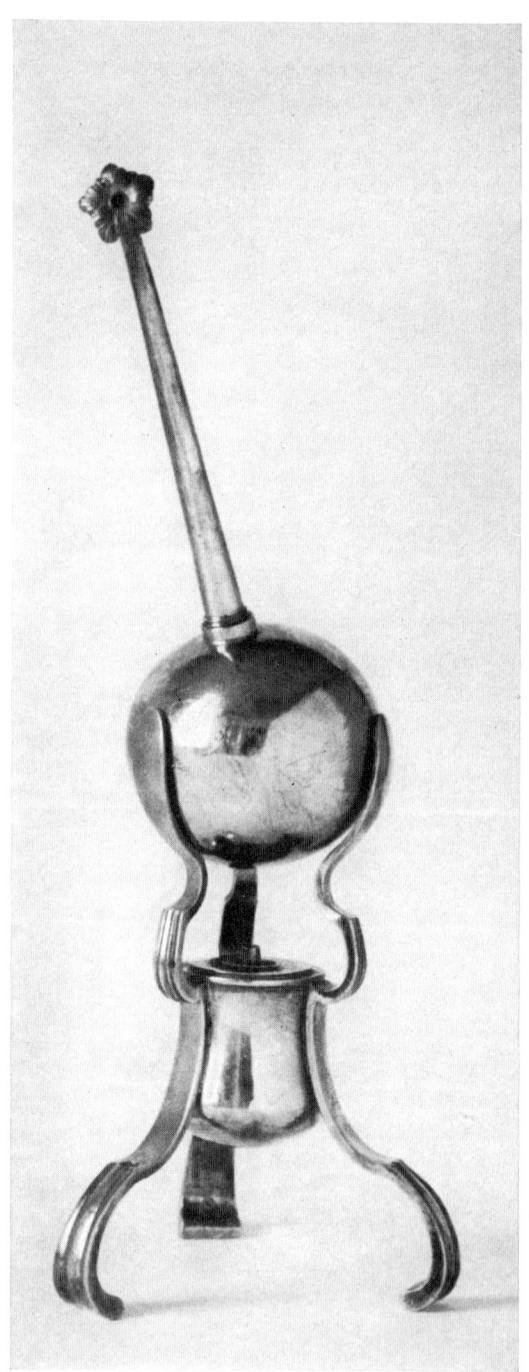

412

412 PARFUMZERSTÄUBER. *Berlin um 1750, Meister Carl Gottlob Jungerwirth, H. 28,8 — Graf H. J. v. Kleist, Hamburg.* — Drei aus C-Schnörkeln zusammengesetzte Beine tragen ein kleines Spirituslämpchen. Zwischen den oberen Enden der Beine ist der kugelige Parfumbehälter eingeklemmt. Ein langes, abschraubbares Rohr ist am Ende mit einer ziselierten Blüte besetzt, die die Düse umschließt.

413 SEIFENKUGEL. *Kopenhagen 1720, Meister Nicolai Junge, H. 8 — Slg. Petersen, Aabenraa.* — Die Kugel auf niedrigem gekehltem Fußring läßt sich in der Mitte auseinanderklappen. Ein kräftiges Profil umzieht den Rand an der Trennungsstelle.

414. BÜRSTE. *Kopenhagen 1768, MZ. undeutlich, Wardein F. Fabritius, B. 12 — Slg. E. Schliemann, Hamburg.* — Faltenpaare gliedern den Wulstrand der Fassung, der ebenso wie der Rücken mit Rocaillen und Blütenzweigen ziseliert ist.

415 TOASTPFANNE. *London 1790, Meister John Scofield, B. 23 — Slg. E. Schliemann, Hamburg.* — Die rechteckige Pfanne mit gerundeten Ecken und Kanten hat einen Klappdeckel mit Kugelknopf. Ein Haken, der mit einer Kette an der Stieltülle befestigt ist, kann den Deckel offenhalten.

413

414

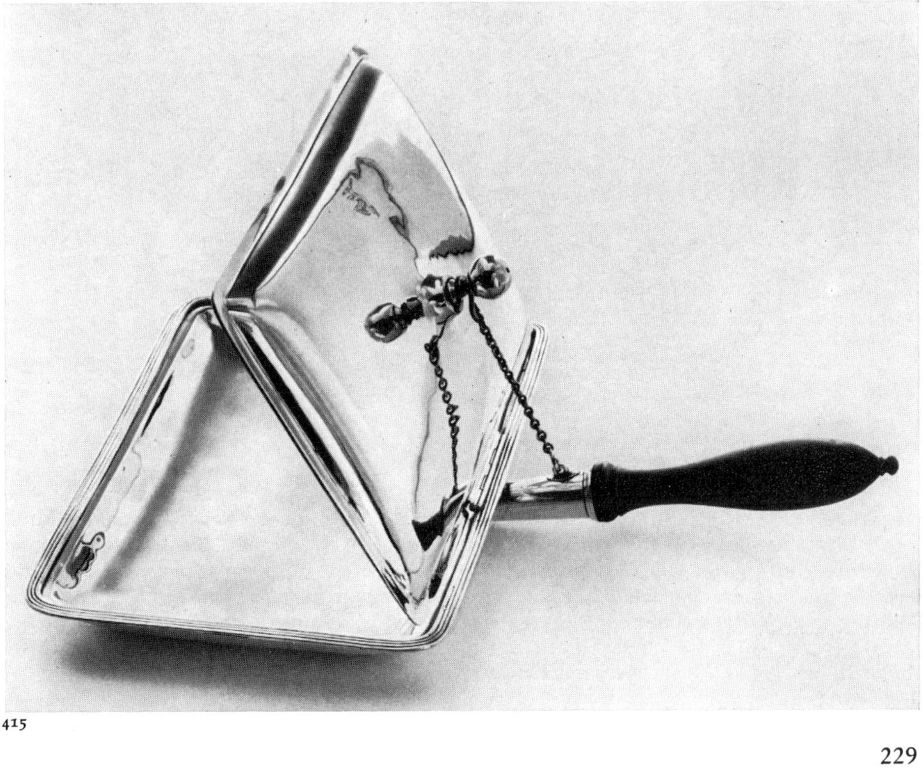

415

416

416 Relief in vergoldetem Bronzerahmen.
Augsburg 1717, Meister Joh. Andreas The-
lot, H. 22 — Stadt Dortmund, Museum für
Kunst und Kulturgeschichte, Schloß Cappen-
berg. — Das Relief zeigt eine Allegorie der
Künste und Wissenschaften. Auf einer
Schloßterrasse sind die neun Musen ver-
sammelt, in Wolken schweben die Götter
des Olymp.

417 Uhrgehäuse in Form eines Buches.
Frankreich um 1700 — Slg. Jagemann, Mün-
chen. — Der vordere Buchdeckel kann an
Scharnieren aufgeklappt werden. Die Gravierung zeigt eine Rollwerkkartusche mit
einem Gorgonenhaupt. Die Rahmen des
Uhrwerks bestehen aus vergoldetem Messing.

418 Dose. *Heidelberg um 1740, MZ. Grupe, B. 11 — Privatbesitz Hamburg.* — Die rechteckige Dose mit abgefasten Ecken steht auf vier Kugelfüßen. In den Deckel wurde eine Perlmutterplatte mit der gravierten Darstellung der Anbetung der heiligen drei Könige angesetzt.

419 Deckeldose. *Augsburg 1791—93, MZ. ICE, L. 16,2 — Graf H. J. v. Kleist, Hamburg.* — Der Deckel der glatten rechteckigen Dose ist am Rand von einem einfachen Profil umzogen.

420 Ovale Deckeldose. *Hamburg um 1675, Meister Zacharias Koep, Dm. 10,5 — Hamburg, Museum für Kunst und Gewerbe.* — Die vorstehenden Ränder von Dose und Deckel sind wellenförmig gebogen, die Zarge ist mit getriebenem Akanthuslaub und Blüten geschmückt, das Deckelrelief zeigt zwei Putten, die mit einem Vogel spielen.

421 DECKELDOSE. *Lüneburg um 1735, Meister G. C. Schmidt, Dm. 7 — Lüneburg, Museum für das Fürstentum Lüneburg.* — Auf den unteren Rand der Zarge wurde ein Kranz von Dreiecken, gefüllt mit stilisierten Blättern, graviert. Ein flacher Wulst umgibt die Deckelfläche, auf der ein Taubenpaar unter großer Krone, von einem Lorbeerkranz umschlossen, dargestellt ist.

422 OVALE DOSE. *Westdeutsch um 1740, MZ. GEL., L. 10 — Kunsthandel W. Meinz-Arnold, Hamburg.* — Das aus Wulst und Plättchen bestehende Profil bildet den einzigen Schmuck der Dose.

423 PILLENDOSE. *Hamburg um 1750, MZ. JHT, B. 7,5 — Besitz v. Stumm, Christianenthal.* — Die Schmalseiten der Dose sind geschweift, der Deckel ist mit gravierten Rocaillen und Putten auf punziertem Grund geschmückt.

233

425

424 RIECHDÖSCHEN. *Dänemark, Nord-deutschland und Niederlande, 18. und 19. Jh., H. 5—10 — ehemals Auktionshaus Weinmüller, München.* — Dosen in Urnenform und gekrönte Herzen waren im Norden häufig, in den Niederlanden dagegen Miniaturen größerer Gefäße.

425 RIECHDOSEN IN FISCHFORM. *Nord-deutschland 1760—1830, L. 28,5 — 7,4 — Hamburg, Altonaer Museum.* — Die Körper bestehen aus beweglichen Ringen, die Köpfe sind mit Scharnieren befestigt.

426

426 RIECHDOSEN IN EIFORM. *Norwegisch, die linke Larvik 1746, MZ. LS, L. 6,3 — Slg. E. Schliemann, Hamburg.* — Die Eier sind mit einem Gewinde versehen. Am stumpfen Ende eine Öse mit Ring, auf der spitzen Hälfte Kartuschen mit Initialen.

427 NÄHZEUG IN FISCHFORM. *Lüneburg um 1800, MZ. HN, L. 15,4 — Hamburg, Altonaer Museum.* — Unter dem abziehbaren Kopf ist ein Fingerhut über eine Garnspindel und eine Nadelbüchse geschraubt.

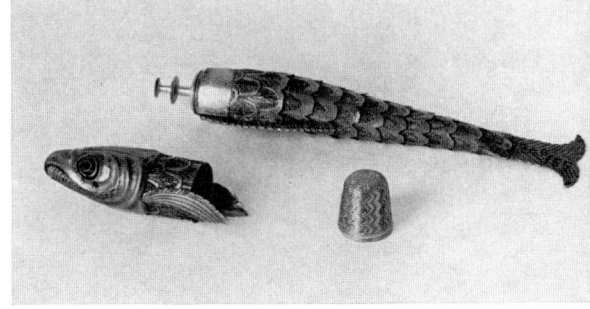

427

235

428

428 TALERDOSE. *Glück-stadt 1761, MZ. SC, L. 8 — Hamburg, Altonaer Museum.* — Die zylindrische Dose hat zwei gewölbte Klappdeckel. Durch eine Zwischenwand ist die Büchse geteilt. Das Relief der Wandung zeigt den guten Hirten, der seine Herde gegen den Wolf verteidigt. Auf den Deckeln sind zwei Hände über einem Haus und zwei schnäbelnde Tauben über einem Herzen dargestellt.

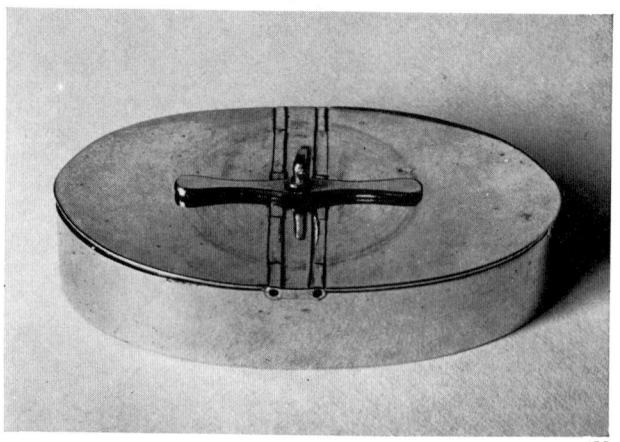

429

429 DECKELDOSE. *Moskau 1824, MZ. A. H, L. 9,9 — Kunsthandel E. J. Kratz, Hamburg.* — Die ovale glatte Dose hat zwei Scharnierdeckel, die durch einen Knebel auf einem Steg festgehalten werden.

430 SCHACHFIGUREN. *Ein Satz Vermeil, süddeutsch 1. Hälfte des 17. Jahrhunderts — ehemals Auktionshaus Weinmüller, München.* — Die Figuren in türkischer Kleidung sind aus der Form gegossen und ziseliert.

430

431

433

431 GÜRTELTASCHE. *Osten (Niederelbe)
um 1720, MZ. HF, B. 16 — Slg. E. Schliemann, Hamburg.* — Der Bügel mit Schnapp-
schloß zeigt in naiver Gravierung die Allegorien von vier Kardinaltugenden.

434

432 TASCHENBÜGEL. *Leer (Ostfriesland) um 1750, B. 17,5 — Hamburg, Altonaer Museum.* — Die Gravur zeigt in gerolltem Akanthuslaub Häusergruppen in holländischer Manier.

433 NADELKISSEN. *Süddeutschland um 1750, B. 10 — Kunstgewerbemuseum Berlin-Charlottenburg (Stiftung Preußischer Kulturbesitz).* — Getriebenes durchbrochenes Laub- und Muschelwerk wird durch Drahtstege zusammengehalten.

434 PUPPENSILBER. *Amsterdam, erste Hälfte des 18. Jahrhunderts — Slg. E. Schliemann, Hamburg.* — Mit großer Sorgfalt wurden diese Miniaturen nach dem Vorbild von Tafelsilber gestaltet.

435

435 PUPPENSILBER. *Amsterdam um 1750 — Slg. E. Schliemann, Hamburg.* — Die Büchsen, die Kassette und der Spiegel gehören zu einer Toilette-Garnitur.

436 PUPPENSILBER. *Artist auf der Balancierstange, Tablett und Löffel Amsterdam, Mitte des 18. Jahrhunderts, fünf Teeschalen mit Untertassen englisch — Slg. E. Schliemann, Hamburg.* — Der balancierende Artist ist einem Spielzeug nachgebildet, die anderen Stücke sind Nachahmungen von Tafelgerät.

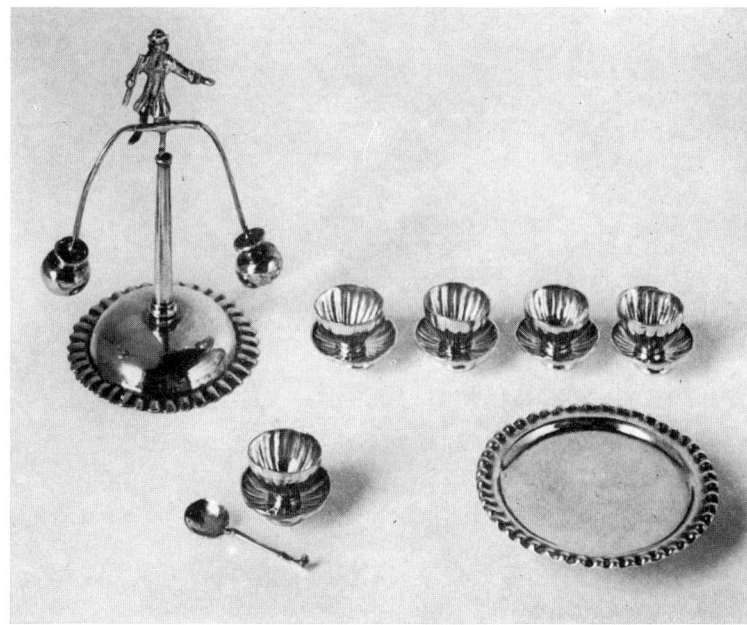

436

437

437 PUPPENSILBER. *Amsterdam um 1750,*
Wasserkessel mit Dreifuß H. 5,3 — Slg.
E. Schliemann, Hamburg. — Alle Stücke
außer der Kaffeekanne wurden Küchenge-
räten nachgebildet.

438 KESSELHAKEN *(rechts vorn) Frankreich*
Ende 18. Jahrhundert, das übrige Amster-
dam um 1750—70 — Slg. E. Schliemann,
Hamburg. — Die Küchengeräte sind teils
gegossen, teils getrieben.

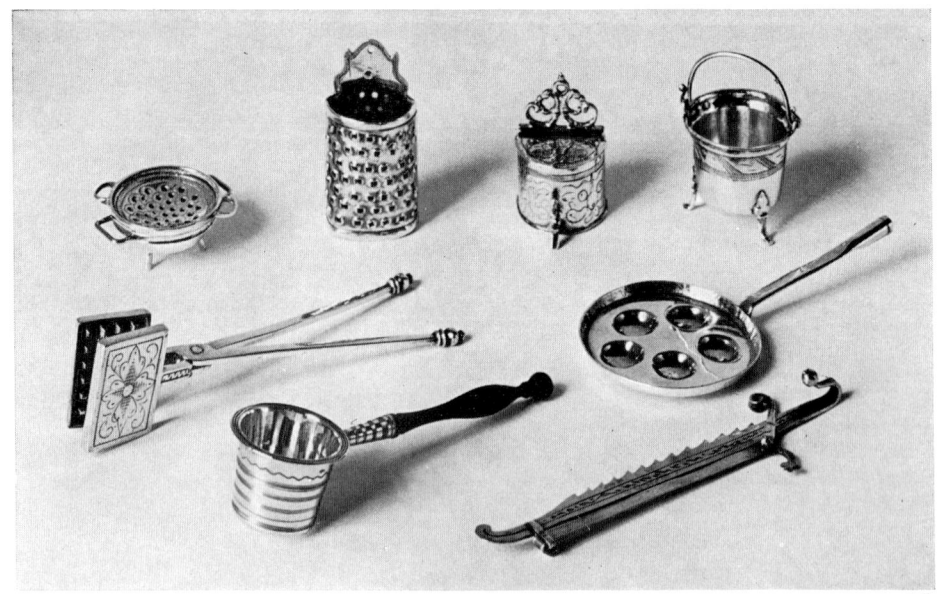

438

439 TEEMASCHINE. *Plated, Sheffield um
1760/70, H. 45,1 — London, Victoria & Albert Museum.* — Volutenfüße, die mit
Perlstäben besetzt sind, tragen die quadratische Fußplatte mit Gitterrand und
godroniertem Wulst, aus der ein schlanker
Schaft aufsteigt, der den urnenförmigen
Körper trägt. Die gravierte Kartusche zeigt
Rokoko-Formen, während die Gesamtform
bereits klassizistische Tendenzen aufweist.

440 TEEMASCHINE. *Plated, Sheffield um
1790, H. 36,9 — London, Victoria & Albert
Museum.* — Auf vier Kugelfüßen ruht eine
quadratische Fußplatte, die auf rundem
eingezogenem Schaft den sehr schlanken
Vasenkörper mit hochgezogenen Henkeln
trägt. Einziger Schmuck sind die Perlstäbe
an den Kanten und die blattförmigen Hen-
kelansätze.

441 KAFFEEKANNE. *Plated, Sheffield um 1765, H. 28 — London, Victoria & Albert Museum.* — Der ausladende Bauch trägt ein schlank eingezogenes Oberteil. Die ˙S-förmige Schnauze ist hoch angesetzt. Die Gravuren zeigen Akanthuslaub und architektonische Gebilde, die an Chinoiserien erinnern.

442 TEEKANNE. *Plated, Sheffield um 1790, H. 16,5 — London, Victoria & Albert Museum.* — Über gestreckt achteckigem Grundriß steigt die senkrechte Wandung auf. Die Schulter ist mit einem Gitterrändchen geschmückt. Die Deckelmitte erhebt sich zu einer gekanteten Wölbung, auch die konische Ausgußtülle ist achtkantig.

443 ZUCKERKORB MIT GLASEINSATZ.
*Plated, Sheffield um 1780, H. 19,1 —
London, Victoria & Albert Museum.*
— Lorbeer und Akanthuslaub,
Mäander und Festons bilden den
Schmuck des durchbrochenen Korbes
mit Bügelhenkel.

444 GEBÄCKKORB. *Plated, Sheffield
um 1765, B. 35 — London, Victoria
& Albert Museum.* — Der schräge
Fußring und die weitausladende geschweifte Wandung des ovalen Korbes sind in einem Rosetten- und
Blütenmuster durchbrochen. Der Henkel an Scharnieren hat ein durchbrochenes Mittelstück und S-Schnör-
kel an den Enden.

445 GEBÄCKKORB. *Plated, Sheffield
um 1795, B. 35 — London, Victoria
& Albert Museum.* — Fußring und
Wandung sind aus senkrechten Git-
terstäben gebildet, in den oberen
Rand wurde auf der Innenseite ein
Eierstab graviert.

444

443

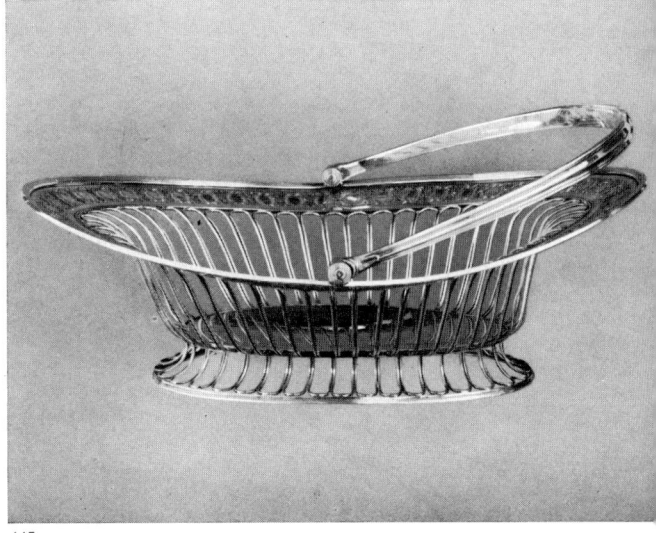

445

446 ARGYLE. (Kanne zum *Warmhalten von Soßen mit heißem Wasser) Plated, Sheffield um 1775, H. 17,8 — London, Victoria & Albert Museum.* — Der konische Untersatz wurde mit heißem Wasser gefüllt, das bauchige Oberteil nahm die Soße auf, die durch die hochgezogene Schnauze, die durch das heiße Wasser führt, ausgegossen werden konnte. Der Henkel ist mit Rohr umflochten.

447 SOSSEN-TERRINE MIT UNTERSATZ. *Plated, Sheffield um 1790, B. 28,6 — London, Victoria & Albert Museum.* — Die Terrine in Kantharos-Form auf bootförmigem Untersatz mit hochgewölbtem Deckel ist mit flachen Godronen geschmückt.

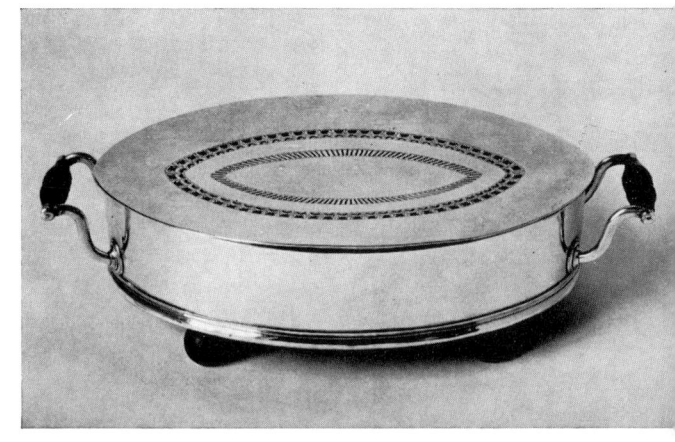

448 RECHAUD. *(Für Heißwasser)*
Plated, Sheffield um 1780, B. 33,5 —
Kunsthandel W. Meinz-Arnold,
Hamburg. — Das ovale Gefäß mit
hölzernen Kugelfüßen und hölzernen
Griffen an den seitlichen Henkeln
hat in seiner Deckplatte zwei spitz-
ovale durchbrochene Streifen.

449 FLASCHENUNTERSATZ. *Plated,*
Rußland Mitte 19. Jahrhundert, Mei-
ster T. Anissimo, Dm. 16,2 — U. und
M.-L. Gratenau, Hamburg. — Die
Wandung mit getriebenem Dekor
im Stile des zweiten Rokoko umfaßt
einen gedrechselten Holzboden.

450 SCHREIBZEUG. *Plated, Sheffield*
um 1790 — London, Victoria & Al-
bert Museum. — Das Tablett auf
Kugel- und Klauenfüßen mit senkrechtem Gitterrand trägt drei runde
Fassungen zur Aufnahme von gläsernen Gefäßen mit Plated-Deckeln.

451

452

451 LEUCHTER. *Plated, Sheffield um 1760,
H. 29 — London, Victoria & Albert Museum.*
— Der sechspassige Sockel und der Balu-
sterschaft sind reich mit Muschelwerk und
Rocaillen geschmückt.

452 LEUCHTER. *Plated, Sheffield um 1780,
H. 30 — London, Victoria & Albert Museum.* — Die quadratische Basis ist mit
Perlstäben und Festons an Widderköpfen
geschmückt, um den glatten Schaft winden
sich drei Ketten von Lotosknospen, ein
korinthisches Kapitell trägt den quadratischen Tropfteller.

453 GIRANDOLE. *Plated, Sheffield um 1790
H. 44,5 — London, Victoria & Albert Mu-
seum.* — Der Rand des ovalen Sockels ist
mit flachen Godronen geschmückt, schlanke
Lorbeerblätter umfassen den polygonalen
Schaft und die Tülle, die die korkzieher-
artig gewundenen Kerzenarme trägt. Die
Tropfteller haben einen zarten Gitterrand.

246

454

456

455

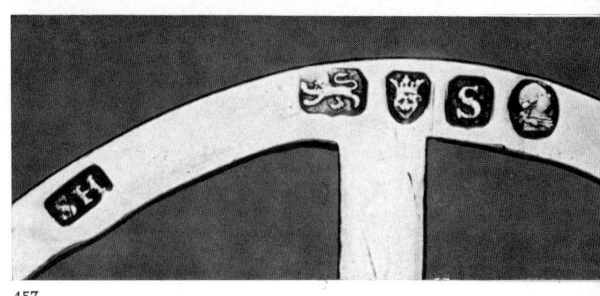

457

454 Zwei Bündel PROBIERNADELN zur Feingehaltsbestimmung („Strichprobe") von Gold und Silber. Die gegossenen Halterungen sind vergoldet. *Um 1600 — Frankfurt/ Main, Museum für Kunsthandwerk.*

455 MERKZEICHEN EINER TEEKANNE. *Danzig. Jahresbuchstabe S, Meister Schlaubitz (Marke verschlagen) (vgl. Abb. 167).*

456 MERKZEICHEN EINER SEIFENKUGEL. *Kopenhagen 1720, Wardein Carsten Ludolf, Meister NCI (seit 1716), Monatszeichen Steinbock (22. 12. — 20. 1.) (vgl. Abb. 413).*

457 MERKZEICHEN EINES TOAST-STÄNDERS. *Meister Samuel Hennell, Sterling-Silber, London, Jahresbuchstabe S (1793), Steuerstempel Georg II. (vgl. Abb. 353).*

247

ONS DES FABRICANS D'OUVRAGES D

NOS.	POIÇONS	NOMS.
34		I. C. HEUER.
35		H. D. WULFF.
36		D. KRÖNCKE.
37		N. DETJENS. B.F.
38		N. HEINSOHN. F.B.
39		I. B. D. HÖVET. K.O.

458 PLATTE MIT NAMEN UND MEISTERZEICHEN von Hamburger Goldschmieden aus dem Jahre 1812. Der gezeigte Ausschnitt ist etwa 10 cm hoch. — ehem. *Staatsarchiv Hamburg.*

Virgil Solis, Nürnberg 1514–1562
Aussgetailt Spiczen zu groß
unnd kleine werck
Entwürfe für Arabesken

SPITS-BOECK
Dienſtich den Gout en Silꝟ
verſmeden om te Snÿden
en Drÿven door P.R.K.

C. I. Viſſcher Excudebat An° 1617.

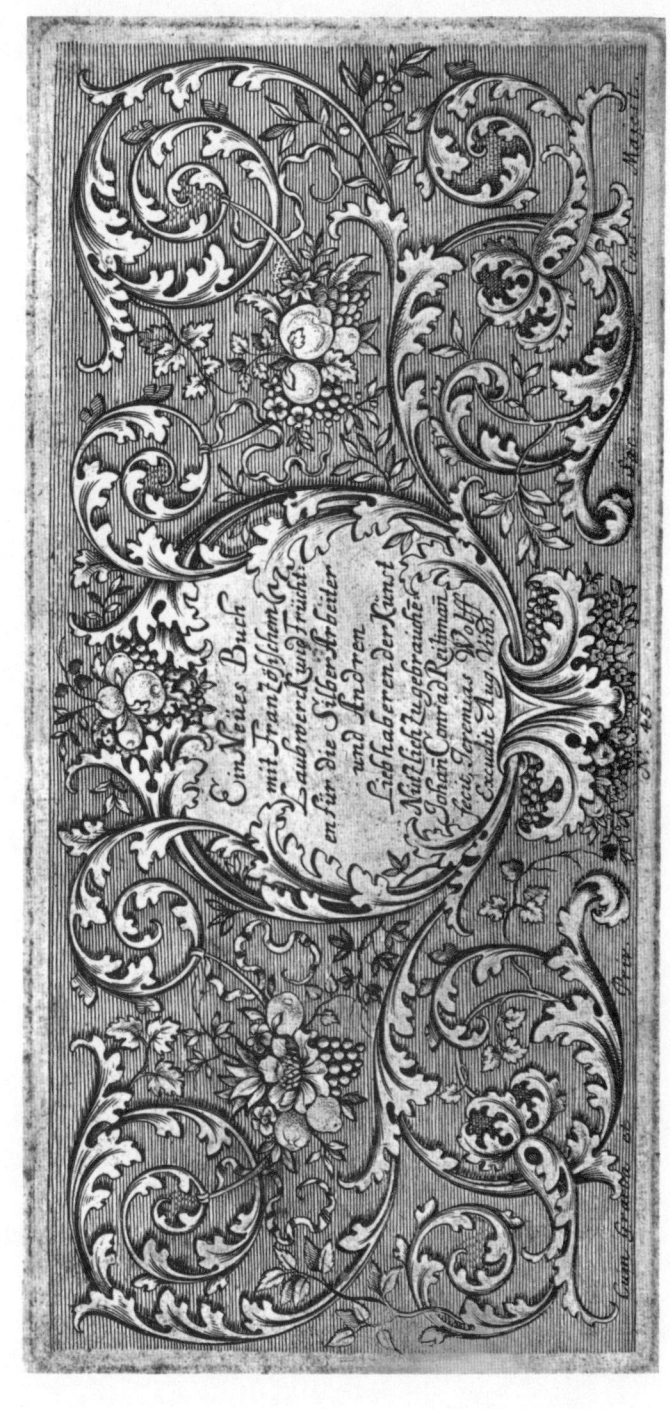

TAFEL IX

Joh. Conrad Reuttimann
Augsburg um 1676—1681
Titelblatt von: Ein Neues Buch mit
Französischem Laubwerck und Früchten
für die Silber-Arbeiter usw.

B

A Paris chez Langlois

A Paris chez Langlois

Tafel XI

Nicol. Langlois, Paris 1640—1700
Entwürfe für Friese

J. Berain jn   P. Giffart sculp

Thetiere . 6.

Thetiere .

Diverses Mosaïques à graver sur la Thetiere . 6.

Jatte profonde pour mettre une Thetiere.

Differents Ornements à graver sur les jattes.

A Paris chez I. Mariette rue S.t Iacques aux Colonnes d'Hercule.

4.

62

Terrine.

J.A.Meyssonier inv.

Huquier Sculp. et se rue S.Iacque. CPR.

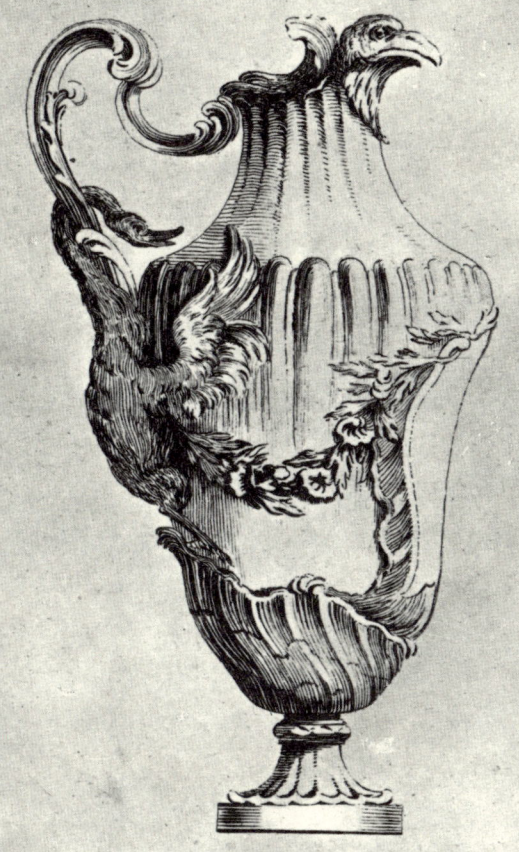

Pre Germain jn.

Pasquier. cx

Per Germain jn.   Pasquier e.

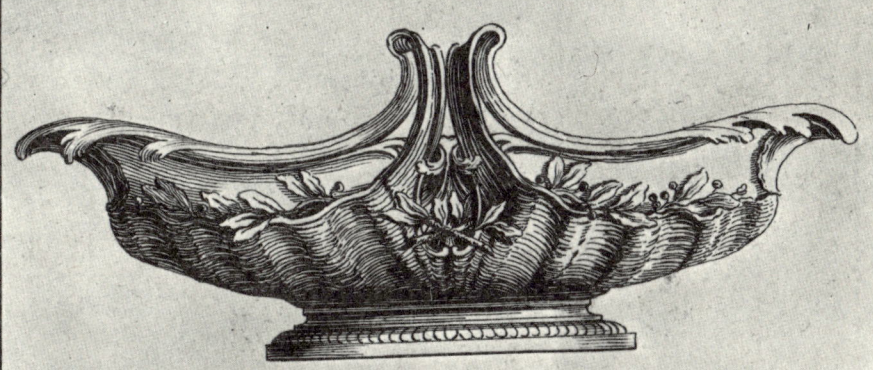

Per. Germain jn.   Pasquier. es

Par Germain. jn.

Pasquier.

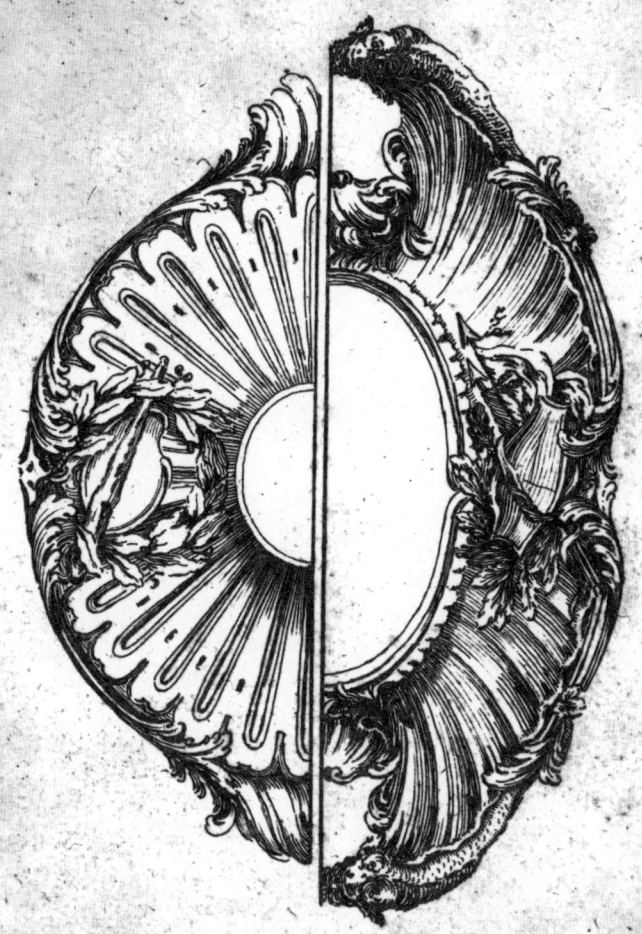

J. que Röettiers, jn.

P. Germain. jn.

Pasquier. cs

Mart. Engelbrecht excud. A.V.

Ichan: Baur inv. et del.

C.P.S. Cas. Maj.

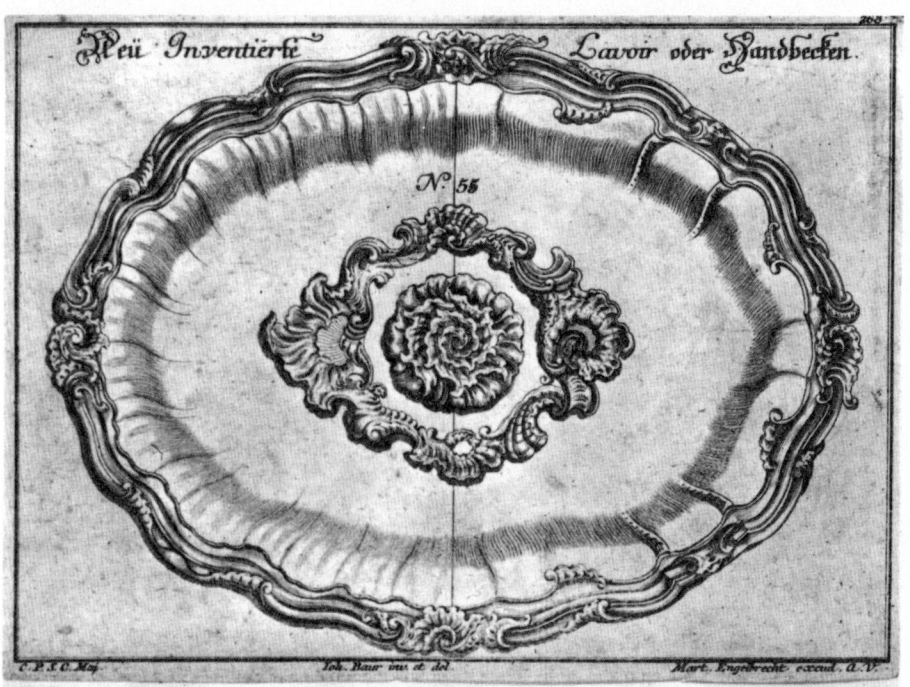

N.° 55

C.P.S.C.Maj.   Ioh. Baur inv. et del.   Mart. Engebrecht excud. A.V.

C.P.S.C.Maj.   Ioh. Baur inv. et del.   Mart. Engebrecht excud. A.V.

C. Priv. Maj.   C. G. Eißler inv. et del.   Mart. Engelbrecht excud. A. V.

Mart. Engelbrecht excud. A.

C. G. Eißler inv. et del.

C. P. Maj.

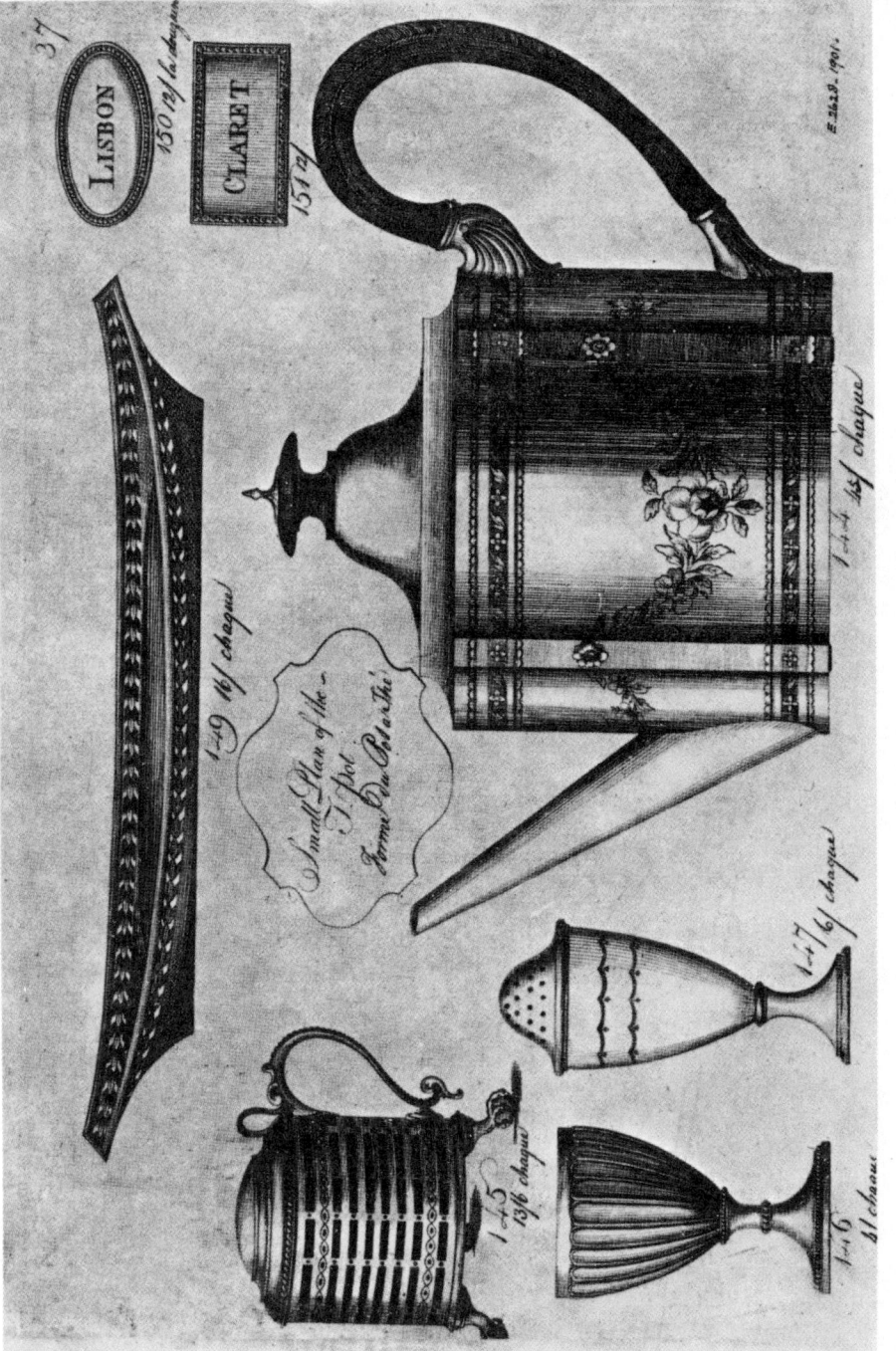

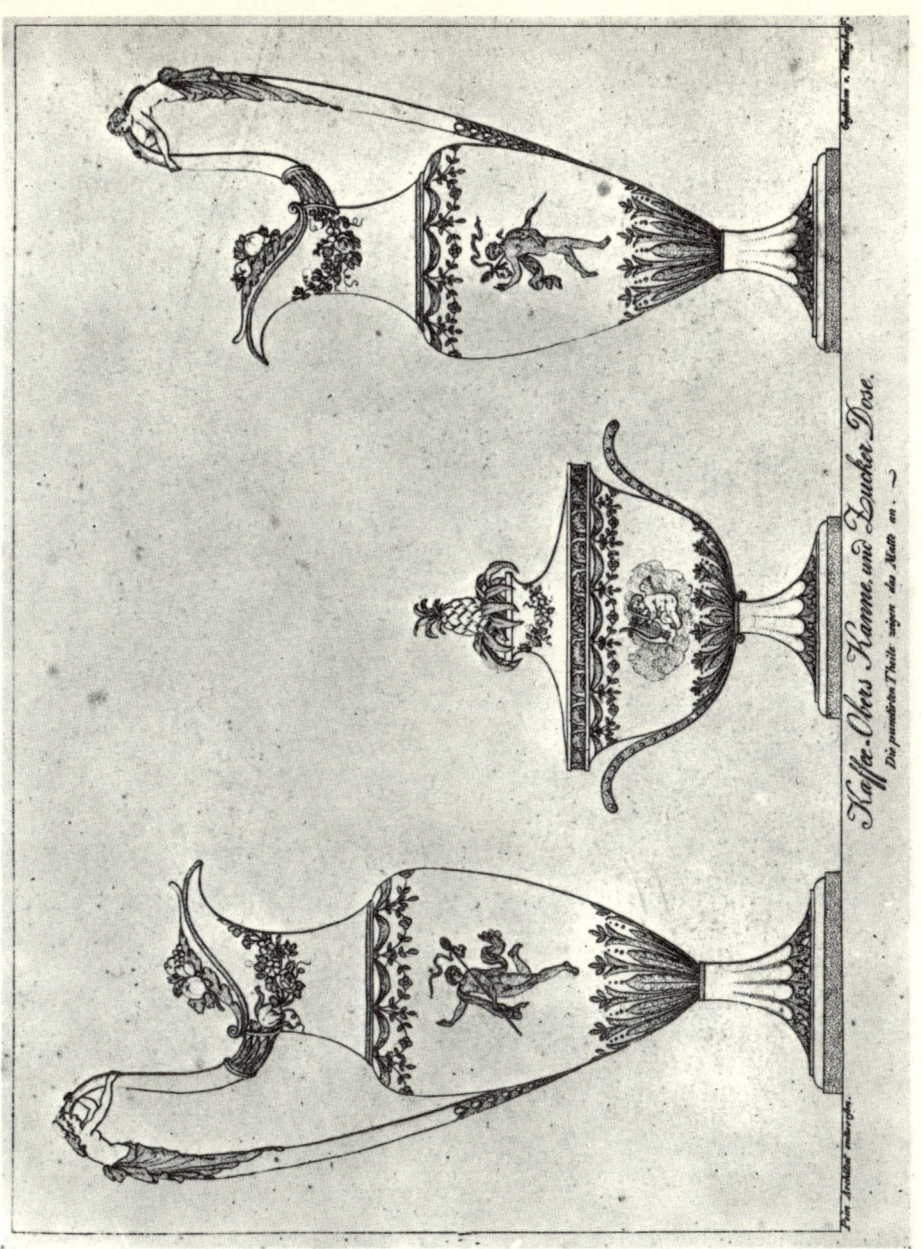

Kaffee-Ober= Kanne, und Zucker Dose.
Die punctirten Theile zeigen die Matte an.

POKAL IN SILBER ODER GOLD AUSZUFÜHREN.

Aabenraa	Augsburg	Biel
Aabenraa	Augsburg	Birmingham
Aachen	Augsburg	Bolsward
Aalborg	Baden (Schweiz)	Borås
Aarhus	Bamberg	Braunschweig
Altenburg	Bamberg 18. Jh.	Breda
Altona	Basel	Bremen
Altona	Basel 18. Jh.	Breslau
Amsterdam	Bautzen	Breslau
Ansbach	Bergen	Brieg
Antwerpen	Berlin	Brünn
Audenarde	Bern	Brüssel

315

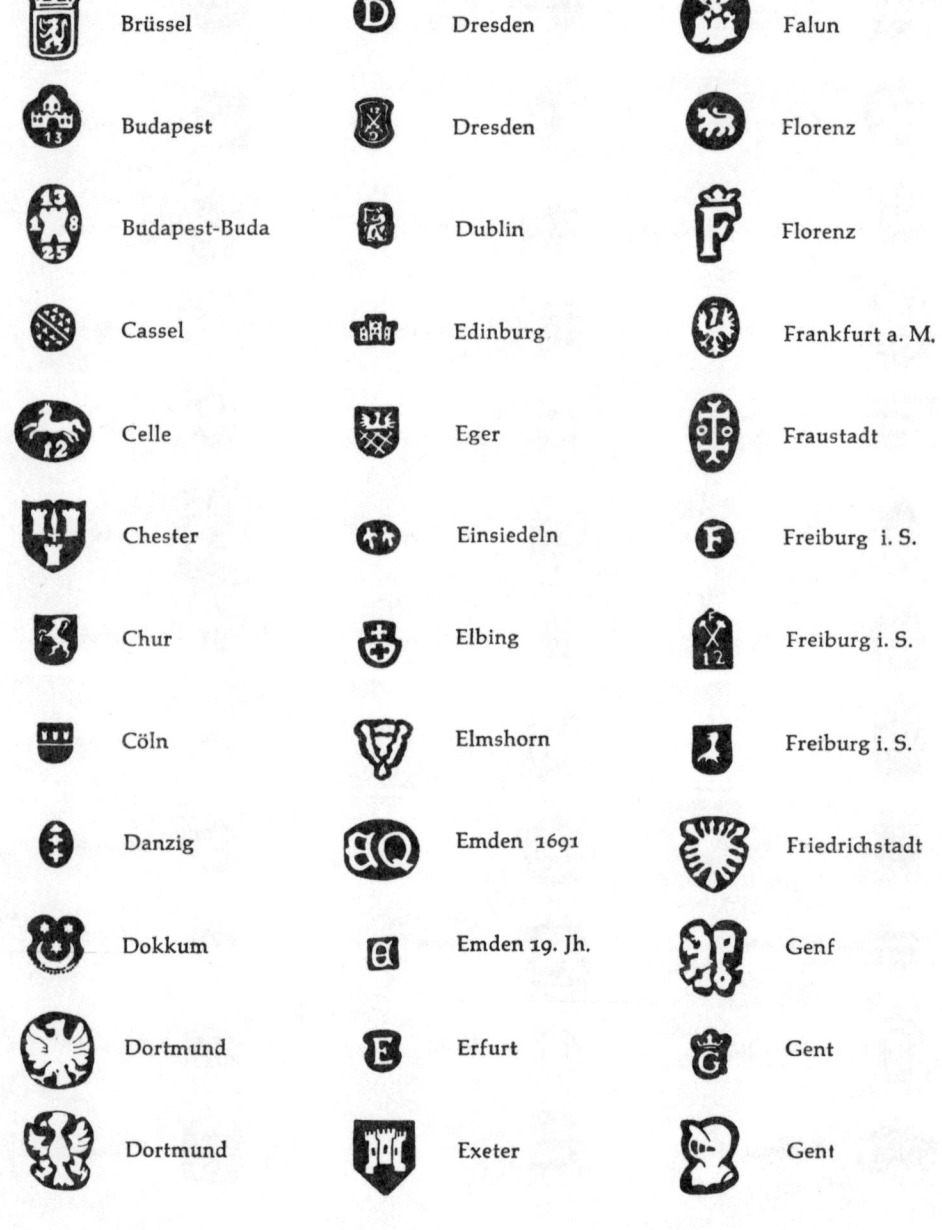

Brüssel	Dresden	Falun
Budapest	Dresden	Florenz
Budapest-Buda	Dublin	Florenz
Cassel	Edinburg	Frankfurt a. M.
Celle	Eger	Fraustadt
Chester	Einsiedeln	Freiburg i. S.
Chur	Elbing	Freiburg i. S.
Cöln	Elmshorn	Freiburg i. S.
Danzig	Emden 1691	Friedrichstadt
Dokkum	Emden 19. Jh.	Genf
Dortmund	Erfurt	Gent
Dortmund	Exeter	Gent

 Genua

 Halmstad

 Hildesheim

 Glückstadt

 Schwäb. Hall

 Horsens

 Görlitz

 Halle a. S.

 Ingolstadt

 Göteborg

 Hamburg um 1675

 Innsbruck

 Graz

 Hamburg 1737—52

 Itzehoe

 Graz

 Hanau

 Kalmar

 Groningen

 Hannover Altstadt

 Kalundborg

 Den Haag

 Hannover Neustadt

 Karlstad

 Haarlem

 Heide

 Karlskrona

 Haderslev

 Heide/Holstein

 Kaschau

 Hälsingborg

 Helsingør

 Kiel

 Halberstadt

 Herzogenbusch

 Klagenfurt

317

Klausenburg	Leipzig	Lüttich
Königsberg	Leipzig	Lulea
Konstanz	Lemberg	Lund
Kopenhagen	Lissa	Luzern
Krempe	Lissabon	Magdeburg
Krempe	London	Mainz
Kristianstad	London	Malta
Landshut	Lübeck	Marstrand
Larvik	Lübeck	Mecheln
Leer/Ostfriesland	Lügumkloster	Memmingen
Leeuwarden	Lüneburg	Mitau
Leeuwarden	Lüneburg 19. Jh.	Montpellier

Moskau	Nürnberg	Otterndorf
Mühlhausen	Nürnberg	Paderborn
München	Nyborg	Paris
München	Nykøbing	Passau
Naestved	Nyköping	St. Petersburg
Naumburg	Ödenburg	St. Petersburg
Neapel	Örebo	Pitea
Neiße	Ölmütz	Posen
Neiße	Oslo	Prag
Neuchâtel	Osnabrück	Prag
Newcastle	Osten/Niederelbe	Preßburg
Norrköping	Osterode	Preßburg

Randers

Rapperswil

Regensburg

Reval

Ribe

Riga

Rom

Rom

Rostock

Rotterdam

Rouen

Salzburg

Schaffhausen

Selmecz
(Schemnitz)

Sheffield

Sneek

Sønderborg

Stade

Stettin

Stockholm

Stockholm

Strängnäs

Stralsund

Straßburg

Straßburg

Straßburg 18. Jh.

Straubing

Stuttgart

Sulmona

Svendborg

Thorn

Tilsit

Tönning

Tondern

Tondern

Torgau

 Toulouse

 Venedig

 Wismar

 Tournay

 Venedig

 Wolfenbüttel

 Triest

 Vevey

 Worms

 Troppau

 Viborg

 Ypern

 Turin

 Vlissingen

 Zittau

 Ueberlingen

 Wesel

 Zürich

 Ulm

 Wien

 Zug

 Upsala

 Wien

 Zwickau

 Utrecht

 Wilster

 Zwolle

 Växjö

 Winterthur

STEMPEL DER BEDEUTENDSTEN GOLDSCHMIEDE

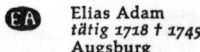 **Elias Adam**
tätig 1718 † 1745
Augsburg

 **Elias Geier**
Meister 1589
Leipzig

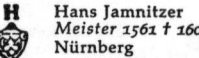 **Hans Jamnitzer**
Meister 1561 † 1603
Nürnberg

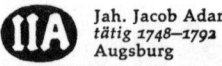 **Jah. Jacob Adam**
tätig 1748–1792
Augsburg

 François Thomas
Germain, *Meister 1748*
Paris

 Wenzel Jamnitzer
Meister 1534 † 1584
Nürnberg

 J. P. Ador
tätig 1770–1780
St. Petersburg

 Thomas Germain
† 1748
Paris

 Frederick Kandler
tätig 1735–1760
London

 Meister AH
tätig 1708–1730
Halle

 Sebastian Hann d. Ält.
Meister 1675 † 1713
Hermannstadt

 Daniel Kellerthaler
Meister 1607 (?) † 1665 (?)
Dresden

 Robert Jacques (Jos.)
Auguste, *Meister 1757*
Paris

 Joh. Philipp Heckenauer
tätig 1748–1794
Augsburg

 Hans (Joh.) Kellerthaler
tätig 1585–1637
Dresden

 Claude Ballin d. J.
Meister 1688 † 1754
Paris

 Friedr. Hillebrand(t)
Meister 1580 † 1608
Nürnberg

 Samuel Klemm
Meister 1644 † 1678
Freiberg i. S.

 Caspar Beutmüller d. J.
tätig 1612–1632
Nürnberg

 Diethelm Holzhalb
tätig um 1608
Zürich

 Georg Kobenhaupt
Meister 1540
Straßburg

 Albrecht Biller
erwähnt 1706 † 1720
Augsburg

 Johann Ludwig Imlin d. J.
tätig seit 1720
Straßburg

 Hans Lambrecht III.
tätig 1630–1670
Hamburg

 Paul Birckenholtz
Meister um 1590 † 1634 (?)
Frankfurt a. M.

 Abraham Jamnitzer
Meister 1579
Nürnberg

 Paul de Lamerie
Stempel für 1721–1732
London

 Martin Borisch
tätig 1613–1649
Dresden

 Albrecht Jamnitzer
Meister 1550 † 1590
Nürnberg

 Paul de Lamerie
Stempel für 1732–1751

 **Karl Faberge**
Marke um 1890
St. Petersburg, Moskau

 Bartl Jamnitzer
tätig 1575–1595
Nürnberg

 Balthasar Lauch
tätig 1670–1690
Leipzig

 Seb. Fechter d. Ält. od.
Jüng. *† 1687 resp. 1692*
Basel

 Christoph Jamnitzer
Meister 1585 (?) † 1618
Nürnberg

 Christoph Lencker
Meister um 1583 † 1613
Augsburg

STEMPEL DER BEDEUTENDSTEN GOLDSCHMIEDE

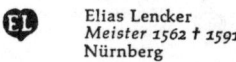 Elias Lencker
Meister 1562 † 1591
Nürnberg

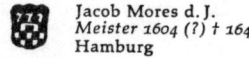 Jacob Mores d. J.
Meister 1604 (?) † 1649
Hamburg

 Jürgen Richels
tätig 1664–1711
Hamburg

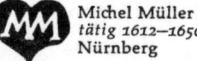 Hans Lencker d. Ält.
Meister 1550 † 1585
Nürnberg

 Michel Müller
tätig 1612–1650
Nürnberg

 Jeremias Ritter
Meister 1605 † 1646
Nürnberg

 Wahrscheinlich Johannes
Lencker *erw. 1616 † 1637*
Augsburg

 Joh. Christian Neuß
tätig 1766 bis nach 1790
Augsburg

 Johann Robin
tätig 1593–1617
Hamburg

 Christian Lieberkühn
tätig um 1735–1765
Berlin

 Paul Nitsch
Meister 1573 † 1609
Breslau

 Jacques Roettiers
Meister 1733 † 1784
Paris

 Sebastianus Liebhard
tätig um 1570–1580
Preßburg

 Jean Baptiste Claude
Odiot *tätig 1785–1827*
Paris

 Dietrich von Rodt (Rha)
tätig 1615–1624
Aachen

 Jürgen Linden
Meister 1674
Riga

 Bernhard Quippe
tätig 1689 – um 1700
Berlin

 Leonhard Rothaer I.
tätig 1671–1699
Hamburg

 Friedrich Adam
Löwenhagen II.
tätig 1767–1813
Altona

 Jerem. Pfeffnhauser
tätig um 1650–1660
Stuttgart

 Johann Rütgers
tätig um 1700–1724
Köln

 Daniel Männlich d. Ält.
tätig 1660 † 1701
Berlin

 Hans Petzold
Meister 1578 † 1633
Nürnberg

 Gottlieb Satzger
tätig 1750–1783
Augsburg

 Wahrscheinl. Joh. Heinr.
Mannlich *tätig 1695 † 1718*
Augsburg

 Georg Preg
tätig 1658–1691
Ulm

 Joh. Andreas Thelot
tätig 1685 † 1734
Augsburg

 Peter Meyer
tätig 1727–1760
Otterndorf

 Martin Rehlein
Meister 1566 † 1613
Nürnberg

 Claus Tormählen
tätig 1757–1786
Altona

 Peter Nicolaus Meyer
tätig 1764–1794
Otterndorf

Hans Reinhart d. Ält.
tätig seit 1535 † 1581
Leipzig

Adam van Vianen
Meister 1627
Utrecht

Jacob Mores d. Ält.
Meister 1579 † um 1611
Hamburg

Hans (Jan) von Reutlingen
tätig 1497–1522
Aachen

Paul van Vianen
tätig um 1610
Prag

STEMPEL DER BEDEUTENDSTEN GOLDSCHMIEDE

 Joh. Christoph Vogel
tätig 1722–1742
Breslau

 Wilhelm D. Wiese
tätig um 1775–1826
Elmshorn und Heide

 Joh. Jacob Wolrab
Meister 1662 † 1690
Nürnberg

 Matheus Wallbaum
tätig seit 1582 † 1630
Augsburg

 David Winckler
Meister 1617 † 1635
Freiberg i. S.

 Zwei Goldschmiede Würth
Ende des 18. Jahrh.
Wien

 Peter Wiber
tätig 1603–1641
Nürnberg

 Joh. Christian Wittpahl
tätig 1706–1720
Königsberg

WICHTIGE BEIZEICHEN

 Feingehaltszeichen 800
Belgien 19. Jh.

 Kontrollstempel
Amsterdam 18. Jh.

 Einfuhrstempel für
fremdes Silber
Niederlande 1859–1909

 Feingehaltszeichen 925
London um 1600

 Feingehaltszeichen 833
Niederlande seit 1852

 Preußischer
Steuerstempel 1809

 Feingehaltszeichen 925
London um 1800

 Feingehaltszeichen 950
Österreich 1866–1872

 Repunze Wien 1806–1807

 Feingehaltsstempel 925
Irland

 Steuerstempel
England 1784–1786

 Freistempel Österreich
1809–1810

 Feingehaltsstempel 925
Schottland

 Steuerstempel
England Queen Victoria

 Antwerpen
Jahresbuchstabe 1772

 Garantiestempel
1798–1809
Paris

 Frankreich, Repunze
nach 1809

ÜBER DAS ERKENNEN VON FÄLSCHUNGEN

Jeder echte Sammler wird den Wunsch haben, Trouvaillen zu machen, selbst etwas zu „entdecken". So sicher es ist, immer bei einem bestimmten Kreis zuverlässiger und kenntnisreicher Händler zu kaufen, so verlockend ist es, selbst auf die Jagd zu gehen. Hierin liegt zweifellos einer der Hauptreize des Sammelns überhaupt, aber dieser Weg erfordert ein gründliches Wissen über die Techniken und Stile der Goldschmiede und ihre Merkzeichen, und verbunden damit, ein Gefühl für Qualität, das im allgemeinen erst durch lange Übung und Erfahrung erworben wird. Es sei aber dem Sammler tröstend gesagt, daß selbst bedeutende Händler und erfahrene Museumsleute immer wieder Überraschungen erleben. Ständig sind Fälscher bemüht, ihre Methoden den fortschreitenden Kenntnissen der Experten anzupassen und zu versuchen, sie mit neuen Verfahren zu überlisten. In Zweifelsfällen soll man immer den Rat des Fachmannes einholen, der gern helfen wird, weil er durch jede Beratung selber sein Wissen bereichern kann.

Wie bei anderen Erzeugnissen des Kunsthandwerks gibt es auch bei Silberschmiedearbeiten neben Totalfälschungen verschiedene Arten von Teilfälschungen. Echten, ungemarkten, meist belanglosen Objekten wird durch das Einschlagen gefälschter Beschau- und Meisterzeichen eine scheinbar bedeutende Herkunft verliehen. Derartige Fälschungen können durch einen Vergleich der Marken mit einwandfrei echten erkannt werden.

Gefährlicher sind jene — zum Glück sehr seltenen — Fälschungen, bei denen ein Teil des Gerätes mit echten Marken in ein entweder gefälschtes oder doch weniger wertvolles Stück eingesetzt wird. So kann man den Boden eines glatten runden Salzfasses in den einer Kaffeekanne einsetzen. Das erkennen derartiger Fälschungen, die sich nur bei sehr wertvollen Objekten lohnen, da ja mindestens ein echtes Stück zerstört werden muß, ist außerordentlich schwierig. Hier ist die genaueste Beobachtung der technischen Details notwendig. Lötstellen werden selbst nach sorgfältigster Überarbeitung zu erkennen sein. Außerdem weisen Silberteile verschiedener Herkunft durch ihre unterschiedliche Legierung geringfügige Farbnuancen auf, die von den Fälschern meist unter einem Feinsilberüberzug (elektrolytischer

Versilberung) versteckt werden und erst nach längerem Gebrauch wieder zum Vorschein kommen.

Eine weitere Art der Verfälschung besteht darin, echte und auch mit Merkzeichen versehene Arbeiten nachträglich durch Treiben, Ziselieren, Gravieren oder das Anfügen gegossener Teile zu „verschönern". Dabei ist zu bemerken, daß nachträgliche Überarbeitungen in früheren Zeiten häufig ohne jede Fälschungsabsicht nur mit dem Wunsch ausgeführt wurden, die Geräte dem jeweils herrschenden Zeitstil anzupassen. Solche früheren Überarbeitungen werden an dem Stilwiderspruch zwischen Grundform und Schmuck, zwischen Herstellungszeit und Dekorationsstil relativ leicht zu erkennen sein. Ein Fälscher wird sich bemühen, seine Zutaten dem Stil der Herstellungszeit anzupassen. Es versteht sich von selbst, daß frühere Überarbeitungen keineswegs den Wert eines Objektes zu mindern brauchen.

Relativ oft wird versucht, eine stark abgeputzte Feuervergoldung durch eine elektrolytische zu ersetzen oder durch die neue Vergoldung eines silbernen Gerätes dessen Wert zu erhöhen. Die gleichmäßige Dichte und Färbung unterscheiden die moderne von der alten Oberflächenbehandlung. Man achte vor allem auf Gebrauchsspuren; bei einer elektrolytischen Vergoldung bekommen die Kanten und Vorsprünge die dickste Auflage, bei der Feuervergoldung aber gerade die tiefsten Stellen, während der Überzug an den Rändern sehr dünn ist und sich dort am ehesten abgreift.

Totalfälschungen gibt es vom einfachen Becher bis zum Prunkgefäß, alle Techniken der Bearbeitung wurden von den Fälschern angewandt. Da eine solche Tätigkeit im allgemeinen in der Absicht ausgeübt wird, einen hohen Gewinn zu erzielen, muß der Aufwand an Material und Arbeitszeit in einem bestimmten Verhältnis zum Preis stehen, den man erhalten kann. Aus dem Grunde werden sich die Fälscher jeweils der Stilperiode zuwenden, die auf dem Kunst- und Antiquitätenmarkt am höchsten bewertet wird, und andererseits wird häufig versucht werden, maschinell vereinfachte Verfahren anzuwenden und durch eine Überarbeitung Spuren der alten handwerklichen Herstellungsweisen zu erzeugen.

So gibt man in Matrizen gepreßten Teilen durch eine Bearbeitung mit dem Hammer ein charakteristisches Aussehen der Oberfläche. Komplizierte Treibarbeiten werden bisweilen im Guß nachgeahmt. Dabei kann aber niemals eine so geringe Stärke des Materials erzielt werden, wie sie das Silberblech beim Treiben an den höchsten Stellen des Reliefs erhält. Am schwersten zu erkennen sind naturgemäß jene Fälschungen, bei deren Herstellung ausschließlich die authentischen Techniken angewandt wurden. Gerade bei der Beurteilung solcher Stücke wird der Sammler die Sicherheit seines Stilgefühles beweisen können, daneben gilt es aber auch hierbei auf Gebrauchspuren zu achten, die praktisch nicht nachgeahmt werden können, und sich die Marken genau anzusehen.

Silber hat auf Grund seiner chemischen Eigenschaften die Neigung, zu oxydieren oder mit anderen Elementen, die in Spuren in der Luft enthalten sind, wie Schwefel und Chlor, Verbindungen einzugehen, die eine schwärzliche bis braungelbe Verfärbung zur Folge haben. Legiertes Silber wird je nach seinem Kupfergehalt mehr oder weniger stark angegriffen. Hochlegiertes Silber wie das englische und das französische behält seinen Glanz länger und ist leichter zu pflegen als das stark kupferhaltige Material, das zeitweise, vor allem im Deutschland des 19. Jahrhunderts, verwendet wurde.

Im 15. bis 17. Jahrhundert wurde Silber gern vergoldet. Damit erzielte man nicht nur die geschätzte Wirkung des warmen Goldtones, sondern erreichte auch eine wesentliche Vereinfachung der Pflege, da der Feingoldüberzug chemisch praktisch unangreifbar ist. Nur an Stellen, wo durch ständigen Gebrauch der Überzug abgegriffen wurde, konnte das Silber anlaufen. Für die Pflege des sogenannten Vermeil empfahl Paul de Lamerie, der bedeutendste englische Goldschmied des 18. Jahrhunderts, ein Verfahren, das bis heute seine Gültigkeit behalten hat: „Reinige es hin und wieder nur in warmem Wasser mit Seife und einem Schwamm, spüle es dann mit klarem Wasser und trockne es sehr gut mit einem weichen Leinentuch, danach stelle es an einen trockenen Platz, damit die letzte Feuchtigkeit verfliegt."

Seit dem 18. Jahrhundert liebte man den reinen kühleren Glanz des Silbers. Tafelsilber, das ständig benutzt wird, kann wie Porzellan in Wasser mit einem Spülmittel gereinigt werden. Besonders sorgfältiges Abtrocknen wird genügen, um den Glanz zu erhalten. Ausgesprochene Sammlungsstücke, die offen aufgestellt, aber wenig benutzt werden, sollte man mit einem modernen Pflegemittel putzen. — zum Beispiel Hagerty — das nicht nur reinigt, sondern auch die Oberfläche schützt. Verschiedene Verfahren des Überziehens mit einem Lackfilm (Zapon- oder Kunstharzlack) haben sich nicht bewährt, das Silber bekommt nach einiger Zeit ein stumpfes Aussehen wie Aluminium. Will man Silber verschlossen aufbewahren, so sollte es in säurefreies Seidenpapier gehüllt werden.

Finden sich an alten Silberstücken in Vertiefungen von Reliefs oder Gravierungen Reste von Putzmitteln, so dürfen diese mit verdünntem Salmiakgeist und einer nicht zu harten Bürste entfernt werden. Gründliches Nachspülen entfernt letzte Reste des Reinigungsmittels und gutes Abtrocknen ist wichtig, da das Leitungswasser überall Chlor enthält. Bei vergoldeten Salzfässern ist darauf zu achten, daß die Vergoldung intakt bleibt und das Salz nicht mit dem Silber in Berührung kommt, da es sehr schnell angreift und grüne Flecken erzeugt, die nach dem Abputzen tiefe Spuren zurücklassen. Es empfiehlt sich, bei solchen Geräten notfalls eine neue galvanische Vergoldung in Kauf zu nehmen.

Notwendige Reparaturen an Silbergeräten sollte man vom besten Silberschmied ausführen lassen, den man finden kann. Hier kann man sich von Antiquitätenhändlern oder Museen beraten lassen. Ergänzungen verlorener Einzelteile oder Teilstücke werden bisweilen zur Erhaltung stark beschädigter Objekte notwendig sein. Natürlich bringen so schwerwiegende Eingriffe eine Wertminderung mit sich, aber es empfiehlt sich, im Falle eines Verkaufs darauf aufmerksam zu machen, um dem Verdacht zu begegnen, daß man es mit einer Fälschung zu tun habe.

ADAM, Robert, Architekt, geb. Edinburgh 1728, gest. London 1792. Nach einem mehrjährigen Italienaufenthalt kam A. im Jahre 1758 nach England zurück. Unter dem Einfluß seiner Tätigkeit wurde in England um 1770 fast ohne Übergang das Rokoko vom Adam-Style abgelöst, der durch die Verwendung antiker Formen und Dekorationsmotive gekennzeichnet ist. Seine Ideen sind in den mit seinem Bruder James herausgegebenen „Works in architecture" enthalten

AIGUIERE, bauchige Wasserkannen, die zusammen mit einem Becken zur Handwaschung bei Tisch gebraucht wurden

AKANTHUS, Staudengewächse des Mittelmeergebietes, deren schöngeformtes Laub seit dem 5. Jahrhundert v. Chr. als Vorlage für Ornamente diente. Auf barocken Silbergeräten besonders häufig in gravierter oder getriebener Ausführung

AKELEYBECHER, (Akley, Agley-) ein Pokal, dessen Körper einer Akeleyblüte nachgebildet wurde. Die ältesten Stücke entstanden im 16. Jahrhundert in Nürnberg und wurden, da sie höchste Ansprüche an die Fertigkeit im Treiben stellen, fortan in vielen Städten als Meisterstück verlangt. Die Grundform entspricht noch gotischem Stilgefühl

ALDEGREVER, Heinrich, Kupferstecher, geb. Paderborn 1502, bis 1555 in Soest tätig.

Der bedeutendste Teil seines Werkes sind etwa 100 Ornamentstiche und Entwürfe für Goldschmiede, in denen Anregungen der ital. Renaissance verarbeitet wurden

ALLEGORIE, die Darstellung eines Begriffes durch bildliche Mittel, wobei sowohl Eigenschaften personifiziert wie auch bestimmte Funktionen durch Attribute verdeutlicht werden

ALTDORFER, Albrecht, Maler und Graphiker, geb. gegen 1480, gest. 1538 in Regensburg. Neben seinem bedeutenden malerischen Werk gibt es unter seinen Graphiken eine Reihe von Eisenradierungen, auf denen Pokale, Doppelpokale, Deckelbecher und andere Geräte dargestellt sind, die ein sicheres Gefühl für die Ansprüche des Goldschmiedehandwerks verraten

AMALGAM, Legierung aus Quecksilber mit Gold oder Silber in Form einer Paste, die auf den Gegenstand aus Silber oder Kupfer aufgetragen wird. Das Quecksilber wird durch Erhitzen abgedampft, ein Edelmetallüberzug bleibt zurück

AMMAN, Jost, Zeichner, Radierer, Maler, geb. 1539 in Zürich, gest. 1591 in Nürnberg, wo er hauptsächlich tätig war. Das Hauptgewicht seiner Tätigkeit liegt auf dem Gebiet von Holzschnittillustrationen, die zum Teil als Vorlagen für gravierte Darstellungen auf Goldschmiedearbeiten dienten

ANTHEMION, Fries aus Palmetten und stilisierten Lotosblüten, in der Antike entwickelt, auf englischen Silberarbeiten von 1770—1830 häufig angewandt

APOSTELLÖFFEL, ursprünglich Serie von 13 Löffeln, deren Stielenden mit den Gestalten der Apostel und der Madonna mit Kind besetzt sind. Die Löffel wurden meist in einem Stück gegossen. Der Typ entstand im 16. Jahrhundert und war — einzeln oder in geschlossener Serie — als Patengeschenk sehr beliebt. Provinziell noch im 19. Jahrhundert hergestellt

APPLIK, Wandleuchter mit einem oder mehreren Armen, die oft vor einem blanken Schild montiert sind (Blaker) der den Lichtschein vervielfältigt und die Wand vor Ruß schützt

ARABESKE, Ornament aus Blatt- und Rankenwerk, das durch organische Zeichnung den pflanzlichen Vorbildern nahe steht. In der ital. Frührenaissance verwendet und von daher in die übrigen europäischen Länder eingeführt. In Deutschland häufig mit figürlichen Zutaten versehen

ASHBEE, Charles R., (1863—1942) Anhänger von William Morris, war um die Erneuerung des Kunsthandwerks bemüht und hat unter anderem Entwürfe für Goldschmiedearbeiten im Jugendstil geliefert. Veröffentlichte 1909 „Modern Silverwork"

ASTRAGAL, ein halbrunder, oft als → Perlstab gebildeter Reif, der die Grenzlinie zwischen verschiedenen Gliedern betont, so zwischen Säule und Kapitell

ATTRIBUT, Kennzeichen, das den Darstellungen realer, mythologischer oder → allegorischer Personen beigegeben ist, z. B. der Anker der Hoffnung

AQUAMANILE, Gießgefäß für Wasser zur Handwaschung, für sakralen oder profanen Gebrauch bestimmt, fast ausschließlich in Tierform. Im hohen und späten Mittelalter besonders häufig. Meist aus Bronze, Gelbguß oder Messing, bisweilen auch aus Edelmetall

BALUSTER, Säulchen mit lebhaft geführtem Umriß aus ein- und auswärts schwingenden Kurven

BANDELWERK, Dekorationssystem aus Bändern, die gerade und in lebhaften Schwüngen geführt und mit stilisierten Ranken und Blättern besetzt sind. Typisch für die Regence-Zeit

BAUR, Joh. Jak., Goldschmied, Augsburg 1715—1784. Er zeichnete einige Folgen von Entwürfen für Silberschmiede, die neben einer Vielzahl profaner Geräte auch Monstranzen bringen

BEHAM, Hans Sebald, Maler und Kupferstecher, geb. 1500 in Nürnberg, gest. 1550 in Frankfurt/Main. Er schuf neben seinem umfangreichen sonstigen Werk etwa 30 Ornamentblätter, die von Italien beeinflußte Füllungen mit Rankenwerk, Blüten und Figuren zeigen

BERAIN, Jean I., Zeichner und Stecher, geb. 1637 oder 1638, gest. 1711 in Paris. Seit 1690 der entscheidende Erfinder für alle königlichen Werkstätten. Er hat eine Fülle von Entwürfen für alle Handwerke geschaffen, an denen unter anderem die sichere Beherrschung des Akanthuslaubwerkes besticht

BESCHAUZEICHEN, im allgemeinen die Stadtmarke, die unter Aufsicht der Zünfte in Edelmetallarbeiten eingeschlagen wurde und den vorgeschriebenen Feingehalt garantiert

BESCHLAGWERK, Ornamentsystem, das aus symmetrisch geordneten Bändern, Leisten und flachen geometrischen Körpern aufgebaut ist. Wurde in Deutschland um 1600 eingeführt

BLAKER, Wandleuchter mit einem oder mehreren Armen zur Aufnahme von Kerzen, die an eine schildförmige Fläche montiert sind, welche zugleich die Wand vor Ruß schützt und den Lichtschein reflektiert.

BODENEHR, Georg Conrad, Kupferstecher, geb. 1663, gest. 1710 in Augsburg. Schuf unter anderem Ornamentstiche unter dem Titel „Neu Inventirt Französische Lauber-Buch"

BOURDON, Pierre, Graveur, veröffentlichte von 1703 bis 1707 drei „Essais de gravure", in denen der Stil Berains nachwirkt

BRATINA, in Rußland entstandene Form der Branntweinschale mit kugeligem Körper, dem ein senkrechter Lippenrand aufgesetzt ist. Auch in Nord- und Nordostdeutschland angefertigt

BRITANNIA-STANDARD, Silberlegierung mit einem Feingehalt von 958/000, in England neben dem normalen Sterling-Standard von 925/000, der durch einen nach links laufenden Löwen gekennzeichnet ist, verwendet

DE BRY, Theodor, Stecher und Verleger, geb. 1528 in Lüttich, gest. 1598 in Frankfurt/Main. Er hat mit seinem Sohn Joh. Theodor (1561—1623) über 1500 Blätter gestochen, darunter vierzehn Ornamentfolgen. 1589 erschienen „Spitzen und Laubwerck fur die Goldschmit"

CADDY, englische Bezeichnung für Teebüchsen, deren Körper in der mannigfaltigsten Weise vom Kubus bis zum Baluster gestaltet sein können. Entweder mit Schiebedeckel versehen oder Schiebeboden zum Nachfüllen und einem kurzen zylindrischen Hals mit aufgesteckter Haube geformt

CELLINI, Benvenuto, Bildhauer und Goldschmied, geb. 1500 in Florenz, dort 1571 gest. Eines seiner berühmtesten Werke, zugleich eines der berühmtesten Werke der Goldschmiedekunst überhaupt, ist das „Salzfaß", das er für Franz I. von Frankreich geschaffen hat. Heute im Kunsthistorischen Museum Wien

CHAMPLEVE, Grubenschmelz, Technik des Emaillierens, bei dem die Glasschmelzen in ausgestochene oder geätzte Gruben der als Unterlage verwendeten Kupferplatten eingebrannt werden, seltener auf Silber. Haupttechnik der frühen Limoge-Emails

CHINOISERIE, Schmuckmotive des 18. Jahrhunderts, in Anlehnung an chinesische Architektur- und Zierformen und Darstellungen von Chinesen in ihrer charakteristischen Kleidung.

CHIPPENDALE, Thomas, Kunsttischler, geb. um 1709, gest. 1779 in London. Er schuf um 1750 durch seine praktische und theoretische Tätigkeit eine englische Ausprägung des Rokoko. Entwürfe aus seinem „The gentleman and cabinet makers director" (1754) wirkten auch auf Goldschmiede anregend

CIRE PERDUE, Guß aus verlorener Form. Über einen Tonkern wird aus Wachs das Bildwerk modelliert und mit einem Gußmantel umgeben. Durch hineingesteckte Metallstifte werden Mantel und Kern verbunden, danach wird das Wachs ausgeschmolzen und in den Hohlraum das flüssige Metall gegossen. Angewandt vor allem in der Bronzekunst, aber auch bei Silber und Gold

CLOISONNE, Zellenschmelz, Emailtechnik, bei der die Zeichnung in Drähten auf einen

Grund aufgelötet wird. Die dabei entstehenden Zellen füllt man mit Email, dessen Oberfläche nach dem Brennen abgeschliffen wird, so daß die Drähte blank werden und eine Vergoldung erhalten können

COLLAERT, Adrian, Goldschmied und Stecher, lebte um 1560 bis 1618 in Antwerpen. Schuf als Rahmung figürlicher Darstellungen Entwürfe von Rollwerk und Ranken mit Grotesken

CUVILLIES, François de, d. Ä., Architekt und Ornamentiker, geb. in Soignies 1695, gest. 1768 in München. Neben seiner Tätigkeit als Architekt in München schuf er Stichwerke mit Dekorationsentwürfen

DELAFOSSE, Jean-Charles, Architekt und Ornamentstecher, geb. und gest. in Paris, 1734 bis 1789. Unter den Blättern seiner großen Stichfolgen befinden sich auch zahlreiche Entwürfe für Goldschmiede. D. hatte maßgeblichen Anteil an der Einführung des Louis XVI.-Stils

DELAUNE, Etienne, Medailleur und Stecher, geb. 1518 in Paris, gest. 1583 in Straßburg. Er schuf Entwürfe für Geräte, Schmuckstücke und ornamentale Füllungen mit Grotesken in elegantem Rankenwerk

DRENTWET, Abraham, d. Ä., Goldschmied und Stecher, Augsburg 1647—1729. Schuf Vorlagenwerke für Goldschmiede und Ornamentstiche, u. a. „Neue Inventiones von unterschiedlich nützlicher Silber-Arbeit..." und „Ein neues Lauber- und Goldschmieds-Buch von allerhand raren Inventionen"

DUCERCEAU, Jacques Androuet, Architekt und Ornamentzeichner, lebte zwischen 1512 und 1584, meistenteils in Paris. Neben seinen architektonischen Arbeiten waren seine Stichvorlagen für das Kunstgewerbe von großer Bedeutung. In seinen späteren Arbeiten hat er Rollwerk und Grotesken miteinander vereinigt

DÜRER, Albrecht, Maler und Graphiker, geb. 1471 in Nürnberg, gest. 1528 ebd. Seine Lehrzeit verbrachte er in der Goldschmiedewerkstatt seines Vaters. Für die Goldschmiedekunst seiner Zeit und der folgenden Jahrzehnte waren seine Entwürfe von großer Bedeutung.

EISENLOEFFEL, Jan, Kunsthandwerker, geb. 1876 in Amsterdam, gest. 1957 in Laaren. Er arbeitete bei verschiedenen größeren Firmen als Entwerfer, u. a. 1908 bei den Vereinigten Werkstätten in Müchen. Er schuf Entwürfe in einer sehr linearen Ausprägung des Jugendstils

EISLER, Kaspar Gottlieb, Stecher und Goldschmied, arbeitete um 1740—1751 in Nürnberg. Er schuf Vorlagenfolgen für Tafelsilber und anderes Gerät

EMAIL, durch Metallsalze gefärbte Glasflüsse, die auf einen Metallträger aufgeschmolzen werden. Es gibt undurchsichtige (opake) und durchsichtige (transluzide) Farben. Man unterscheidet Gruben- und Zellenschmelz und Maleremail

EMPIRE, Bezeichnung des klassizistischen Stils zur Zeit des ersten Kaiserreiches in Frankreich unter Napoleon I. Darüber hinausgehend zeigten sich Nachwirkungen vor allem in Deutschland und Italien bis um 1830. Der Stil ist bestimmt durch Anregungen aus der griechischen, römischen und ägyptischen Kunst

FAHNE, der Rand von Tellern oder Platten, der den → Spiegel umgibt, in der Barockzeit mit getriebenem oder graviertem Ornament bedeckt

FASSUNG, in der Goldschmiedekunst versteht man darunter Edelmetallbeschläge von Gefäßen und Geräten aus fremden Materialien wie Holz, Stein, Perlmutter, Elfenbein usw., die oft dazu dienen, verschiedene Teile zusammenzuhalten

FEINGEHALT, der Anteil der Edelmetalle in einer Legierung. Heute in Tausendern angegeben, früher bei Silber in Lot, bei Gold in Carat

FESTON, Girlande, aus Blumen, Früchten oder Tüchern gebildet, oft mit Bändern umschlungen oder mit von den Enden herabflatternden Bändern. Im 17. Jahrhundert und in Perioden mit klassizistischem Einfluß besonders häufig gebraucht

FILIGRAN (lat. filum = Faden und granum = Korn) Technik der Verzierung durch das Auflöten von glatten oder gemusterten Drähten, die zu Mustern gebogen werden. Bisweilen auch freistehend ohne Unterlage zu durchbrochenen Flächen gefügt

FLINDT, Paul, Stecher, um 1592 bis 1618, arbeitete in Nürnberg und Wien. Unter seinen Entwürfen Jungfrauenbecher und Nautiluspokale. Hauptwerke sind das „Visirung Buch" von 1593 und das „Buch mit 40 Stücken" von 1594. Seine Ornamentik reicht vom Schweif- bis zum Knorpelwerk

FONTAINE, Pierre François Léonard, Architekt, geb. 1762 in Pontoise, gest. 1853 in Paris. Fontaine war einer der bedeutendsten Architekten Napoleons I. Sein mit Percier 1801 herausgebrachtes Werk „Recueil des Décorations Intérieures" enthielt wichtigste Anregungen für die Architektur und das Kunsthandwerk des Empire

FORTY, Jean François, Ornamentstecher und Zeichner, tätig in Paris um 1771 bis 1790. Unter anderem veröffentlichte er „Oeuvres D'Orfevrerie A l'Usage des Eglises..."

GEMME, geschnittener Edel- oder Halbedelstein mit einer vertieften (Intaglio) oder erhabenen Darstellung (Kamee)

GERMAIN, Pierre, Goldschmied und Stecher, 1716 bis 1783 in Paris. Im Jahre 1748 erschienen die „Elements d'Orfevrerie...",

eines der wichtigsten Werke mit Entwürfen im Rokoko-Stil

GIARDINI, Giovanni, Goldschmied, Rom 1646 bis 1722. Im Jahre 1714 erschienen nach seinen Zeichnungen zwei Bände „Disegni diversi", die in einem Band Entwürfe für sakrales, im zweiten für profanes Gerät brachten. Im Jahre 1750 erlebten sie noch eine Neuauflage. Die Entwürfe zeigen kraftvolles echtes Barock

GIRANDOLE, Tischleuchter mit Armen, zur Aufnahme von zwei oder mehr Kerzen eingerichtet. Häufig können die Arme abgenommen und in ihre Einsatzstelle eine einzelne Kerze eingefügt werden

GODRONIERUNG, Ornament, das aus halbrund nach außen getriebenen parallelen Rippen besteht, die gerade oder geschweift geführt werden. Bisweilen sind die Rippen gleichmäßig oder alternierend auf der Oberfläche zusätzlich ziseliert

GRANULATION, Technik der Verzierung durch das Auflöten von winzigen Kügelchen aus Gold oder Silber, die zu Mustern geordnet werden. Von den Etruskern zuerst mit großer Vollendung beherrscht (von lat. granulum = Körnchen)

GRAVIEREN, das Einschneiden von Zeichnungen mit Stichel oder Graviernadel

GROTESKE, Ornamentsystem, bei dem in arabeskenartige Ranken Tierwesen, menschliche Figuren, Früchte und Architekturteile auf phantastische Weise eingefügt worden sind. In der Renaissance verbreitet

GUERIDON, Tischchen auf hohem Fuß, zur Aufnahme von Leuchtern oder anderem Gerät. In der Barockzeit relativ häufig aus Silber gearbeitet

GUILLOCHIEREN, das Eingravieren von vielfältig ineinander geschlungenen Kurven mit Hilfe besonderer Maschinen. Häufig angewendet bei Flächen, die danach mit einem transluziden Email überdeckt wurden

HEIGLEN, Joh. Erhard, Goldschmied, 1683 bis 1757, Augsburg, seine Entwürfe für die verschiedensten Typen Silbergerät sind mit Laub- und Bandelwerk geschmückt, das auf weich getönten, mit Punzen und Schabeisen bearbeiteten Flächen dargestellt ist

HERME, ursprünglich rechteckiger Schaft, der oben einen Kopf trägt, später vielfach ins Ornamentale übersetzt menschlicher Kopf oder Oberkörper, der auf einem architektonisch gestalteten Schaft sitzt

HILDT, I. F., Goldschmied, erste Hälfte 18. Jahrhundert, Augsburg. Er schuf eine Serie von Vorlagen „Schöne und auf die neueste Façon inventierte Gefäße und Krüge", die schwere Rocaillen und noch ganz barocke Putti zeigen

HIRSCHVOGEL, Augustin, Graphiker, geb. 1503 in Nürnberg, gest. 1553 in Wien. Neben seinen bedeutenden Landschafts- und Bildnisradierungen hat er auch Ornamentblätter mit Grotesken, Maauresken und Rollwerk geschaffen

HOFFMANN, Josef, Architekt, geb. 1870 in Pirnitz/Mähren, gest. 1956 in Rostock. H. war Schüler von Otto Wagner. 1903 gründete er mit Koloman Moser die „Wiener Werkstätte", neben seiner Tätigkeit als Architekt hat er auch bedeutende Entwürfe für kunsthandwerkliche Arbeiten geschaffen

HOLBEIN, Hans d. J., Maler und Zeichner, geb. 1497 in Augsburg, gest. 1543 in London. H. war neben Dürer und Grünewald der bedeutendste Maler seiner Zeit. In seinem zeichnerischen Werk spielen neben den zahlreichen Bildnissen seine handwerklichen Entwürfe eine große Rolle. Als erster

deutscher Künstler hat er die Mauresken-dekoration aufgegriffen

HOPFER, Daniel, Stecher, geb. 1470 in Kaufbeuren, gest. 1536 in Augsburg. In seinen über 50 Blättern, darunter viele Eisenradierungen, bringt er Motive von der späten Gotik bis zu frühen Renaissance-Ornamenten, Akanthus, Grotesken und Alphabethe

HUILIER, frz., meist körbchenartiges Gestell, das Öl- und Essigflasche, bisweilen auch noch weitere Gewürzbehältnisse aufnimmt

HUMPEN, eine erst seit dem Ende des 16. Jahrhunderts gebräuchliche Bezeichnung für niedrige Henkelgefäße, aus denen Bier getrunken wurde. Im heutigen Sprachgebrauch versteht man darunter zylindrische Gefäße mit Scharnierdeckel, bei denen Durchmesser und Höhe ungefähr gleich sind

JAMNITZER, Wenzel, Goldschmied, geb. 1508 in Wien, gest. 1585 in Nürnberg. 1534 eröffnete er mit seinem Bruder Albert in Nürnberg eine Goldschmiedewerkstatt. Er wurde zum berühmtesten, von seinen Zeitgenossen hoch bewunderten Goldschmied der Renaissance in Deutschland. Seine Arbeiten, die in handwerklicher Hinsicht oft von raffiniertester Kunstfertigkeit waren, erscheinen heute oft zu gekünstelt. Neben ausgeführten Arbeiten lieferte er viele Entwürfe. Sein Enkel Christoph, der 1618 in Nürnberg starb, hat die Tradition der berühmten Werkstatt fortgeführt

JUNGFERNBECHER, auch Brautbecher, eine besondere Form des Doppelbechers, gebildet aus einer stehenden weiblichen Gestalt mit erhobenen Armen, deren weiter Rock den einen Becher bildet, während ein kleinerer, an Zapfen drehbar gelagert, von den Armen gehalten wird. Beide Becher wurden gefüllt und man mußte daraus trinken, ohne von dem Inhalt etwas zu verschütten.

Im 16. und 17. Jahrhundert besonders häufig in Nürnberg und Augsburg angefertigt

KANNE, Trinkgefäß mit Scharnierdeckel, bei dem im Unterschied zum Humpen das Verhältnis von Durchmesser zu Höhe wie 1:2 ist

KANNELIERUNG, der Schmuck von Säulen oder Pfeilern durch Rillen, die entweder von scharfen Graten oder schmalen Stegen getrennt sind

KARAT, Edelsteingewicht von 0,2 g, die Bezeichnung ist von den Kernen des Johannisbrotes abgeleitet. Außerdem Maßeinheit für Goldlegierungen, reines Gold hat 24 Karat, die Legierungen entsprechend weniger

KARTUSCHE, schildartige Fläche mit einem gravierten oder plastisch behandelten Rahmen in verschiedenen Ornamentsystemen, die der Aufnahme von Wappen, Inschriften und dergleichen dient

KILIAN, Lucas, Kupferstecher, geb. 1579, gest. 1637 in Augsburg. Er gab verschiedene Folgen von Ornamentstichen mit Schweifgrotesken, Knorpelwerk und Kartuschen heraus

KINGS-PATTERN, englisches Bestedmuster, bei dem die Stielenden mit einer Kombination aus Muscheln und Palmetten mit Fadenmusterrahmung geschmückt sind.

KLEEMANN, Joh. Ludwig, Goldschmied, Graveur, geb. 1753 in Ulm, gest. ebd. 1821. K. ließ sich nach ausgedehnten Reisen und dem Besuch der Kunstakademie in Genf 1781 in Ulm nieder. Er schrieb ein Lehrbuch „Unterricht für Gold- und Silberarbeiter...", das 1819 in Ulm erschien

KNORPELWERK, aus knorpeligen Einzelformen zusammengesetzte Ornamente, oft in der Form phantastischer Masken, die in den Niederlanden, Frankreich und Deutschland im 17. Jahrhundert verwendet wurden

KOWSCH, russisch Kelle, Bezeichnung für Trinkschalen mit einem seitlichen Griff

KRATER, griechische Gefäßform mit weiter Öffnung und zwei Henkeln, ursprünglich zum Mischen des Weines gebraucht. Am Ende des 18. und Beginn des 19. Jahrhunderts wurde die Form wieder aufgenommen

KUNSTSCHRANK, kunstvoll gearbeiteter Schrank mit zahlreichen Fächern und Schubladen zur Unterbringung von Kostbarkeiten aller Art und Miniaturen von Werkzeugen, wissenschaftlichen Instrumenten und sonstigen Geräten. Berühmtestes Beispiel der in Augsburg angefertigte „Pommersche Kunstschrank", ehemals in Berlin. Im letzten Kriege zerstört, der Inhalt erhalten

KUPPA, die Schale bei kelchförmigen Trinkgefäßen, vor allem beim kirchlichen Kelch

KYMATION, Zierleiste aus stilisierten Blattformen, meist Palmetten, in der griechischen Baukunst als Schmuck von Gesimsen, in der klassizistischen Kunst wiederaufgenommen

LALONDE, Richard de, Stecher, arbeitete um 1780 bis 1796 in Paris. Er ist der Hauptmeister des reifen Louis XVI.-Stils. Unter anderem von ihm „Ouvrages d'Orfévrerie"

LAMBREQUIN, querlaufendes Behangmuster mit Troddeln, das in der Barock- und Regence-Ornamentik häufig verwendet wird

LE BLON, Michel, Kupferstecher, lebte von 1587 bis 1656 in Amsterdam und Frankfurt/Main. Er schuf etwa 90 Ornamentstiche; Knorpelwerk, Schweifwerk mit wucherndem Laub und Blüten, von lebhaften Tieren durchsetzt, sind die Hauptmotive seiner sorgfältig gestochenen Blätter

LEFEBURE, François, Goldschmied und Graveur, arbeitet um 1635 bis 1657 in Paris. 1657 erschien von ihm ein „Livre de feuilles et de fleurs" mit Ranken und Blumen, nachdem L. vorher schon Vorlagen im sogenannten Schotenwerk geliefert hatte

LEPAUTRE, Jean, Ornamentstecher, geb. 1618, gest. 1682 in Paris. Sein Lebenswerk umfaßt mindestens 2200 Blätter, zum größten Teil Ornamentstiche und Entwürfe, die in genialer Auffassung alle Stile seiner Zeit erfassen und mühelos zu überraschenden Harmonien ineinanderfügen

LUTMA, Jan d. Ä., Goldschmied, 1584 bis 1669, arbeitete in Amsterdam. Er veröffentlichte zahlreiche Vorlagen für Knorpelwerk und Kartuschen. Die Hauptwerke erschienen 1653 und 1654; „Veelderhande Nieuwe Compartemente . . ." und „Verscheide Snakeryen, Festivitates, Aurifabris, Statuariis . . ."

MÄANDER, Ornamentband aus rechtwinklig gebrochenen oder spiralig eingerollten (laufender Hund) Linien, das seinen Namen von dem windungsreichen kleinasiatischen Fluß Maiandros erhielt. Seit vorgeschichtlicher Zeit verwendet, in den klassizistischen Epochen wieder aufgenommen

MARIETTE, Jean, Verleger, 1660 bis 1742 in Paris. Ein unbekannter Zeichner brachte in seinem Verlag Vorlagen unter dem Titel „Desseins pour tabatières" heraus

MAROT, Daniel d. Ä., Ornamentstecher, geb. 1661 in Paris, gest. 1752 in Den Haag. Einer der Großmeister des Louis XIV.-Stils. Er hat Vorlagen für alle Gewerke von den Architekten bis zu den Seidenstickern geschaffen. In das streng aufgebaute Bandelwerk und Akanthusgerank werden naturalistische Blumen aufgenommen

MASERHOLZ, Holz knorriger Auswüchse an Ahorn oder auch anderen Bäumen. In ganz Europa, vor allem aber im Norden, wurden daraus Schalen und Becher gedrechselt, die oft mit Edelmetallfassungen zu Pokalen verarbeitet wurden. → Scheuer

MASKARON, Maske, die in verschiedenen Dekorationssystemen des Barock verwendet wurde

MAURESKE, Flächenornament, das aus Linien, die mit streng stilisierten Blüten und Blättern besetzt sind, aufgebaut ist. Aus hellenistischen Elementen in der islamischen Kunst entwickelt, vor allem in der Renaissance angewandt

MEISSONNIER, Juste-Aurèle, Maler, Bildhauer, Architekt, Goldschmied und Ornamentzeichner, geb. 1693 in Turin, gest. 1750 in Paris. M. gilt als der eigentliche Schöpfer des Rocaillestils. Er veröffentlichte 80 Blätter mit Entwürfen für Gold- und Silberarbeiten sowie Innendekorationen, die außerordentlichen Einfluß erlangten

MORES, Jacob d. Ä., Goldschmied, tätig in Hamburg von 1579 bis 1609. Mores wurde Hoflieferant des dänischen Königs und der schleswig-holsteinischen Fürsten und Adligen, größere Lieferungen gingen auch an den schwedischen Hof. Neben wenigen Arbeiten von seiner Hand ist eine große Anzahl von Entwurfszeichnungen für Prunkgefäße, Kassetten und Juwelierarbeiten erhalten geblieben

MOSER, Koloman, Maler, Graphiker und Kunstgewerbler, geb. 1868 in Wien, gest. 1918 ebd. Moser war 1897 Mitbegründer der Wiener Sezession. 1903 gründete er zusammen mit Josef Hoffmann und Fritz Wärndorfer die Wiener Werkstätte. Unter seinen zahlreichen Entwürfen auch solche für Metallarbeiten

MÜHLENBECHER, eine in den Niederlanden verbreitete Form des Sturzbechers, deren Griff mit einer kleinen Windmühle versehen ist, deren Flügel durch Anblasen nach dem Füllen in Bewegung gesetzt wurden. Man mußte den Becher dann leeren, solange sich die Flügel drehten

NAUTILUS, eine Gruppe von Kopffüßlern, den Tintenfischen verwandt, die vorwiegend im Bereich der großen Sundainseln leben. Die Tiere leben in Perlmutterschalen, die spiralig aufgewunden sind, aber im Gegensatz zu Schneckengehäusen durch einen Schnitt quer zur Drehachse in symmetrische Hälften zerlegt werden. Vor allem in der Barockzeit zu Pokalen verarbeitet

NIELLO, Verzierungen von Silber durch eine in gravierte Vertiefungen eingeschmolzene schwarze Masse aus Silber, Kupfer, Blei, Schwefel und Borax. In der Antike und in der ital. Renaissance bekannt, im 19. Jahrhundert vor allem in Persien, Rußland (Tula) und Wien angewandt.

NILSON, Johann Esaias, Ornamentstecher, lebte von 1721 bis 1788 in Augsburg. In seinen Blättern verbinden sich Figurenbilder, Rokokoszenen und Dekorationsmotive auf das anmutigste miteinander. Seine Entwürfe dienten häufiger als Vorlagen für gravierte Darstellungen und Emailmalerei als für ganze Geräte

NODUS (lat. Knoten), knotenartige Verdikkung am Schaft eines Kelches, Pokales oder Leuchters

OHRMUSCHELSTIL, aus dem Knorpelwerk entwickelter Stil, bei dem die Knorpelgebilde die Form von Ohrmuscheln annehmen

OLBRICH, Joseph Maria, Architekt, Maler und Kunstgewerbler, geb. 1867 in Troppau, gest. 1908 in Düsseldorf. Neben J. Hoffmann Hauptführer der Wiener Sezession. Unter seinen Entwürfen neben Möbeln hauptsächlich Metallgerät und Schmuck

OPPENORDT, Gille Marie, Architekt und Ornamentzeichner, geb. 1672 in Paris, gest. 1742 ebd., in seinen Jünglingsjahren hielt er sich längere Zeit in Rom auf. Seine Entwürfe standen sehr stark unter dem Eindruck des Barock, zugleich wurde er aber Vollender des Regence-Stiles und half dem Rokoko zum Durchbruch

PALMETTE, Ornament, das in Anlehnung an pflanzliche Gebilde aus fächerartig angeordneten Blättern besteht. Häufig in der antiken Kunst und späteren Perioden mit klassizistischem Einfluß

PASS, gleichbedeutend mit Zirkelschlag, in der gotischen Kunst wurden in Kreise Ornamente aus Kreisbögen einbeschrieben, man unterscheidet Drei-, Vier-, Fünfpaß usw. Derartige „Pässe" wurden in der Gotik, Renaissance und frühen Barockzeit als Grundriß für mancherlei Silbergeräte verwendet

PATERA, rundes klassizistisches Ornament, das auf die Form antiker Opferschalen zurückgeht, häufig gebraucht bei englischem Silber von 1770—1830

PATINA, durch Oxydation und andere chemische Vorgänge entstandener Überzug der Oberfläche, vor allem bei Gegenständen aus Kupfer und kupferhaltigen Legierungen, aber auch bei Edelmetallen. So bildet sich auf Gold eine Chlorgoldpatina. Bei antiken Metallfunden oft von besonderer Schönheit

PEIN, Georg, Zeichner und Lehrer an der Wiener Akademie, geb. 1775 in Wien, gest. ebd. 1834. Er gab 1809 und 1811 zwei Bände „Ideen zur äußeren und inneren Verzierung der Gebäude" heraus, in denen zahlreiche kunsthandwerkliche Entwürfe enthalten sind, die einen klassizistischen Stil zeigen

PERCIER, Charles, Architekt, geb. 1764 in Paris, gest. 1818 ebd. Zusammen mit P.F.L. Fontaine eigentlicher Schöpfer des Empire-Stiles

PERLSTAB, ein Ziermotiv, das aus nebeneinander gereihten Kugeln besteht, die bisweilen durch anders geformte Gebilde getrennt sind. → Astragalos

PINIENZAPFEN, Schmuckmotiv, das dem vielschuppigen Pinienzapfen nachgebildet ist, häufig als Knauf verwendet. Bereits in der Antike und der mittelalterlichen Kunst gebraucht. Ein P. ist auch das Zeichen in der Augsburger Stadtbeschau

PLATED, Geräte, die aus plattiertem Material hergestellt sind, das in einem Walzverfahren erzeugt wird. Dabei wird Kupfer- (seltener Messing-) Blech unter Erwärmung mit einer dünnen Silberfolie belegt, die sich fest mit der Unterlage verbindet. Die Rückseite wurde in der Regel verzinnt. Das so gewonnene Material konnte wie Silber getrieben werden, die Auflage ist haltbarer als eine galvanische Versilberung. Das Verfahren wurde 1743 in Sheffield von dem Goldschmied Thomas Boulsover erfunden. In England „Sheffield Plate"

PLINTHE, quadratische oder rechteckige Fußplatte von Säulen, Pfeilern, Postamenten und ähnlichen Gebilden

POKAL; aus griechischer Wurzel mit der Bedeutung Gefäß übers Lateinische und Italienische im 16. Jahrhundert in Deutschland eingebürgert. Gebräuchlich für Trinkgefäße in mannigfaltigster Gestaltung und aus verschiedenen Materialien

POLIERSTAHL, Werkzeug aus besonders hartem, poliertem Stahl, früher aus Blutstein oder anderen Mineralien, zum Polieren von Gold und Silber

PUNZE, stählernes Werkzeug zum Einschlagen von Mustern in Werkstoffe, außer

Edelmetallen auch Holz, Leder usw. Die Schlagfläche kann in der mannigfaltigsten Weise gestaltet sein

RECHAUD, im Deutschen Stövchen, ein Wärmegerät, das mit Holzkohlen- oder Torfglut oder einer Spirituslampe beheizt wird und dem Warmhalten von Speisen auf der Tafel dient

REGENCE, Kunststil, benannt nach der Zeit der Regentschaft des Herzogs Philipp von Orleans zwischen dem Tode Ludwigs XIV. (1715) und dem Regierungsantritt Ludwigs XV. (1723). Der Stil, zu dessen Leitmotiven das Bandelwerk gehörte, ging um 1735 in das Rokoko über

REGENCY, nicht zu verwechseln mit Regence, Bezeichnung einer englischen Stilepoche, die im wesentlichen mit der Zeit der Regentschaft von 1811 bis 1820 zusammenfällt, im ganzen aber etwa 30 Jahre umfaßt. Es herrschten im wesentlichen neo-klassizistische Einflüsse

REPUNZE, Stempel, der einer Edelmetallarbeit bei einer späteren Kontrolle, sei es zum Zwecke der Besteuerung oder der Einfuhrkontrolle, eingeschlagen wurde

REUTTIMANN, Joh. Conrad, Goldschmied, wirkte um 1676 bis 1681 in Augsburg. Er gab zahlreiche Folgen von Ornamentstichen heraus, in denen er vorwiegend französisches Laubwerk als Vorlage für Gravierungen und Treibarbeiten behandelt

ROCAILLE, aus Muschelformen abgeleitetes phantastisches Gebilde, das das Leitmotiv des Rokoko bildet, asymmetrisch aufgebaut

ROETTIERS, Jacques, Zeichner, lebte von 1707 bis 1784 in Paris. Mitarbeiter von Pierre Germain

ROLLWERK, Dekorationssystem, das sich in der Hauptsache aus an den Enden eingerollten Bändern und Stegen zusammensetzt. In Frankreich ab 1530, in Deutschland und den Niederlanden von der Mitte des 16. Jahrhunderts an gebräuchlich

SCHEUER, eine flache, bauchig gewölbte Schale, zunächst meist aus → Maserholz, mit Metall montiert. Oft werden zwei Stücke mit dem Mündungsrand aufeinander gesetzt zur Doppelscheuer. Die Füße sind zuerst niedrig und einfach gestaltet und werden zum Barock hin höher und reicher

SCHINKEL, Karl Friedrich, Architekt und Maler, geb. 1781 in Neuruppin, gest. 1841 in Berlin. Mit seinen zahlreichen Bauten und Entwürfen prägte er die klassizistische und frühromantische Baukunst in Preußen. Seine Entwürfe von Innenausstattungen und Gerät waren von großer Wirkung auf das Kunsthandwerk des 19. Jahrhunderts. In zwei Teilen veröffentlichte er „Vorbilder für Fabrikanten und Handwerker"

SCHOTENWERK, ein Ornamentsystem, das zunächst in Frankreich das Roll- und Schweifwerk ablöste. Asymmetrisch aufgebautes zartes Rankenwerk wurde mit zerschlitzten zu Schoten aufgeblasenen Blättern besetzt

SCHWEIFWERK, eine aus dem Beschlagwerk entwickelte Ornamentform, bei der Bänder und Leisten in symmetrischer Anordnung und bewegtem Spiel Flächen und geometrische Körper bedecken

SILBER, Jonas, Goldschmied, um 1572 bis 1590 in Nürnberg. Zahlreiche Entwürfe von seiner Hand zeigen Einzelstücke von Roll- und Schweifwerkdekorationen, in die antike Figuren und Landschaften einbezogen sind. Daneben gibt es Entwürfe für Pokale in deren Dekoration bereits charakteristische Fruchtbüschel verwendet werden, die noch Jahrzehnte später eine Rolle spielen

SOLIS, Virgil, Kupferstecher und Holzschneider, geb. 1514 in Nürnberg, gest. 1562 ebd.

Neben seinen zahlreichen Buchillustrationen und freien Stichen sind seine etwa 150 Ornamentstiche und Entwürfe für Goldschmiedearbeiten von großer Bedeutung. Als Dekorationselemente verwendet er Mauresken und Rollwerk

SPIEGEL, die innere vertiefte Fläche von Tellern, Platten und flachen Schüsseln, von der Fahne umgeben

STITZE, besondere Form einer Trinkkanne, die unten breiter ist als oben und deren Wandung einwärts geschwungen wurde. Meist ohne oder mit sehr sparsamem Dekor, am häufigsten aus Zinn

STURZBECHER, Becher, die keinen Fuß haben, so daß sie nur in der Hand gefüllt werden können und in einem Zuge geleert werden müssen

TAUSCHIEREN, das Einlegen von Gold- oder Silberdrähten in vertiefte und am Grunde erweiterte Rillen oder das Aufhämmern von Edelmetallfolien auf die gerauhte Fläche eines unedlen Metalls. Bereits in der Antike geübte Technik, die in besonderer Vollendung von den Arabern beherrscht wurde

TAZZA, flache Schale auf Balusterschaft und gewölbtem Fuß, als Trinkschale oder Anbietplatte benutzt

TOMBAK (Mannheimer Gold), Legierung aus Kupfer, Zink und Zinn, für Emailarbeiten verwendbar

TREIBEN, Technik der Edelmetallbearbeitung, die den Eigenschaften von Gold und Silber, vor allem ihrer außerordentlichen Dehnbarkeit, am vollkommensten entspricht und daher auch am höchsten geachtet wurde. Auf einer elastisch-harten Unterlage wurde das Blech so geschlagen, daß es sich dehnte und rundete und dabei komplizierteste Formen annehmen konnte. → Akeleybecher

TREMBLEUSE, eine Tasse, die auf einem Untersatz aus Edelmetall durch einen hohen — meist durchbrochenen — Ring festgehalten wird. Auf dem gleichen Untersatz dient oft ein weiterer Ring der Aufnahme eines Wasserglases. Diese Art der Sicherung wurde wahrscheinlich gewählt, weil die Schokolade als Frühstücksgetränk oft im Bett eingenommen wurde und man auf diese Weise ein Umkippen verhindern konnte

TREMOLIERSTICH oder Tremulierstich, von lat. tremere = zittern. Ein zickzackförmig geführter Stich, durch den der Beschaumeister oder Ältermann aus dem fertigen Stück einen Metallspan zur Bestimmung des Feingehalts entnahm

TRESUR, von franz. dressoir, eine Art Prunkbuffet, auf dem an hervorragender Stelle im Speisesaal Prunkgefäße, vor allem aus Edelmetall, zur Schau gestellt wurden. Im späten Mittelalter und in der Renaissance verbreitet

TRINKSPIEL, Trinkgefäße von ausgefallener Gestaltung, oft in Form von Menschen oder Tieren, die auf einem Sockel montiert wurden, der ein Uhrwerk enthielt, wodurch das Gebilde auf dem Tisch umherfahren konnte. Bisweilen waren noch Spieluhren eingebaut und Vorrichtungen, mit deren Hilfe Flüssigkeiten verspritzt oder kleine Geschosse gelöst wurden. Neben vielen ausgesprochenen Kuriosa gab es unter den Trinkspielen auch hervorragende Kunstwerke, wie die auf dem Hirsch reitende Diana, die mehrfach von Augsburger Goldschmieden in ähnlicher Weise ausgeführt wurde

TROPHÄE, eine den antiken Siegeszeichen nachgebildete Verzierung aus einem Aufbau von verschiedenen Waffen und Feldzeichen. Hauptsächlich in der Architektur, daneben auch zum Schmuck von Gerät verwendet

TURBO-SCHNECKE, Schneckenart tropischer Meere mit großen Gehäusen, welche wie die Nautilusschalen zu Pokalen verarbeitet wurden

VELDE, Henry van de, Architekt, Maler und Kunstgewerbler, geb. 1863 in Antwerpen, gest. 1957 in Zürich. Studiert zunächst Malerei, um 1890 kommt er mit der Morris-Bewegung in Berührung. Danach studiert er Architektur. 1896 richtet er mit anderen Künstlern in Paris die „Art Noveau"-Verkaufs- und Ausstellungsräume ein. 1906 gründet er die Weimarer Kunstgewerbeschule. Zahllose Entwürfe für alle Sparten des Kunsthandwerks

VERMEIL, Bezeichnung für feuervergoldetes Silber im Unterschied zum galvanisch vergoldeten. → Amalgam

VIANEN, Adam van, Goldschmied, lebte von 1570 bis 1627 in Utrecht. A. v. Vianen entstammt einer weitverzweigten Familie von Goldschmieden. Seine wichtigsten Entwürfe hat er in drei Folgen mit dreisprachigem Titel herausgegeben. Auf holländisch heißen sie „Constige Modellen van verscheyden silvern vasen". Sie zeigen Gefäße und anderes Gerät in einem wild wuchernden organischen Knorpelstil von ausgesprochen fleischigem Duktus

VICO, Enea, Kupferstecher, geb. 1523 in Parma, gest. 1567 in Ferrara. Von seiner Hand gibt es Entwürfe von Silbergerät sowie Ornamentblätter mit Grotesken und Trophäen

VOLUTE, spiralförmige Einrollung, zunächst an Kapitellen der jonischen Ordnung. In der barocken Kunst gewinnt sie wieder eine große Bedeutung als Endung bewegter Glieder

WACHSMUTH, Jeremias, Goldschmied und Stecher, 1712 bis 1771, lebte in Augsburg. Schuf zahlreiche Entwürfe von Geräten im Rokokostil

WARDEIN, staatlicher Münzbeamter, dem ursprünglich die Prüfung von Gewicht und Feingehalt (Schrot und Korn) der Münzen anvertraut war. In manchen Ländern — vor allem in Skandinavien — wurde ihm später auch die Überwachung des Feingehalts der Edelmetallarbeiten zur Aufgabe gemacht

WECHTER, Georg d. Ä., Maler und Radierer, lebte um 1573 bis 1586 in Nürnberg. Im Jahre 1579 erschien sein Radierwerk „30 Stuck zum verzachnen für die goldschmid". Die darin enthaltenen Entwürfe zeigen vorzügliches Schweifwerk mit Fruchtbündeln, Blumen, Gehängen und Masken

WILLKOMM, Trinkgefäß, meist in Pokalform, von prunkvoller Ausführung, das von Fürsten, Magistraten, Zünften, aber auch von Einzelpersonen zur Bewillkommnung Gästen zum Trunk dargeboten wurde

ZARGE, senkrechter Rand von Dosen und Büchsen (auch bei Saiteninstrumenten der Rand zwischen Boden und Deckplatte), darüber hinaus jeder senkrechte Rand überhaupt

ZISELIEREN, Bearbeiten der Oberfläche von gegossenen oder getriebenen Metallarbeiten mit Punze, Feile, Stichel und anderen Werkzeugen, um letzte Feinheiten der Modellierung zu erreichen

ZÜNDT, Matthias, Kupferstecher, Goldschmied, Steinschneider und Bildschnitzer, geb. um 1498 in Nürnberg, gest. 1572 ebd. Im Jahre 1551 erschien von ihm „Ein new kunstbuch vonn allerley Trinnckgeschiren Credenntzen vnnd Bechern . . ." mit zahlreichen Bechern und anderen Trinkgefäßen in Formen der Hochrenaissance mit Rollwerk, Mauresken und mythologischen Gestalten

BEDEUTENDE ÖFFENTLICHE SILBERSAMMLUNGEN IN EUROPA

BELGIEN: Antwerpen, Het Sterckhof
Brügge, Musée de l'Hôpital de la Potterie
Brüssel, Musée et Archives de la Commission d'Assistance publique
Gent, Musée des Arts Décoratifs et d'Esthétique Industrielle
Liège, Musées d'Archeologie et des Arts Décoratifs de la Ville de Liège

DÄNEMARK: Aalborg, Historisches Museum
Aarhus, Den gamle By
Hillerød, Schloß Frederiksborg
Hjørring, Vendsyssels historiske Museum
Kopenhagen, C. L. Davids Fond og Samling
Kunstindustrimuseum
Nationalmuseum
Schloß Rosenborg, de Danske Kongers kronologiske Samling
Odense, Museum
Tønder, Museum

DEUTSCHLAND: Aachen, Suermondt-Museum
Amorbach/Odenwald, Fürstlich Leiningische Sammlungen
Aschach bei Bad Kissingen, Graf Luxburg-Museum
Aschaffenburg, Museum der Stadt
Augsburg, Städtisches Maximilianmuseum
Baden-Baden, Zähringer Museum
Berchtesgaden, Schloß
Berlin-West, Kunstgewerbemuseum Schloß Charlottenburg
(Stiftung Preußischer Kulturbesitz)
Berlin-Ost, Kunstgewerbemuseum Schloß Köpenik
Braunschweig, Herzog Anton-Ulrich-Museum
Städtisches Museum
Bremen, Focke-Museum, Ludwig-Roselius-Sammlung
Cappenberg bei Lünen, Museum für Kunst und Kulturgeschichte
der Stadt Dortmund
Coburg, Kunstsammlungen Veste Coburg
Darmstadt, Hessisches Landesmuseum
Dresden, Grünes Gewölbe
Düsseldorf, Kunstmuseum
Emden, Ostfriesisches Landesmuseum
Flensburg, Städtisches Museum
Frankfurt/Main, Museum für Kunsthandwerk
Historisches Museum
Freiburg/Breisgau, Städt. Sammlungen, Augustinermuseum

ITALIEN: Bologna, Museo d'Arte Industriale
Florenz, Palazzo Pitti
Mailand, Museo Poldi Pezzoli
Rom, Palazzo Venezia
Venedig, Museo Correr

NIEDERLANDE: Amsterdam, Rijksmuseum
Arnhem, Gemeentemuseum
Den Haag, Gemeentemuseum
    Museum Bredius
Deventer, Museum „de Waag"
Groningen, Museum voor Stad en Lande
Leeuwarden, Fries Museum
Leiden, Stedelijk Museum „De Lakenhal"
Rotterdam, Museum Boymans-van Beuningen
    Historisch Museum
Utrecht, Nederlands Goud- en Zilvermuseum

NORWEGEN: Bergen, Vestlandske Kunstindustri Museum
Oslo, Kunstindustrimuseet
    Norsk Folkemuseum
Trondheim, Nordenfjeldske Kunstindustrimuseum

ÖSTERREICH: Graz, Kulturhistorisches und Kunstgewerbemuseum
Innsbruck, Tiroler Landesmuseum Ferdinandeum
Wien, Bundessammlung alter Stilmöbel
    Kunsthistorisches Museum
    Österreichisches Museum für angewandte Kunst
    Schausammlung der ehemaligen Hoftafel- und Silberkammer

PORTUGAL: Lissabon, Museu de Artes Decorativas Portuguesas

SCHWEDEN: Göteborg, Röhsska Konstlöjdmuseet
Lund, Kulturhistoriska Museet
Mora, Anders Zorn Museet
Stockholm, Hallwylska Museet
Stockholm, Kongl. Husgerådskammaren
    Nationalmuseum
    Nordiska Museet

SCHWEIZ: Basel, Kirschgarten-Museum
Lausanne, Musée Municipal d'Art Decoratif
Rapperswil, Historische Sammlung der Ortsgemeinde Rapperswil
Zürich, Kunstgewerbemuseum

SOWJETUNION: Leningrad, Staatliche Eremitage
Moskau, Historisches Museum
    Schatzkammer des Kreml

SPANIEN: Barcelona, Museo de Artes Decorativas
Madrid, Museo Nacional de Artes Decorátivas
    Fundación Lázaro Galdiano

I. Allgemeiner Teil

Amsterdam, Rijksmuseum, Catalogus van Goud- en Zilverwerken, 2. Aufl., Amsterdam 1952

H. Appuhn, Silberarbeiten im Museum Schloß Cappenberg, Cappenberg 1973

L. Bäcksbacka, St. Peterburgs Juvelerare, Guld- och Silversmeder 1714–1870, Helsingfors 1951

E. F. Bange, Peter Flötner, Leipzig 1926

O. Beneke, Die vormalige Raths-Silberkammer zu Hamburg vom 14. bis 19. Jahrhundert, Hamburg 1889

J. H. Bertels, Het Ornament in de Edelsmeedkunst, Amsterdam 1956

G. Boesen und Chr. A. Bøje, Gammelt Dansk Sølv til Bordbrug, Kopenhagen 1948

G. Boesen und Chr. A. Bøje, Old English Silver, Kopenhagen 1949

Chr. A. Bøje, Hans Tobiesens Sølvsamling, Kopenhagen 1948

Bossert und Lehnert, Geschichte des Kunstgewerbes, Berlin 1935

E. W. Braun, Die Silberkammer eines Reichsfürsten (Das Lobkowitzsche Inventar) Leipzig 1925

H. Brunner, Altes Tafelsilber, München 1964

C. G. Bulgari, Argentieri Gemmari e Orafi d'Italia, Rom 1958

R. Came, Silber, Frankfurt/ o. J.

C.-W. Clasen, Stader Silber, Stade 1962

E. v. Czihak, Die Edelschmiedekunst in Preußen

D. Faith, Three Centuries of French domestic silver, New York 1960

O. v. Falke, Sammlung alter Goldschmiedewerke im Züricher Kunsthaus, Einführung und Beschreibung, Zürich 1928

E. Forssman, Anders Zorns Silversmaling, Stockholm 1955

M. Frankenburger, Die Silberkammer der Münchner Residenz, München 1923

Mr. J. W. Frederiks, Dutch Silver, Den Haag 1952

Fries Zilver, Katalog des Friesischen Museums in Leeuwarden (niederländisch), Leeuwarden 1968

R. Fritz, Gold und Silber, Beschreibendes und kritisches Verzeichnis der Goldschmiedearbeiten des 12. bis 18. Jahrhunderts. Museum für Kunst u. Kulturgeschichte, Dortmund (Schloß Cappenberg), Dortmund 1965

R. Fritz, Sammlung August Neresheimer, Hamburg (1974)

M. H. Gans und Th. M. Duyvené de Wit-Klinkhamer, Dutch Silver, London 1961

E. G. Grimme, Die großen Jahrhunderte der Aachener Goldschmiedekunst, in: Aachener Kunstblätter, Heft 26, Aachen 1962

E. G. Grimme, Barockes Silber aus Rheinischen Sammlungen (Katalog der Ausstellung im Suermondt-Museum Aachen), Düsseldorf 1964

Ch. Gündel, Die Goldschmiedekunst in Breslau, Breslau 1940

Den Haag, Gemeentemuseum, Catalogus van de Centooutstelling vier eeuwer Nederlands Silver, Den Haag 1952

Den Haager Silber aus fünf Jahrhunderten (niederländisch), Gemeentemuseum Den Haag 1967

M. Hasse, Lübecker Silber (1480—1800), Lübecker Museumshefte, Lübeck 1965

E. Hintze, Geschichte der Breslauer Goldschmiede, Berlin 1905

E. Hintze und K. Masner, Goldschmiedearbeiten Schlesiens, Breslau 1911

H. Holzhausen, Prachtgefäße, Geschmeide, Kabinettstücke, Goldschmiedekunst in Dresden, Tübingen 1966

C. J. Hudig, Zilver van de Nederlandse Edelsmid, 1951

K. Hüseler, Hamburger Silber, Darmstadt 1955

B. und Th. Hughes, Three Centuries of English Domestic Silver, London 1952

T. Kielland und H. Gjessing, Gammelt Sølv i Stavanger Amt, Stavanger 1918

W. Klein, 600 Jahre Gmünder Goldschmiedekunst, Stuttgart 1947

W. Kloos, Bremisches Silber, Erwerbungen und Geschenke aus zwei Jahrzehnten, Katalog, Focke-Museum, Bremen 1974

H. Kohlhaußen, Geschichte des deutschen Kunsthandwerks, München 1955

E. Kries, Kunsthistorische Sammlungen in Wien, Bd. V, Goldschmiedearbeiten des Mittelalters, der Renaissance und des Barock, Teil I: Arbeiten in Gold u. Silber, Wien 1932

Thv. Krohn-Hansen und R. Kloster, Bergens Gullsmedkunst fra laugstiden, Bergen 1957

Thv. Krohn-Hansen, Trondhjems Gullsmedkunst 1550—1850, Oslo 1962

E. Lassen, Ske Kniv og Gaffel, Kopenhagen 1960

J. Lessing, Gold und Silber, Handb. der Berliner Museen, 2. Aufl., Berlin 1907

H. Leitermann, Deutsche Goldschmiedekunst, Stuttgart 1953

E. M. Link, Ullstein Silberbuch, Berlin, Frankfurt/M, Wien 1968

London, Victoria & Albert Museum, Small Picture Books: English Medieval Silver, Tudor Domestic Silver, Early Stuart Silver, Charles II Domestic Silver, Queen Anne Domestic Silver, Mid-Georgian Domestic Silver, Adam Silver, Regency Domestic Silver, Irish Silver, Sheffield Plate, The golden age of Dutch Silver French Domestic Silver, Scandinavian Silver

Lüneburg, Das Lüneburger Ratssilber, Ausstellung Lüneburg 1956

F. Luthmy, Handbuch der Edelschmiedekunst, Gold und Silber, Leipzig 1888

F. R. Martin, Schwedische königliche Geschenke an russische Zaren, Stockholm 1899

F. R. Martin, Dänische Silberschätze aus der Zeit Christians IV., aufbewahrt in der kaiserlichen Schatzkammer in Moskau, Stockholm 1900

M. Meinz, Die Jagd in der Kunst, Darstellungen auf Silbergerät, Hamburg und Berlin 1965

M. Meinz, Altes Tafelgerät, Katalog der Sammlung Udo und Mania Bey (Altonaer Museum in Hamburg) Hamburg 1966

J. Menzhausen, Das Grüne Gewölbe, Leipzig (und Berlin) 1968

C. T. Müller, Goldschmiedekunst des 18. Jahrhunderts in Augsburg und München, Ausstellung Augsburg und München, 1952

München, Schatzkammer der Residenz, Katalog, München 1958

G. Munthe, Silbersammlung Falk Simon, Stockholm 1938

H. Nocq, Orfèvrerie civile française du XVIIe au début du XIXe siècle, Paris o. J.

B. Olsen, Die Arbeiten der hamburgischen Goldschmiede Jacob Mores Vater und Sohn für die dänischen Könige Frederik II. und Christian IV,. Hamburg 1903

Ch. Oman, The English Silver in the Kremlin, 1557—1663, London 1961

Ch. Oman, English Silversmith Work, London 1965

Paris, Trésors de l'orfèvrerie du Portugal. Ausstellung Paris, Musée des arts décoratifs, 1954/1955

S. Rathke-Köhl, Geschichte des Augsburger Goldschmiedegewerbes vom Ende des 17. bis zum Ende des 18. Jahrhunderts (Schwäbische Geschichtsquellen und Forschungen, Bd. 6), Augsburg 1964

D. Rittmeyer, Geschichte der Luzerner Silber- und Goldschmiedekunst von den Anfängen bis zur Gegenwart, St. Gallen 1941

A. Rohde und U. Stöver, Goldschmiedekunst in Königsberg, Stuttgart 1959

M. Rosenberg, Geschichte der Goldschmiedekunst auf technischer Grundlage, Frankfurt/Main, 1910

M. Rosenberg, Jamnitzer, Frankfurt/Main 1920

F. Rossi, Italienische Goldschmiedekunst, München 1957

Friedrich Sarre, Die Berliner Goldschmiede-Zunft von ihrem Entstehen bis zum Jahre 1800, Berlin 1895

R. Scholz, Goldschmiedearbeiten, Renaissance und Barock (Bildhefte des Museums f. Kunst u. Gewerbe Hamburg), Hamburg 1974

S. Schoubye, Guldsmede-håndverket i Aabenraa 1600 — 1900, Aabenraa 1962

S. Schoubye, Guldsmede-håndverket i Tønder og på Tønder-egnen, Aarhus 1961

S. Schoubye, Das Goldschmiedehandwerk in Schleswig-Holstein, Heide in Holstein 1967

P. Seidel, Der Silber- und Goldschatz der Hohenzollern im königlichen Schlosse zu Berlin, Berlin o. J.

L. Sponsel, Das Grüne Gewölbe zu Dresden, Leipzig 1925—1932

R. Stettiner, Das Kleinodienbuch des Jacob Mores in der Hamburgischen Stadtbibliothek, Hamburg 1916

Straßburg, Alte und neue Straßburger Goldschmiedearbeiten und Uhren, Straßburg 1914

H. Stierling (und W. Scheffler), Goldschmiedezeichen von Altona bis Tondern, Neumünster 1955

G. Taylor, Silver (a Pelican Book), 1956

J. Warncke, Die Edelschmiedekunst in Lübeck und ihre Meister, Lübeck 1927

E. v. Watzdorf, Johann Melchior Dinglinger, der Goldschmied des deutschen Barock, Berlin 1962

R. Wegeli, Bernisches historisches Museum, der Silberschatz, I, Basel 1929, II, Basel 1930

A. Weiß, Das Handwerk der Goldschmiede in Augsburg bis zum Jahre 1691, Leipzig 1897

A. Werner, Augsburger Goldschmiede, Augsburg 1913

S. B. Wyler, The Book of Old Silver, New York 1937

G. Upmark, Guld och Silversmeder i Sverige 1520—1850, Stockholm 1943

II. Markenbücher

Europa: *M. Rosenberg*, Der Goldschmiedemerkzeichen, 3. Aufl., Frankfurt 1922—28 Bd. 1—3: Deutschland, Bd. 4: Ausland

Belgien: *L. A. F. Crooy*, L'Orfèvrerie religieuse en Belgique depuis la fin du XV e siècle jusqu'à la Révolution française, Paris 1911

Dänemark: *Chr. A. Bøje*, Danske Sølv maerker, Kopenhagen 1954

Deutschland: *W. Scheffler*, Goldschmiede Niedersachsens, Berlin 1965

W. Scheffler, Berliner Goldschmiede, Daten, Werke, Zeichen, Berlin 1968

W. Scheffler, Goldschmiede Rheinland-Westfalens, Berlin und New York 1973

S. Schoubye, Goldschmiede in Preetz, in: Nordelbingen, Bd. 37, Heide in Holstein 1968

Frankreich: *E. Beuque et M. Frapsauce*, Dictionnaire des Poinçons de Maîtres-Orfèvres Français, Paris 1929

L. Carré, Le poinçons de l'orfèvrerie française du 14 e siècle jusqu'au début du 19 e siècle, Paris 1928

H. Nocq, Le poinçon de Paris, Paris 1926, 1928, 1931

Großbritannien: Hall-Marks on Gold and Silver Wares, issued by the worshipful Company of Goldsmiths, Goldsmith Hall, London 1949

C. J. *Jackson*, English Goldsmiths an their Marks, 2. Aufl., London 1921

Niederlande: E. *Voet jr.*, Merken van Amsterdamsche Goud- en Zilversmeden, Den Haag 1912

E. *Voet jr.*, Haarlemsche Goud- en Zilversmeden en hunne merken, 2. Aufl., Haarlem 1928

E. *Voet jr.*, en R. Visscher, Merken van Friesche Goud- en Zilversmeden, Den Haag 1932

E. *Voet jr.*, en Dr. H. E. van Gelder, Merken van Haagsche Goud- en Zilversmeden, Den Haag 1941

E. *Voet jr.*, en P. W. Voet, Nederlandse Goud- en Zilvermerken 1445—1951 (Stadmarken) Den Haag 1951

Österreich: V. *Reitzner*, Alt-Wien Lexikon für österreichische und süddeutsche Kunst und Kunstgewerbe, B. III: Edelmetalle und deren Punzen, Wien 1952

Rußland: T. *Goldberg und andere*, L'Orfèvrerie et la Bjouterie Russes aux XV—XX siècles, Moskau 1967

Schweden: Schwedische Silberschmiederei 1520—1850, Gold- und Silberstempel, Stockholm 1963

Ungarn: E. *Kószegly*, Merkzeichen der Goldschmiede Ungarns, Budapest 1936

AABENRAA	*Th. Lawaetz*, Abb. 391, 413, 456
AMSTERDAM	*Rijksmuseum*, Abb. 4, 13, 98, 237, 249, 259, 287, 288, 340
BERLIN-CHARLOTTENBURG	*Ehem. staatl. Museen, Kunstgewerbemuseum (Stiftung Preußischer Kulturbesitz)*, Abb. 1, 5, 8, 19, 42, 43, 49, 56, 81, 96, 132, 146, 213, 266, 293, 300, 303, 306, 318, 433
CAPPENBERG	*Museum für Kunst und Kulturgeschichte der Stadt Dortmund, Schloß Cappenberg*, Abb. 10, 14, 86, 87, 416
EMDEN	*Foto Schumacher*, Abb. 114
FRANKFURT/M.	*Museum für Kunsthandwerk*, Abb. 25, 188, 218, 219, 258a, 258b
GAUTING BEI MÜNCHEN	*Erwin Pzsolla*, Farbtafel 1 und 2, Abb. 51, 94, 214, 372, 379
GÖTEBORG	*Röhsska Konstslöjdmuseet*, Abb. 2, 3, 9, 11, 20, 21, 24, 38, 50, 62, 71, 102, 105a, 105b, 185, 284
HAMBURG	*Museum für Kunst und Gewerbe*, Farbtafel 3, Abb. 84, 115, 117, 126, 143, 168, 172, 239, 248, 257, 291, 292, 296, 299, 323, 334, 390, 404, 420, 458
HAMBURG	*Museum für Hamburgische Geschichte*, Abb. 399, 405
HAMBURG	*H. J. Heyden*, Abb. 34, 35, 40, 41, 52, 58, 59, 68, 73—75, 78, 92, 93, 112, 118, 120—122, 129, 133, 140—142, 147, 149—152, 155, 156, 160, 166, 171, 174, 176—181, 183, 187, 190, 193, 195, 200, 201, 204, 205, 216, 217, 220, 222, 224, 225, 228, 231, 232, 234, 235, 238, 241, 243, 244, 247, 253, 254, 262, 264, 265, 267, 268, 270—274, 276—279, 286, 294, 298, 301, 304, 307, 311, 313—317, 319, 325, 326, 328, 329, 331, 335, 339, 342—345, 347, 348, 353—371, 373, 376, 377, 380—388, 392—394, 396, 397, 402, 406—411, 414, 418, 419, 421—423, 425—429, 431, 432, 434, 448, 449, 455, 457
HAMBURG	*Ralph Kleinhempel*, Farbtafel 4
HAMBURG	*Otto Rheinländer*. Abb. 15, 32, 91, 111, 125, 153, 167, 202, 212, 240, 260, 269, 324, 330, 415

KALTENKIRCHEN/ HOLSTEIN	*Friedrich Hewicker, Abb. 16, 23, 70, 103, 104, 136, 138, 157, 310, 389, 401, 454*
KÖLN	*Kunstauktionshaus Lempertz (Foto Rheinisches Bildarchiv), Abb. 30, 33, 36, 82, 83, 85, 127, 165, 189, 233, 236, 327, 349, 352, 378*
KOPENHAGEN	*Kunstauktionshaus Arne Bruun Rasmussen, Abb. 29, 159, 161, 169, 196, 206, 207, 211, 221, 223, 263, 290, 295, 320, 350, 398*
LONDON	*Victoria & Albert Museum, Abb. 17, 26, 27, 44—48, 54, 65, 69, 88—90, 97, 99—101, 107, 119, 128, 131, 145, 158, 162—164, 173, 175, 182, 184, 186, 192, 194, 198, 199, 210, 215, 226, 227, 229, 230, 242, 289, 297, 302, 305, 321, 322, 332, 337, 338, 351, 395, 439—447, 450—453*
MORA	*Anders Zorn Samlingarna, Abb. 31, 31a, 39, 60, 61, 63, 64, 66, 67, 76, 77, 79, 80, 106, 108, 109, 148, 256, 346, 374, 375*
MÜNCHEN	*Benno Keysselitz, Abb. 139, 417*
MÜNCHEN	*Kunstauktionshaus Weinmüller (Foto Rudolf Himpsl), Abb. 28, 37, 72, 124, 130, 134, 135, 191, 203, 208, 209, 245, 246, 252, 275, 280, 283, 285, 308, 400, 424, 430*
NÜRNBERG	*Germanisches Nationalmuseum, Abb. 12, 95*
ROTTERDAM	*Museum Boymans-van Beuningen, Abb. 123, 250, 251, 255, 336*
STOCKHOLM	*Historiska Museum, Abb. 18*
WOLFENBÜTTEL	*Stadt- und Heimatmuseum, Schloß Wolfenbüttel, Abb. 341*

ANTIQUITÄTEN
International

Die preiswerte farbige Reihe für den Sammler durch
das europäische Antiquitätenangebot.

Glas
Jugendstil und Art Deco von Albrecht Bangert.

Kleinmöbel
Typen, Technik, Stile von Margot Brauch.

Puppen
Europäische Puppen von 1800 bis 1930
von J. u. M. Cieslik.

Schmuck
Vom Klassizismus bis zum Art Deco von Lydia Dewiel.

Möbel-Stilkunde
Europäische Möbel aus 8 Jahrhunderten
von Lydia Dewiel.

Porzellan
Europäische Stile und Manufakturen
von Lothar P. Konietzka.

Zinn
Vom Mittelalter bis zur Gegenwart von Gabriele Sterner.

Taschenuhren
Vom Nürnberger Ei zur Präzisionsuhr von Walter Spiegl.

PRISMA VERLAG
Gütersloh